U0943468

政协委员履职风采

ZHENGXIE WEIYUAN LVZHI FENGCAI

艾克拜尔·米吉提

艾克拜尔·米吉提　著

中国文史出版社

《政协委员履职风采》丛书
编辑委员会

艾克拜尔 · 米吉提（2008 年）

2010 年 12 月 1 日下午，艾克拜尔·米吉提与诺贝尔奖获得者杨振宁先生在香港中文大学

2016 年 3 月两会期间，艾克拜尔·米吉提接受媒体采访

2016年两会前夕，艾克拜尔·米吉提在中国网·中国政协频道议库APP上线仪式发言

2016年9月22日下午，艾克拜尔·米吉提参加全国政协第56次双周座谈会，就“加强草原生态系统保护和修复”建言献策

艾克拜尔·米吉提参加中国网·中国政协频道活动

艾克拜尔·米吉提参加人民网直播采访

艾克拜尔·米吉提在全国政协新闻出版界小组讨论会上

艾克拜尔·米吉提在哈萨克斯坦亚欧大学受聘客座教授

艾克拜尔·米吉提在政协会议期间撰写提案

艾克拜尔·米吉提在草原上

目 录
contents

自述：时光的步履

建言献策　尽责履职

政协第十一届全国委员会

【提案】

社情民意·视察调研

随感·报道

自述：**时光的步履**

我是1993年任第八届北京市政协委员的，连任第八、第九、第十届三届委员。2008年任第十一届全国政协委员，第十二届连任。在二十多年的政协履职生涯中，提出了几百个提案，参加了许多专题调研、考察和各种政协活动，撰写了一系列文章和社情民意反映。尤其是对于我这样一位作家委员，政协生涯提供了更为广阔的视野空间和与社会生活千丝万缕的紧密联系，由此创作空间进一步拓展，写作笔触不断得到延伸。同时也极大地丰富了我的个人生活空间，内心过得十分充实。当然，也由此尽到了一份作为政协委员的神圣职责，这一点尤其令我欣慰。

第一份提案带来的喜悦

想起第一次作为政协委员，在北京市政协八届一次会议上与王懿君、向红笳、黄信阳、修明、石玉琨、殷继增、赵景荣、赵书等民族宗教界委员联名提出《关于禁止在北京市区销售和燃放烟花爆竹的提案》（这次会上还有其他界别的委员也提出了同样的提案），即我的第一份提案，很快在当年得到落实。这一年的10月，北京市人大就通过了《北京市关于禁止燃放烟花爆竹的规定》。1994年的春节，一扫往年除夕之夜北京城被隆隆的爆竹声淹没，被呛人的火药味弥漫，大街小巷被翻滚的破纸屑覆盖的景象，过上了一种全新、安静、文明、祥和的春节，我的内心很是激动，觉得政协委员还真有作用，党和政府还真采纳政协委员的提案，政协委员的提案对社会发展步伐还真能起到促进作用。我以为这便是对古老北京献上的千年节日礼物。然而，由于某种历史原因，在十年之后，在进入21世纪门槛时，这一《规定》被改为“禁改限”，即在“限定的时间、限定的区域”允许燃放烟花爆竹。我以为这是一种历史的倒退。每年除夕之夜，北京市长不得不到同仁医院眼科值守，每年都有上百人到这里来做被爆竹炸伤的眼球手术

（包括摘除术），有些不幸的人不得不从此失明。当然，还有更甚者，手指被炸伤炸残，更有极端的案例便是不得不与生命告别，令人扼腕。近些年来，由于日益加深的雾霾，北京市民开始自觉告别燃放烟花爆竹，在“限定的时间、限定的区域”只能听到稀稀拉拉的爆竹声。其实，燃放烟花爆竹最大的受害者是老人与小孩，还有宠物。燃放烟花爆竹时，婴儿哭闹不止，宠物惊厥不宁，老人则被浓烈的烟味熏得难以呼吸，或呼吸道旧病复发。加上雾霾，对所有人的健康都不利。当然还有火灾隐患。我以为在北京这样的特大型城市，应当禁止燃放烟花爆竹，这将是历史的必然选择，也是时代的需求。

生活在首都，我始终关心着空气质量。从20世纪80年代开始的大规模拆迁和大兴土木，使北京城饱受扬尘污染之苦。扬尘污染得到有效治理后，禁止燃放烟花爆竹使阶段性污染得到有效遏制。但是，我发现北京依然在冬季备受空气污染之苦。仔细观察，是大片的三环以内老城区居民冬季取暖方式没有改变，依然是废旧报纸点燃劈柴，由此引燃烟煤、蜂窝煤，家家户户都在释放煤烟，二氧化碳和粉尘污染严重，致使北京的空气整个冬天烟雾腾腾。而北京上空200—300米处有一个逆温层，会像锅盖一样扣住城市胴体，唯有源自西伯利亚的寒流带来强劲的风，掀开这个逆温层“锅盖”，吹走那些凝滞的烟雾，北京上空会短暂显现蓝天。寒流一过，强风骤减，那烟雾与粉尘又会弥漫开来，堵得令人心慌。从而会使老年性疾病、呼吸道疾病易发多发，成为影响社会群体健康的直接诱因。于是，我在2000年北京市政协九届三次会议上提出《关于建议逐步实施电采暖取代燃油燃煤等传统采暖方式的提案》，提出政府应当对三环以内老城区居民实施煤改电采暖补贴政策，这一提案对于北京市政府2001年开始出台实施“煤改电”举措起到了积极的促进作用。

随着时间的推移，在单纯追求GDP产值经济发展模式下，北京及周边地区的工业污染日益加重，人们深受其害。现在，已经不只是北京受到雾霾影响，整个华北、华中、东北部分地区已然连片污染，几十万、上百万平方公里的国土面积常常被雾霾深锁。严重时，甚至影响首都机场航班正常起降，许多航班延误，影响人们的生活秩序。最近一次我乘高铁一路南下前往长沙，一直云游在雾霾中。虽然我们开始采用PM2.5监控措施，偶或也会见到难得的“北京蓝”，那几乎是我们的节日。作为全国政协委员，我对此也发声，写出一系列的社情民意反映和文章，呼吁携手共同治理雾霾污染源，《还你一片蓝天——写给我的孙女玛丽娅的一封信》，其实也是我写给所有不得不生活在雾霾下的孩子们的一封信。

环保问题是我们共同关注的问题，其中保护草原也很重要。2016年9月22日下午，全国政协保护草原议题双周协商座谈会上，我作了《科学建立草原生态保护机制，保护草原迫在眉睫》专题发言，媒体作了报道和全文转载。10月2日国庆长假期间，收到全国政协人资环委办公室主任白煜章先生发来的短信：

> 我受全国政协人资环委高波驻会副主任委托，特向您致此短信：祝您全家国庆节幸福快乐，感谢您对我委调研工作的支持和对草原保护的建言献策！祝贺您在9月22日全国政协第56次双周协商座谈会上发言精彩成功！您的发言得到俞正声主席、张庆黎副主席兼秘书长、潘立刚常务副秘书长的充分肯定，您的建言要点已在《人民政协报》上摘要发表。希望您继续关注草原生态保护。此致，敬礼！人资环委办公室主任白煜章，2016年国庆日。

我在2008年全国政协十一届一次会上就曾提出《关于撤销新疆高山草原铁丝围栏的提案》《关于禁止农区城镇畜群进入草原牧放减少草原载畜量的提案》。我对新疆和全国草原都在予以关注。2015年12月，我受聘中国网政协频道和草原频道顾问，草原退化、荒漠化和草原文化的保护将是我始终如一的关注点。

预防灾害是当今社会的重要命题。我国幅员辽阔，人口众多，自然灾害和人为灾害频仍，加强民众的预防灾害意识，教会普通百姓在灾害面前的预防、自救、互救知识，是十分迫切的现实需要。我在2016年全国政协十二届四次会上提出《关于建议将预防灾害纳入十三五规划的提案》，建议将预防灾害纳入十三五规划。作为政协委员，我参与预防灾害公益活动，并担任国家预防灾害公益活动形象大使，以期积极推进预防灾害宣传和知识普及工作，为保护人民群众生命和财产安全，提高人民群众生活幸福指数尽一点绵薄之力。

提案催生国家立法

1995年我在北京市政协八届三次会议上提出了《关于制定禁止在公共场所吸烟法规的提案》，得到媒体广泛关注，1995年5月12日上午8：20—9：00，北京人民广播电台“议政论坛”专栏节目邀请我作特约嘉宾，现场直播“在公共场所禁烟问题”的专题讨论，得到社会积极反响。这一提案同时得到北京市爱卫会、市政府法制办的高度重视，当年就举行各种座谈会、研讨会、协商会，迅速出台地方立法《北京市公共场所禁止吸烟的规定》，于1995年12月21日由北京市第十届人民代表大会常务委员会第二十三次会议通过，自1996年5月15日起施行。这一规定，的确是为了保障人民身体健康，提倡社会公德，减少吸烟造成的危害，依据国家有关法律、法规的规定，结合北京市实际情况而制定出台的。应当说，这是一个新的创举，在我国地方立法史上翻开了新的一页，也符合首都作为首善之区的形象。

当然，一些社会习惯并不会因了一项法律规定就会改观。作为最早公布实施公共场所禁止吸烟的北京市状况不容松懈，当时依然经常可以看到在公共场所禁烟标示下吞云吐雾的绅士，在另外一些公共场所（比如会议室内），我们的一些领导干部不受约束地抽烟……2000年，在北京市政协九届三次会议上我又提出《关于建议对我市公共场所禁止吸烟法规实施情况进行一次督促检查的提案》。因为，好的地方性法规需要很好地去实施，才能发挥作用，并成为每一个公民（市民）的自觉行为准则，否则就会失去其意义。因此，我建议对北京市公共场所禁止吸烟法规实施情况进行一次督促检查，以使这项法规真正深入人心，真正造福一方百姓，同时也使北京市的法制建设得以扎扎实实地推进。

随着北京市实施在公共场所禁止吸烟，全国一些大中城市也相继推出了地方性法规禁止在公共场所吸烟。显然，禁止在公共场所吸烟，是一个社会文明程度的标志之一；而不在公共场所吸烟，也是每一位社会成员自身文明程度的标准之一。随着时代发展的步伐，社会文明和法治进程鼓舞人心，2014年11月28日，北京市第十四届人民代表大会常务委员会第十五次会议表决通过《北京市控制吸烟条例》，该条例已于2015年6月1日起实施，而当年推出的《北京市公共场所禁止吸烟的规定》同时废止。北京市公共场所室内已全面禁烟，而且各类办公大楼和公共场所禁烟监控系统十分到位，惩罚措施非常严厉。在公共场所不抽烟已成为每个社会成员的自觉行为，社会文明程度进一步得到提升。

2014年11月24日，国家卫生计生委起草了《公共场所控制吸烟条例（送审稿）》，向社会公开征求意见。送审稿明确，所有室内公共场所一律禁止吸烟。此外，体育、健身场馆的室外观众座席、赛场区域；公共交通工具的室外等候区域等也全面禁止吸烟。这一法案已上报国务院，据信有望年内得以实施。

这几年，我又关注另一项立法问题。2014年在全国政协十二届二次会上我提出了《关于建议修订〈国旗法〉为〈国旗国歌法〉的提案》和《关于在天安门国旗升旗台侧附国歌〈义勇军进行曲〉五线谱歌词铜牌的提案》。之后，我又在2015年在全国政协十二届三次会和2016年在全国政协十二届四次会上连续三年提出如上两个提案。我以为，爱国主义教育应当从热爱国旗、国歌开始做起。《中华人民共和国宪法》第一百三十六条明确规定："中华人民共和国国旗是五星红旗。""中华人民共和国国歌是《义勇军进行曲》。"由第七届全国人民代表大会常务委员会第十四次会议于1990年6月28日通过的《中华人民共和国国旗法》（自1990年10月1日起施行），第十三条规定："升挂国旗时，可以举行升旗仪式。""举行升旗仪式时，在国旗升起的过程中，参加者应当面向国旗肃立致敬，并可以奏国歌或者唱国歌。"该条表述仅为"并可以奏国歌或者唱国歌"。而随后由第七届全国人民代表大会常务委员会第十八次会议于1991年3月2日通过的《中华人民共和国国徽法》（自1991年10月1日起施行），与国歌无涉。在接办我的《关于在天安门国旗升旗台侧附国歌〈义勇军进行曲〉五线谱歌词铜牌的提案》时，相关机构和具体办事人员非常尽心尽力，但是，最终遇到没有法律依据的障碍。因为除了宪法和国旗法对国歌的有限表述外，没有关于国歌的明确法律条文规定。因此，虽然办案单位和办案人员都赞同我的提案，但没有法律法规支持，无法落实。但是，我以为，随着时间的推移，《中华人民共和国国旗法》是一定会修改完善的，国歌的法律地位一定会明确下来，在来年的两会期间，我依然会将前述两个提案再度提出。

而我在2010年全国政协十届三次会议上提出的《关于设立“共和国先烈日”的提案》，得到中宣部圆满答复。2014年8月25日下午，十二届全国人大常委会第十次会议听取国务院关于提请审议通过《关于设立烈士纪念日的决定（草案）》的议案。草案规定，每年9月30日国家举行烈士纪念日。自烈士纪念日确立三年来，每年9月30日，习近平总书记、党和国家领导人、首都群众来到天安门广场人民英雄纪念碑前，向先烈敬献花篮，缅怀先烈志，共铸中华魂。这对于弘扬社会正能量，树立正气，让人们谨记和缅怀那些为中华民族的今天抛头颅洒热血，献出自己生命的英雄先烈，具有重要意义。一个不崇尚自己英雄的民族，是得不到尊敬的。尤其要在青少年中树立崇尚英雄、热爱英雄的良好风尚，才能使中华民族精神生生不息，永续传承。

2010年全国两会上，我提交了《关于对足以影响环境、气候大型项目上马前要充分听取跨学科专家意见的提案》，环保部不仅积极采纳我的建议，还表示将进一步规范大型项目上马前的公众参与，《公众参与暂行办法》的修订工作已经启动，正组织制订《环境影响评价技术导则——公众参与》。将这一工作进一步落到实处，那种不顾一切以破坏环境为代价的所谓发展模式，已经开始得到有效遏制。2016年全国政协十二届四次会上我提交了《关于应当限制东部产业升级中被淘汰的高污染企业西移的提案》，提出不能把江浙一带被淘汰的印染厂，其他地区的煤化工企业和镀金厂等高污企业，以引进项目等美名，到生态环境本已脆弱，却又是大江大河之源、气流上风口的西部地区。否则只能带来对国土的二度污染，有百害而无一利。建议依法加大对西部地区的干部，尤其是一把手的环境问责制，加大依法查处力度，坚决刹住这股东部产业升级中被淘汰高污染企业西移风。让人人明白保护环境、发展绿色经济的重要性。

盯住小事和死角，效果事倍功半

那天（2006年12月29日，星期五），我们正在密云瑞海姆度假村参加中国作协高级职称评委会，信报记者赵磊打来电话（139××××275），说他正在积水潭桥下寻找我提案提到的那个隔离岛。我告诉他，就在由西向东辅路道口，是一个地铁换气孔，后来道路拓宽时留在了路口中央，由于频发事故，交管局给它包了一圈红白相间的标识，看上去像一个过去老的交警指挥台似的隔离岛，夜间遇车灯照会有反光，以避免或降低事故发生。然而那个隔离岛斑痕累累，无声地言说有多少辆车曾经碰撞过它。我的提案是建议改迁这个地铁换气孔，以提高积水潭立交桥下道路畅行能力和交通安全。最先接办的是交管局，因归属权不在他们，后来他们把提案交给了市政管委，市政管委落实下来，问题得由地铁公司解决——把换气孔由道中央外移。承诺此事年内解决。如果见不到隔离岛，那就说明已经解决。我告诉记者，我现在密云，下午进城时，我会亲自到现场看看。

这是我在北京政协十届四次会议上的提案《关于改迁积水潭桥下西南辅道斑马线处地铁换气孔的建议》：

积水潭桥下西南辅道斑马线有一座长6米、宽1.8米、高0.8米的隔离岛——其实这是一个直径0.3米左右的地铁换气孔的保护墙。最初设计换气孔在人行横道上，后来改扩建路口以后，就留在了道路中央，从而导致一些车辆直接撞上，保护墙水泥体已伤痕累累。不得已在前面画斑马线隔离，又加了一道减能防撞桶作保护。但是，道路畅行度由此下降，亦难以防止夜间又有机动车撞上的可能。因此，建议改迁这个地铁换气孔，提高积水潭立交桥下道路畅行能力。

下午，高评委会一结束，我就赶到积水潭路口实地察看（彭学明搭我便车），问题确实得到解决，那个隔离岛已不见踪影。我的提案确实得到落实。我给信报记者打了个电话，告诉他最新情况。

看上去这是一件不足挂齿的小事，但是，它与老百姓日常生活息息相关，所以，再小也要盯住它，直至问题解决。现在的积水潭桥下车水马龙，在人们的视野和记忆中早已不复存在曾经有过一个地铁换气孔，但它是真实的历史存在。一个城市发展的步伐，就是这样由点滴改变，集腋成裘才得以实现。

我在2006年北京市政协十届四次会上提出《关于解决红领巾桥辅道路面坑洼问题的建议》《关于解决四元桥路面问题的建议》，得到北京市政府相关部门的积极反应。2006年10月11日（星期三）上午10时，北京市交通委所属路政局城市道路处一位先生打来电话。他说艾委员，您提的两个提案（实际上是我在交通委提案办复会上提的建议）红领巾桥路面坑洼问题已经解决。我说，我已经看到了。的确，那段时间因作协办公楼装修，我们搬到东八里庄老鲁迅文学院办公，每天通过红领巾桥，原来桥上的坑坑洼洼已经修平，现在通行起来十分顺畅。这事看似很小，不就是桥面的坑洼问题嘛。其实，在北京这样的大都市，没有小事可言，任何小事都是大事，所以有一句话很说明问题：北京无小事。市民出行，看到的就是路面平不平，交通堵不堵，天气晴不晴，空气好不好，食品安全不安全，有病能不能看得上……能够满足这些基本需求，普通市民也就心满意足了。

这位先生还说，您提的四元桥路面问题，不归我们处管，是建工公司管。我问它的上级主管部门是哪里？他说建委、交通局都管。不过，他们已经列入计划，年底前完成修缮施工。我说，那很好，感谢你们。说起来十分有趣，我们的城市管理体制机制，是从一个很简单的历史传承沿袭下来的。有事“谁家的孩子谁抱走”，这话听起来十分简单明了，又有一种血缘关系的意味。但是，我们的城市管理机制，就是按照这一原理制定的。再加上城市建设速度太快，责任与建设一并到位，于是便会出现多头行政，头绪繁复，相互推诿责任问题。这一切正在得到有效治理，随着时代发展步伐，相信会变得越来越好。

我从2014年全国政协十二届二次会上开始提出《关于少数民族人名汉字规范问题的提案》，2015年、2016年连续三次提出，现已得到公安部答复，已经在相关几个部委间成立协调机制，新疆维吾尔自治区人民政府已经开始推行这一工作。非百家姓少数民族人名汉字音译转写问题在新疆地区较为突出，尤其在身份证发放和新闻报道中凸显。一是择字对音不准，看着该汉字，难以直接还原本民族人名；二是择字字义不雅，看着该汉字，从字义上说，不宜用作人名；三是择字字义不恭，看着该汉字，从字义上说对人不恭，甚或含有贬义。四是由于没有规范用字规则，由户口所在地派出所户籍警根据个人文化水平高低随机取舍用字造成这一历史局限，由此延及新闻报道显现问题。长此以往，不利于民族团结进步事业，不利于各民族文化交融，甚或有被敌对势力利用此事作为挑拨民族关系的潜在可能。因此我建议将少数民族人名汉字用字规范起来。这个建议正被采纳，少数民族人名汉字用字一定会变得更为科学规范，对促进我们的社会文明发挥重要作用。

有时候一个圆点能够难倒一个人。如果不是我的亲身经历，我是万万想不到的。我的名字和父姓之间有一个中圆点，这是我们姓氏方式——和西方一样——父子联名制。问题恰恰出在这个中圆点上。有一次我去工商银行想办一个网上电子银行U盾，但是操作员怎么也操作不成。她不得不把值班主任请来，但是很遗憾，值班主任也没办法。这位值班主任倒也爽快，她说，您这个姓名中间的那个中圆点，在我们工商银行系统登记时是居中位置，但是，您这个身份证上正面虽然也是在居中位置，但是身份证的芯片记录在下方，所以从我们银行自动识别系统过不去。您得到派出所去重新将芯片上的中圆点调上去，不然我们银行自动识别系统还是过不去。于是，我到户籍所在地派出所办理更改身份证芯片事宜，而我的第二代身份证更换是在原来驻地派出所办的，搬家以后现在的户籍所在地派出所只是办理了落户手续。现在我不得不为着一个小小的中圆点来到派出所。派出所让我填写了相关手续，缴纳了办证费用，告诉我得两周工作日后来取。这时候，我不得不感叹，一个小小的中圆点，居然有如此巨大威力，是我以前万万不敢料想的。终于等到取身份证那一天。拿到更新了芯片的身份证，我又来到工商银行，这次果然就灵，一个小小的中圆点稍稍向上位移了一点，工商银行自动识别系统就让过了。我的那个电子银行U盾就办成了。由此我在2015年全国政协十二届三次会上结合讨论俞正声主席的政协工作报告，谈到我的姓名中间这个小圆点带来的不便，被《人民政协报》记者翌日便以"'小圆点'的烦恼"为题发了出去。的确，这事虽小，但带来的麻烦却不小，我将一直跟踪解决。

其实，那会儿我也常常在不同的机场被年轻的安检员挡住，非让他的上司来识别我的身份证方予放行。因为航空公司出机票时从来不打中圆点，可能他们最初的软件设计就是如此，没有预留中圆点的位置。但是，身份证上还有中圆点，于是新上岗的年轻人一时分辨不清，只能请有经验的上司来甄别。我已经习惯了这样的流程，所以等待他们的上司过来甄别，最终结果他们都会说，没事，就这样吧，我就开始过安检，走向登机口。

不知为什么，用我的身份证迄今在网上订不了高铁车票，必须带着身份证到车站或售票点购票。我想，一定是那个小小的中圆点在作祟。

在实现电子化办公进程中，还发生过一些有趣的事，还都让我赶上了。比如我最早领取驾驶证时，软件设计只按汉姓复姓预留了四个字的空格，我的名字加中圆点占八个字的位置，电脑怎么也输不进去，只好在前四个字位上输入我的名字，之后的中圆点和父姓用手写。但是，问题又来了，后来设立建行交通卡时，又出现了驾照与建行交通卡姓名书写不匹配的麻烦。那时，我作为北京市政协委员担任北京市公安局警风监督员，就向他们提出建议应将此事向上反映，把由公安口办理的相关证件电子版设计人名栏加大，以便利少数民族人名输入。后来这一问题得到有效解决。

关注人民群众最关心的问题

回龙观一度被称为北京郊区最大的睡城。这个被誉为亚洲最大的卫星城的新建城区，由于配套措施不完善，管理方式滞后，曾经给在这里购房的居民带来了诸多生活上的不便。人们早起晚归，只有夜里回到住所睡觉。而需要购一度电也得进北京城区才能办理，公交线路有限，银行储蓄点节假日不能存取款，也没有大型购物商场，更没有一家三甲医院，而且管理是由村委会以管理农民的方式来管理这些市民……当我知悉这些情况后，写了一组八个提案

《关于回龙观小区系列提案之一——建议尽快解决小区缺乏大型综合商场问题》《关于回龙观小区系列提案之二——建议尽快解决小区居民节假日存储取款不便的问题》《关于回龙观小区系列提案之三——建议尽快解决小区周围环境卫生问题》《关于回龙观小区系列提案之四——建议尽快解决小区居民看病难的问题》《关于回龙观小区系列提案之五——建议尽快解决小区居民出行难的问题》《关于回龙观小区系列提案之六——建议加强治安管理，解决小区社会治安问题》《关于回龙观小区系列提案之七——建议解决横行小区的摩的问题》《关于回龙观小区系列提案之八——建议转变观念，与时俱进，改革小区管理》（另有两个附议案），得到昌平区政府高度重视，主管副区长在回龙观召开现场会，请来一些专家学者并邀请我共同参加研讨解决方案。《信报》于2005年4月25日第10版作了题为“回龙观将建10个居委会——卫生差、治安乱、看病出行难，8项提案直指小区问题，6项已有政府回音”作了报道。回龙观睡城状况很快得到改观，各项配套设施逐步到位，如今已成为名副其实的繁华卫星城。

六里屯垃圾填埋场引发的异味扰民问题比较突出，2005年底至2006年初，我参与对六里屯垃圾填埋场异味扰民问题的调研。六里屯垃圾填埋场由韩国投资合建，使用周期设计为20年。自1999年9月25日投入运行，至2004年11月，一期工程地下部分已经填平。每年卫生填埋65万吨生活垃圾，运行5年间已消纳325万吨生活垃圾。但是，在2002年国家出台小城镇建设政策后，海淀区西北望镇便在这一带开发房地产项目，别墅区和居民楼距离垃圾填埋场很近，每到夏天，住户深受垃圾填埋场异味之苦。针对垃圾填埋场异味扰民问题，我做了较为深入的调研，在重新认识城市生活垃圾问题的基础上，写出了系列提案和《关于解决海淀区六里屯垃圾填埋场异味扰民问题的几点思索和建议》一文，以促进异味扰民问题得以缓解。

北京在21世纪初还有购车需要提供停车泊位证的规定，与悄然进入汽车时代的市民所需不符。我于2000年北京市政协九届三次会上提出《关于取消停车泊位证的提案》，由北京市规划委员会接办答复转交市公安局。2003年停车泊位证在北京最终退出历史舞台。

曾经在北京流行一句笑话，没有丢过自行车的人不算北京人。我家就丢过十多辆自行车。自行车丢了立案难，破案更难。但是，市民购买自行车还得到派出所办理登记和上牌照手续，缴纳手续费10元。2004年我在北京市政协十届二次会上提出《关于在北京市取消自行车牌照的建议》，《北京青年报》等媒体做过由此项提案引出的报道，网上反应更是热烈。此提案终于得到落实，北京从新交法实施之日起取消了自行车牌照。

随着网络信息时代的到来和手机的普及，一些不法分子将个人信息随意泄露出去，甚至一些职能部门的人利用职务便利监守自盗，将个人资讯变换成营私牟利的“产品”，造成垃圾短信、垃圾电话泛滥，坑害消费者事件屡有发生。2007年我在北京市政协十届五次会上提出《关于建议一些政府行政执法部门不应泄漏有关个人信息的提案》。但是，随着时间的推移，对个人资讯的泄漏变卖更加猖獗，仅靠行政手段已难以遏制，只有采取立法手段才能有效打击这种犯罪行为。2008年在全国政协十一届一次会上我提出了《关于建议立法加强对个人资讯保护的提案》，2011年在全国政协十届四次会上又提出《关于确保电信安全的提案》。2014年8月14日国务院发布《国务院关于促进信息消费扩大内需的若干意见》。《意见》要求积极推动出台网络信息安全、个人信息保护等方面的法律制度。2014年10月9日，最高人民法院通报《关于审理利用信息网络侵害人身权益民事纠纷案件适用法律若干问题的规定》，对人肉搜索、大V转侵权信息、“水军”发帖等网络侵犯个人隐私的现象纳入法治管理范围加以禁止。现在，随着手机用户实名制登记措施的推出，这一现象有所缓解，但依然存在。我以为要最终立法确立保护措施。

金融诈骗、利用银行卡进行诈骗活动也成为人民群众最关心的问题，许多人因此受骗上当蒙受损失。我在2009年全国政协十一届二次会上又提出了《关于建立银行诈骗账户黑名单制的提案》。在杜绝金融诈骗、利用银行卡诈骗等方面，银行不仅有道义责任，更应当具有法律责任，应当建立起高速有效的机制。只有这样，才能从源头有效遏制金融诈骗、利用银行卡诈骗犯罪活动。

关注公众关注的问题

我一直十分关注主流网站，每天都要浏览各大网站。在浏览人民网“中国共产党新闻”专网时，我发现除了英、法、俄、日、阿拉伯等外文网页，还有国内蒙、藏、朝三种少数民族文字网页，缺失维吾尔、哈萨克文字网页。我以为这是网站初创阶段，在作一些调试，或许在适当的时候会推出维吾尔、哈萨克文字网页。但是，整整过去了差不多三年光景，依然没有见到维吾尔、哈萨克文字网页的推出。应当说，这是国家整体宣传战略中不可或缺的内容。作为一名老媒体人、一名政协委员，我有责任提出建议。于是，我在2009年全国政协十届二次会上提出《关于建议人民网“中国共产党新闻”专网增加维吾尔、哈萨克文网页的提案》。在两会结束第十天，我便接到人民日报的办复函，决定由当年7月1日起上线维吾尔、哈萨克文网页。这是我作为政协委员生涯中所提提案办复最快、最彻底的一次。事实上，人民网于当年6月25日就推出了维吾尔、哈萨克文网页，使维吾尔、哈萨克文网络受众多了一个信息窗口。而在不久后发生7·5事件，新疆的网络关闭情况下，人民网维吾尔、哈萨克文网页成为这两种文字受众唯一的权威网络信息窗口，发挥了十分重要的作用。

2010年全国政协十届三次会上我又提出《关于建议人民网蒙古文、哈萨克文网页增加基里尔字母转换页的提案》。因为，我国的蒙古文、哈萨克文都用的是各自沿袭的老文字，而在外蒙古、哈萨克斯坦都用的是以基里尔字母为基础的文字，虽然两种语言发声、语法都相同，但是由于文字不同而无法沟通。在我国实施文化走出去战略中，用好我国少数民族语言文字对周边国家的文化传播作用十分重要。但是，我的这项提案由于软件条件受限未能落实。在2011年全国政协十届四次会上我又提出《关于落实〈关于建议人民网蒙古文、哈萨克文网页增加基里尔字母转换页的提案〉的提案》，经过认真准备，人民网采纳了我的这一建议，由于哈萨克文老文字和基里尔文之间转换软件成熟（蒙古文两种文字之间转换软件尚待成熟），这一年哈萨克基里尔文网页也及时上线，使人民网影响力进一步扩大，文化走出去战略在网络得以实施，受到国内外受众欢迎。

中小学语文课本中红色经典作品课文逐渐减少终致悄然退出成为公众关注的热点之一。我在2009年十一届二次政协会上提交了一份发言：《中小学语文课本应当增加红色经典作品教学内容》。没想到这个发言引起媒体关注，几家报纸作了刊载。新浪网甚至为我开通了博客，将此发言贴在博客首页独家栏目推出，由此引发网民关注。网上有叫好的，按网上时髦话叫作“顶”。也有破口大骂的，那粗口在大街上都听不到，让人感觉感情街上没有什么小流氓了，尤其在两会期间的北京，更是难觅其踪迹，未承想，流氓全跑到网络世界——虚拟空间了。有趣的是，所有破口大骂者，没有一个敢留真名，哪怕是网络空间的虚拟网名。毕竟是文明古国的子民，知道当众口出秽言者乃宵小之徒也，芸芸众生不耻为伍，更何况正人君子。起初我有点愤怒，后来一想，连骂人都不敢留下真名的人，还不及雁过留声的候鸟，连蔑视都是对他们高看一眼。呜呼！更何况那是一潭泥淖，没有必要陷进去。维吾尔人有一句话颇令人寻味：你向大粪扔土坷垃，粪渣会溅在你身上。随它去吧，我没有时间和这些人论个高低，时间自然会说话。

当时，开博客对我来说是一件新鲜事，作为政协委员开博客更是新鲜事。我深知传播学，想必此时该发生的已经发生，该造成的影响已经造成。我只能沉着应对，因势利导。可我却连我的博客地址还没记住，更不知道登录名与密码。我给新浪网编发去短信，询问我的博客登录名与密码。不一会儿，他发来短信，告诉了我的博客登录名和密码，并说，“我们要感谢您在百忙中接受邀请。您的博客我们会重点关注，新浪有很多文化名人博客，效果都很好。博客的问题您随时找我。”实际上，我的博客是2009年3月11日上午11点多开的，翌日下午一看，一昼夜有一万多人登录。而对于“红色经典”这个话题，我迄今关注。我想我们不能忘记那些革命英雄，更不能让后代与革命英雄隔绝。文化自信，应当包含这些英雄赋予的精神力量。

知识产权保护也是公众普遍关注的社会问题。我们要建设创新型国家，没有完善的知识产权保护体系是难以实现的。尤其在网络、影视、文学、艺术、学术领域肆意剽窃现象比较普遍存在，严重影响了知识产权保护和大众创新积极性。为此，我在2013年全国政协十二届一次会上提出《关于建议加强网络管理，保护知识产权的提案》，2016年全国政协十二届四次会上再次提出《关于应当加强网络知识产权保护的提案》。与此同时，我在新闻出版界分组讨论时，提出应当在“十三五”规划纲要中加重知识产权保护的意见。当天下午，便接到国家发改委规划司发来短信：

> 尊敬的艾克拜尔委员：您提出的关于在“十三五”规划纲要中加重知识产权保护的意见，非常重要。目前在纲要第八章、第二十章和第五十章中，对知识产权问题有了相关表述。下一步，国务院还将组织编制20个重点专项规划，其中也包括知识产权保护与运用规划。我们在今后工作中将高度重视这一问题，继续完善相关政策，做好有关工作。十分感谢您对规划工作的关心和支持。国家发改委规划司。

而在2015年我国影视界最重大的事件，是“琼瑶诉于正案”以琼瑶胜诉落下帷幕。这一侵权案的判决，将成为我国知识产权保护的分水岭，对保护创作自由、促进原创、提升影视产品质量，发挥积极的作用。那种一度在利益驱动下肆意侵权状况开始有效扭转。从司法实践上也是一次突破，具有里程碑意义。我和王兴东委员作为中国电影文学学会的负责人，与电影编剧们一起积极呼吁支持琼瑶依法维权，最终胜诉。之后邀请判决法官和编剧举行座谈会，编辑出版《琼瑶诉于正案》一书，我为该书亲自作跋，呼吁打击一切抄袭、剽窃、非法改变别人作品的行为，保护原创，保护知识产权，停止侵权，维护职业尊严。现在，知识产权保护已写进“十三五”规划纲要，国家还将配套出台相关政策，完善相关法律法规，这对于建立社会公信、公平、公正，建设创新型国家将发挥重要作用。

我在2014年全国政协十二届二次会上提出《关于对失地农民利益诉求要妥善处理的提案》和《关于保护华北及北京周边地区地下水资源问题的提案》，这也是公众关注的问题，妥善解决这些问题是必然趋势。

房价问题一直以来是公众关注的问题。我在2010年全国政协十一届三次会上提出《关于建议政府研究实施新一轮房改措施的提案》，又撰写了《民以房为天？》的专文（见《人民日报》2011年4月13日第20版）。作为一名政协委员，2010年参加了全国政协组织的几次委员考察活动，去了北京、天津、浙江、海南等地。同时，出于我的本职工作，也去了十几个省、市、自治区的三十几座城市、县镇、农村、牧区。让我感受最深的是，所到之处，人们关心的首要话题就是房价。应当说，这是2010年从共和国总理到平民百姓都在关注的热点，新华社连续发表六篇“新华时评”谈论房价问题，按网络说法“矛头直指地方政府，痛批当前房地产市场的根源所在——土地财政”。在事业单位从业的35岁以下的年轻人，很多人心存房价恐惧症，面对疯长的房价和相对于房价自己那一点近乎可怜的收入，似“困兽犹斗”，无可奈何。只好一心想着如何挣钱购房，一切只好“向钱看”。房价问题是一个看似解不开的结。银行一肩挑两头，一头是房地产商贷款，一头是购房者贷款，全由银行来贷出和收回，自然会出现畸形房地产业和一路攀升的房价。我以为，政府应当采取断然措施，以遏制一路飙升的房价。否则，一旦房地产链条出现断裂，会出现大的经济社会动荡，对此必须有足够的预期和应对措施。

提案的历史性遗憾

也有很好的提案迄今未能落实，有的提案甚至失去了历史性机遇，比如我在2006年北京市政协十届四次会议上提出的《关于体现绿色奥运精神，用海淀区六里屯垃圾填埋场产生的沼气替代天然气点燃奥运会主会场火炬的建议》，得到时任北京市委书记、北京奥运会组委会主席刘淇批示，认为此建议很好，请分管2008年奥运会工程建设工作的刘志华副市长研究落实。但是，这位副市长组织“专家”给出了无法落实的答案。很遗憾，在2008年奥运会点燃火炬时，没有能用沼气替代天然气，失去了历史性机遇。而意外的是，在刘志华做出否决我的提案不久，于2006年6月9日被“双规”。2006年12月6日，刘志华被检察机关立案侦查，2007年6月29日被移送审查起诉。2008年10月18日，也就是在奥运会闭幕之后，衡水市中院一审以刘志华犯受贿罪，判处其死刑，缓期两年执行，没收个人全部财产。2009年1月21日上午，河北省高级人民法院对北京市原副市长刘志华受贿一案宣布二审裁定，维持了一审法院的死缓判决。

更有甚者，我的提案巧遇政府官员当面说谎的极端情形。有市民向我反映海淀区三义庙地区没有公共厕所，许多平房租住户只好把大小便解在塑料袋里往绿化墙下一扔了事，既增加了清洁工的劳动强度，又使环境极不卫生，夏日里更是臭气难闻。我在实地考察后，2005年在北京市政协十届三次会上提出《关于解决三义庙地区居民如厕问题的提案》，但是这一提案没有得到落实。2006年在北京市政协十届三次会上我又提出《关于解决海淀区三义庙地区居民如厕难问题的建议》，这一年的6月，海淀区政府请市政协委员就关于海淀区提案问题进行座谈。时任海淀区区长周良洛就海淀区政府办复市政协委员提案情况作说明，未承想他提到了我的提案《关于解决海淀区三义庙地区居民如厕难问题的建议》，并加以说明：经我们与艾克拜尔·米吉提委员沟通，委员同意撤回这个提案。我当时心里一愣，事实上没有任何人为此提案找过我，他怎么就可以这样主观武断说明呢？看来这位区长不是一个十足的官僚，喜欢被下属忽悠着，就是一个喜欢谎话连篇的人。当他的情况介绍结束后，请政协委员发言时，我第一个举手要求发言。获得允许后，我第一句话就是：周区长，我就是您刚才提到的艾克拜尔·米吉提委员，很抱歉，没有任何人事前找过我就此提案进行协商，我更没有向任何人表态要撤回提案，我不知您的结论从何而来。我认为这是关系到老百姓日常生活的事，不仅提案不能撤回，还希望海淀区尽快予以落实，解决一方百姓日常生活所需。三义庙地区离区政府不远，建议您尽快抽个时间到实地去看看就一目了然了。我的发言完了，谢谢！当天下午周良洛区长就到三义庙地区实地察看。但是，区政府通知街道办和居委会下午区长要来，于是自然打扫了一遍。当然，那里的脏乱差状况靠一次的打扫是解决不了的。可惜的是尽管区长亲临现场，这一年这个问题还是没有得到解决。在2007年北京市政协十届三次会上我继续提出《关于解决三义庙地区居民如厕问题的提案》，期待着与海淀区政府领导再次面洽落实这个提案。但是，周良洛于2007年4月6日被中纪委带走，并由北京市人民检察院侦查完毕，案件移送北京市第二中级人民法院。2008年，周良洛因受贿1670万元，被北京市第二中级人民法院一审判处死刑，缓期两年执行。

多说不白说

1995年夏秋之际，我在每天骑车经过后海东岸宋庆龄故居前草坪上看到建起了几间砖砌房子，很是诧异。因为根据《北京市绿化管理条例》，占用一平方米的绿地都需要北京市绿化委员会通过才行，而绿化委员会的主任就是北京市市长。我想，北京市绿化委员会应当不会一次就批几十米草坪用作建筑用地，这事儿实在有点不合情理。

1996年，我在北京市政协八届四次会上提出《关于宋庆龄故居大门西侧有一违章建筑的提案》（第02-753号提案），要求拆除违章建筑，恢复绿地。北京作为首都首善之区，绿化虽然搞得很好，但是没有一平方米的绿地是多余的，对美化城市环境，净化城市空气，绿地发挥着不可替代的作用。西城区人民政府于1996年6月25日作出答复："经查，宋庆龄故居大门西侧确有一轻体建筑，该建筑系北京市规划局于1994年10月28日批准的临时建筑，文号（94）市建临字0086号，用途为售票，面积33.3平方米，使用期24个月（1994年10月28日—1996年10月28日），并且有市文物局什刹海管理处的相关批文。由于此建筑属北京市规划局审批的项目，并涉及今后再续办的问题，我们将继续与市有关部门联系。"

经我实地考察，宋庆龄故居有东西两个大门，游客购票参观均走东门，东门为主门。而西门从未对游客开放。这一"轻体建筑"正好"临时"建在西门西侧的原有绿地上，并没有用于"售票"，而是用来经营，开办"海棠苑艺术摄影"。与此同时，原批准的使用期24个月业已结束（1994年10月28日—1996年10月28日）。尤为重要的是，此项批件缺少园林绿化部门的有关批准手续。因此我建议有关部门限期拆除这一违章建筑，恢复绿地。不要再让这种临时建筑借故延续下去。但是，这一年就这样过去了。

1997年，在北京市政协八届五次会上我继续提出《关于拆除宋庆龄故居西门西侧违章建筑的提案》，同时提出《关于建议对必须占用绿地的建筑严格审批手续的提案》：北京市绿地面积虽然正在逐年扩大，但人均面积仍然偏低。令人担忧的是，近年来部分绿地正在被静悄悄地侵蚀，有关批复手续并不完备，却巧立名目占用绿地搭建“临时建筑”，用来进行商业性经营。这种在经济利益驱动下占用绿地的现象必须得到有效遏制。已经被占用的，必须限期拆除恢复绿地。如果确定需要占用绿地施工建筑的，必须严格审批手续，在规划局等有关部门立项批准的同时，必须要有园林绿化部门的审批手续，否则一律不准施工。

但是，由于是届末之年，相关部门办理提案的积极性和紧迫性会有所下降，坦率地说，他们或多或少存有侥幸心理，这位委员下届不一定连任。所以，能敷衍就敷衍，能拖就拖，拖着不办的概率更大一些。但是，没想到九届我继续担任北京市政协委员。于是，我在1998年北京市政协九届一次会上重新提出《关于应按期拆除宋庆龄故居临时售票房的提案》。《北京市城市绿化条例》第二十六条规定：“严格控制临时占用城市绿地，确需临时占用的，须经市园林局审核同意后，报临时用地审批部门批准，并按规定期限恢复原状”。京政管字〔1995〕67号文件（通知）第三条也有同样的内容：“严格控制临时占用城市绿地，确实需要临时占用的，须经市园林局审核同意，办理审批手续，并按规定期限恢复原状”。该文第六条还规定：“各级行政领导机关要带头保护城市绿地，不得带头占用绿地，更不能越权代替主管部门批准占用绿地或干涉主管部门的审批工作。”

我提出宋庆龄故居西门西侧有一占用原有城市绿地50平方米的临时建筑，1994年10月28日，北京市规划局在没有市园林局审核同意情况下，发出〔94〕市建临字0086号《临时建设工程许可证》允许该临时建筑施工，但已明确规定该临时建筑使用期限为24个月，到期后，即自行无条件拆除，恢复绿地。在此之后于1995年4月6日什刹海管理处园林科盖章开具的便笺也写明：“同意宋庆龄故居西大门西侧临时占用绿地，期限两年，望施工完毕后现场清理好，两年后负责退回绿地。”现在，规定的两年期限已经过去了，然而这个“临时建筑”依然没有拆除，更没有恢复绿地。

据信，目前该“临时建筑”已经办理继续使用手续。然而《北京市城市绿化条例》等一系列现行法规规章和政策性有关规定中，没有任何一条允许已经临时占用的城市绿地在使用期限届满后，还可以继续办理使用手续的。显然，这样做不仅存在变相长期占用原有绿地之嫌，还存在有关行政执法部门超越现行法规规章和有关政策规定赋予的权限办事之嫌。因此，希望有关部门严格执法，限期拆除该“临时建筑”，恢复原有绿地。

这一次是届首之年，办案单位十分努力。他们与宋庆龄故居积极沟通。宋庆龄故居派来一位负责人到我单位来找我协商——当时我在《民族文学》杂志社工作，杂志社所在地是后海南沿大翔凤胡同三号，原丁玲故居，正好与宋庆龄故居隔海相望。那几天我正好在外开会，没在单位，来者一说要找艾克拜尔先生，恰巧单位有一位与我同名人，来者与他达成撤回提案的承诺。第二天上午，我接到北京市政协提案委办公室电话说，艾委员，你答应撤回关于拆除宋庆龄故居前绿地临建的提案了吗？我说没有的事，我连他们的人都没见过。提案委办公室的人电话里说，宋庆龄故居的人打来电话说昨天去你单位登门拜访，经沟通您同意撤回提案了。我说我昨天没在单位，他们就是登门拜访也见不到我，我一会儿到单位核实一下。

我到单位一问情况，原来昨天宋庆龄故居的人确实来过，听说是找艾克拜尔，他们就让与我同名人见面（为了区分我们两人，单位的人一般都尊称我“老米”），结果就有了这一出所谓同意撤回提案的说法。后来，我问我的同名人，你怎么可以这样答复人家？他只是嘻嘻地笑而不答。

澄清事情的原委，我便给北京市政协提案委办公室回了电话，将事情来龙去脉讲清楚，并重申我的提案不能撤回，必须落实。

这一年，我的这一提案终于得到落实，宋庆龄故居前占用绿地的违章建筑被拆除，绿地得到恢复。我也确实体会到了政协委员提案落实多说不白说的作用。

一年后的初夏之际，曾经造访过与我同名人的那位宋庆龄故居工作人员，再度来我单位拜访。他说他曾是国母身边工作人员，去年来拜访，未承想还造成了误会，今天他是特地来看望我也一并致歉的。他自己得了一场大病，刚刚初愈，所以延搁了。我说没事的，好在提案已经落实，事情已经解决。我安慰他多保重身体，祝他健康，建议他有暇可以写一写在国母身边工作的日子里的点滴见闻。就这样，我们成了很好的朋友。

我到全国政协以后，一直在反复提出一个提案，即《关于降低新建道路马路牙子增加机动车停车位的建议》。其实，这个提案我在2005年北京市政协十届三次会议上便提出过。由于随着机动车保有量的迅速增长，停车位成了日益困扰车主和政府的共同难题。停车位不足原因种种，既有历史的欠债，也有城市建设短视的结果。我建议将正在建设中的马路牙子降低5厘米，就可以使任何低底盘的轿车开上道边停车，平添大量的停车位，这样既经济适用，可以缓解停车压力，又确保马路的分界不变。再逐步将市区宜于停车路段原来过高的马路牙子降低下来，又可以获得新的停车位，且没有占地、征地、拆迁、建筑之累，实惠而迅捷。事实上，现在许多底盘较高的车辆，夜间就是这样停放在道边的。不如因势利导，充分挖掘路边停车资源，解决静态交通问题。相信这样做可以低成本解决首都大批机动车停车问题，既让百姓获得实惠，又给政府减压，两全其美。当然，目前可能没有这方面的立法依据，但是，似乎也没有关于现行标准的立法依据。建议完善地方立法，切实解决这一问题。

这一提案在2006年北京市政协十届四次会、2007年北京市政协十届五次会上反复提出过。但那时的思路只是建议在北京新建道路降低马路牙子以增加机动车停车位，但是，随着后来汽车爆发式地进入我们的生活，不光是在北京，在全国各地都出现了汽车拥堵和停车难问题。到了全国政协以后，在2009年全国政协十一届二次会上我继续提出《关于建议降低城市道路马路牙子增加机动车停车位的提案》，2014年全国政协十二届二次会和2015年全国政协十二届三次会上再度提出《关于降低城市马路牙子，增加停车位的提案》。我曾经在汽车的摇篮德国看到那些城市和小镇，除了主干道以外基本没有马路牙子，汽车可以随时在路边靠停，无形中增加了大量的停车位，对缓解城市动态和静态交通问题提供了保障。当然两国国情不同，城市间差异性也很大，但是我认为，这一做法值得借鉴。

关注文化走出去与“一带一路”国家战略

2013年9月和10月，习近平总书记出访时，分别提出共建“丝绸之路经济带”和“21世纪海上丝绸之路”战略构想。“一带一路”是中国将自身发展战略与区域合作相对接的重大战略构想。而文化走出去，才能使“一带一路”战略构想落在实处。在2014年全国两会期间，我把关注的焦点放在了“文学走出去”大课题上，递交了多份具有可操作性的提案，包括《关于建议设立外国翻译家奖项的提案》《关于对周边地区中小国家翻译介绍中文作品、配音影视产品设立配套补偿资金的提案》，以及《关于建议孔子学院应配置国内版现当代中文文学书籍和国家级文学期刊的提案》。由于历史原因，西方不少人对中国存在刻板印象，用文学消解这种成见无疑是最好的方式。文学翻译是一种自觉选择，翻译者用自己的文化眼光去遴选、甄别，再作翻译介绍。为了进一步调动各国文学翻译家的积极性，中国作为文化大国，应当设立专门的奖项以奖励那些专门翻译中国文学的翻译家，以此利用已有的平台更好地推广中国文学，为文学走出去带来更多可能性。

与此同时，我以政协委员的身份，给全国政协副主席、时任国家民委主任王正伟同志写信：

2013年9月7日，国家主席习近平在哈萨克斯坦纳扎尔巴耶夫大学演讲时，提出共同建设“丝绸之路经济带”五点建议中明确指出：“加强民心相通。国之交在于民相亲。”“必须加强人民友好往来，增进相互了解和传统友谊，为开展区域合作奠定坚实民意基础和社会基础。”

共同建设“丝绸之路经济带”，在加强政策沟通、道路联通、贸易畅通、货币流通的同时，加强民心相通也同等重要，应当同时推进。而民心相通的最佳方式，就是进行民间文化交流，即进行文学艺术交流。

目前，相关省区市经济、商贸、能源、交通口动作迅速，相关工作有实质性推进。借此良机，建议民间文化交流——文学艺术交流应当适时起步，加快交流步伐。

为此建议，开展民间形式的“新丝绸之路文学之旅”（方案见附件），组织国内有影响力的作家艺术家沿丝绸之路进行采风、文学交流活动，以促进友好往来，增进相互了解和传统友谊，为开展区域合作奠定坚实民意基础和社会基础服务。

我的建议得到王正伟主席的支持，批准在国家民委主管的少数民族对外交流协会立项推进。迄今为止，我们组织了一系列相关活动，发挥了积极作用。

我在《中国作家》主编任上，2009年提出“用最优美的中文，写最美好的中国人形象，为全世界热爱中文的读者服务”的办刊宗旨。这是因为在中国经济强势发展背景下，世界性的中文热悄然兴起。学习语言通常分几个阶段：第一阶段是入门，学习语言的ABC（中文要开始识字），开始掌握初步词汇；第二阶段是提高，学习语法，掌握词汇，开始文字和口语运用；第三阶段是熟练，通过报刊新闻阅读，熟练掌握特定语言，做到基本语言运用自如；第四阶段是深入，通过特定语言的文学作品，深入了解特定文化背景，以及由这种文化积淀构成的特定民族心理，并以这种文化心理来思索。学习语言第四阶段是最高阶段，而这个阶段需要阅读大量古典文学和鲜活的现当代文学作品。因此，我们有责任向世界提供用最优美的中文，描写最美好的中国人形象的文学作品，让国外受众通过文学来了解最真实的中国。

我在2015年全国政协十二届三次会上提出《关于允许少数民族语言译制影视作品属地销售对外输出的提案》和《关于允许少数民族语言配音影视产品属地对外输出的建议》，2016年十二届政协四次会上再次提出《关于允许少数民族语言译制影视作品属地销售对外输出的意见和建议》，而不是恪守不适应供给侧改革要求的陈规，仅只保护部门利益，要为文化走出去战略服务，为“一带一路”战略实施服务。

我的本业是写作

2016年8月29日下午，我列席政协第十二届全国委员会常务委员会第十七次会议作了题为“坚持以人民为中心的创作导向，让文学从高原走向高峰”（《人民政协报》2016年9月5日见报时题改为《用最优美的中文书写最美好的中国形象》）的发言，提出坚持以人民为中心的创作导向，就有一个如何评判人民群众对于生活的态度问题。文学艺术源于生活，又高于生活，但是，高于生活并不意味着高到离奇的地步。更不是说，商业化了，一切都可以随心所欲，只要赚得着钱，什么都可以不管不顾，没有了任何底线。坚持以人民为中心的创作导向，还有一个是否熟悉人民群众真实生活的问题。坚持以人民为中心的创作导向，还有一点是作家面对人民群众的态度问题。文学艺术创作永无止境，随着中国经济的强势发展，对文学艺术提出了新的时代要求。因此，文学不能简单地为政治服务，但是必须为国家利益服务。

2016年10月19日，在由全国政协教科文卫委员会举行的“讲好中国故事，提升文化软实力”专题情况介绍暨座谈会上，我作了发言，提出社会上存在诋毁英雄、贬低英雄、调侃英雄的现象，狼牙山五壮士的声誉都不得不动用法律手段才得以维护，我们的文学艺术作品缺乏正面表现英雄题材，谁要正面写了英雄还会被嘲讽。一个不尊崇自己英雄的民族是不值得尊重的。世界上任何一个国度、任何一个民族都会尊崇英雄，描写英雄的文学艺术作品，是可以走向世界的。我们应当树立英雄、尊崇英雄、宣传英雄，英雄文化符合社会主义核心价值观，英雄体现了正能量。我们的文学艺术应当反映民族英雄、历史英雄、革命英雄、当代英雄。我的发言获得与会者的赞同。

我的本业是写作。我从17岁时开始执笔写作新闻，24岁时开始写小说，25岁时处女作《努尔曼老汉和猎狗巴力斯》荣获1979年全国优秀短篇小说奖，自此在文学的道路上一路走来，当过编辑、做过文学翻译、写过评论、从事过文学组织工作，担任过文学期刊主编、出版集团负责人，做过文化产业，研究过历史，出版了一大批文学著作和翻译、研究专著，手中的笔始终没有放下。如今，我虽已退居二线，但是作为一个写作者——作家是不能退休的，我将一如既往地写下去。当然，作为一名政协委员，对社会的责任与担当同样要勇于承担，除了提案，我还有一支笔和作家的良知可以面对天下。

建言献策　尽责履职

政协第十一届全国委员会

【提案】

关于设立“共和国先烈纪念日”的提案

近年来党和国家对青少年进行爱国主义教育做了大量工作，取得了积极成效。但是不容忽视的是，由于诸种因素，在青少年中迷恋网络较为普遍，拜金主义盛行，不太关心国家大事，个人利益至上，价值取向正在被扭曲。一些年轻人对创建共和国历史了解不够，对无数先烈为共和国的建立捐躯牺牲立下的丰功伟绩认识不足，淡漠对牺牲先烈们的缅怀。甚至社会上一度风行恶搞先烈，对青少年产生不良影响。因此，建议设立“共和国先烈纪念日”，让全社会记住这些先烈们，尤其是在青少年心目中，树立共和国先烈们的崇高地位，深怀对他们的敬仰之心，生动地进行爱国主义教育，对构建社会主义核心价值体系，构建和谐社会大有裨益。

2010年

关于建议人民网“中国共产党新闻”专网增加维吾尔、哈萨克文网页的提案

打开人民网“中国共产党新闻”专网，除了中文简体、BIG5、英文、日文、俄文网页外，还有蒙、藏、朝等国内少数民族文字网页，一股时代清新之风扑面而来，在虚拟空间无声地展示党和国家的民族政策，是当今网络时代的最佳宣传方式。建议增加我国具有法定地位的少数民族文字维吾尔、哈萨克文版，这样可以更加全面展示党和国家民族语言文字政策，也为用维吾尔、哈萨克文阅读的网民带来方便，即时宣传党和国家大政方针，传送权威信息，同时，不给国际敌对势力留下任何可乘之机。

2009年

关于建议人民网蒙古文、哈萨克文网页增加基里尔字母转换页的提案

人民网自2009年7月1日增设维吾尔文、哈萨克文、壮文、彝文网页以来，即时宣传党和国家大政方针，传送权威信息，很受国内这几种文字的网民欢迎，成为在举国欢庆新中国建立60周年大庆系列活动中，人民网一个新的亮点。加上原有的蒙古文、藏文、朝鲜文网页，人民网国内少数民族文字网页已达7种之多，与中文简体、BIG5、英文、日文、法文、西班牙文、俄文、阿拉伯文等网页一起，已成为覆盖多种语言文字的国际权威性网站。为了进一步实施“文化走出去”战略，扩大对外宣传力度，建议对现有蒙古文、哈萨克文网页内容增加基里尔字母转换页，就像中文网页简繁字体转换一样，这一网络技术已基本成熟，简便易行。因为，国内使用的蒙古文和哈萨克文俗称“老文字”，而在蒙古国和哈萨克斯坦及俄罗斯、中亚其他国家这些跨境民族均使用基里尔字母文字，且受众众多。这样，同一网页内容既可以让国内蒙古文、哈萨克文网民分享的同时，也可以让周边国家使用同一种语言、却使用不同文字的受众阅读，对进一步提升我国文化“软实力”和影响力大有益处。

2010年

关于建议中央电视台增加少数民族频道的提案

随着我国经济快速发展、国力大幅提升，中央电视台已成为具有国际影响力的权威大台。目前，拥有诸多上星频道和数字频道，频道及栏目内容几乎包罗万象。其中就有深受欢迎的“中华民族”栏目。但是，随着“村村通”等工程的实施，电视覆盖率的普及，电视文化的影响力无处不在，而现有的栏目已经不能适应时代需求。建议中央电视台增加少数民族频道，把我国55个民族少数民族的文化、风俗风貌，社会、经济状况整体展示出来，为构建社会主义核心价值体系、构建和谐社会服务。在条件成熟的时候，就像中央人民广播电台设有少数民族语种广播一样，增设少数民族语种电视频道。

2010年

关于建议蒙古语、藏语、维吾尔语、哈萨克语、朝鲜语卫视节目在京落地的提案

改革开放以来，在我国多少数民族省区已形成相关民族语种电视网络，并已上星传播，受到少数民族群众的欢迎，对及时传送中央的声音，传递最快信息，提升少数民族群众精神文化生活方面，发挥了重要作用。现在，北京已成为了少数民族人口齐聚的城市，作为首都地理特殊。建议将内蒙古电视台蒙古语卫视、新疆电视台维吾尔语、哈萨克语卫视、延边电视台朝语卫视节目在北京落地，让在京的这些语种的少数民族同胞分享母语卫视节目。从技术角度已不存在障碍，希望进行落实。这样，也有利于进一步提升首都的文化中心地位。

2010年

关于建议落实政协十一届三次会议《关于建议人民网蒙古文、哈萨克文网页增加基里尔字母转换页的提案》（第000531号）的提案

在2010年3月召开的政协十一届三次会议上，我提出了《关于建议人民网蒙古文、哈萨克文网页增加基里尔字母转换页的提案》（第000531号）。办案单位人民日报社接案后对我的提案十分重视，于2010年5月12日便正式函复："人民日报哈萨克文版基里尔字母转换页计划将于2011年1月1日正式上线。"（见人社函字〔2010〕18号复函）然而，迄今已过两月有余，仍不见已经承诺的该网页正式上线，建议人民日报社履行承诺，将人社函字〔2010〕18号复函落在实处，确实做到人民日报哈萨克文版基里尔字母转换页早日正式上线。

2011年

关于对污染企业西移问题进行一次专题调研的提案

近年来国家高度重视节能减排、治理高污染、高耗能企业，推出了一系列法律法规、政策措施，收到明显成效。与此同时，一再强调要防止东部地区治理时，污染企业西移问题。但是，在实际运作过程中，由于一些错综复杂的利益关系，还是出现了一些高污染、高耗能企业西移现象。而西部地区是我国大部分水源地、在气候学和气象学上也属于影响东部地区的上位，乃至是黄河以北地区的风源。在这里形成污染的代价，将比淮河流域还要高昂。因此，建议对污染企业西移问题进行一次专题调研，从而对国家治理环境污染、建设生态文明提供参考依据。

2008年

关于加强野生动物运输管理的提案

目前，在我国的一些城市违法贩卖野生动物市场猖獗。据信北京已成为最大的集散地，上海占其次，而广州是主要中转站。某网站注册网民已近8万人。可以在该网页公开销售国家一类保护动物金丝猴，标价5000元人民币，还有巨蟒也是明码标价。另外，可以购到国外不同的野生动物。这些野生动物既躲过了海关检查，也躲过了动植物检验检疫之门。运输途径十分隐秘，是通过一些特殊的快递公司来完成送达的。据称，如果想买台湾产的蟒蛇，当天就可以空运到客户手中。而由这一贩卖野生动物市场，又延伸形成了为野生动物作食物用而饲养兔子、小白鼠等专业户和销售网络，可以直接送达所需客户手中（还有各种工具、用具的生产和销售，其赢利空间相当可观）。

显然，这些违法贩卖野生动物的行为带来诸多隐患。首先，破坏了正常的法制和社会秩序。其次，潜在的动物入侵将带来我国生态链破坏的危险。再次，特定的动物会带入各类疫病，从而传染我国动物资源；有些疫病是人和动物共患的（比如搅动世界不得安宁的禽流感），对我国人民群众的健康和生命安全形成潜在隐患。另外，容易由此引发某些难以预料的突发事件和公共危机（对于SARS我们记忆犹新），干扰正常的社会生活和生产秩序。

因此建议：一是进一步加强对商业网络的注册管理，除了“扫黄打非”，还应全力打击违法贩卖野生动物。二是坚决堵住违法贩卖野生动物入境之门，加强动植物检验检疫工作，防止生物和动物入侵。三是严格管理快递速递业务，防止其成为各类不法销售的运输途径。四是加强相关立法工作，进一步完善有关法律法规，防止违法贩卖野生动物者钻法律法规的空子，逍遥法外。五是加大宣传力度，形成一种良好的社会舆论氛围，以贩卖野生动物为耻，以保护野生动物为荣。六是规范个人饲养野生动物行为，哪一类野生动物允许个人和家庭饲养，哪一类不允许家庭和个人饲养。要符合社会承受力和我国的文化伦理传统。

2008年

关于对足以影响环境、气候大型项目上马前要充分听取跨学科专家意见的提案

随着我国经济强势发展，各类大型项目纷纷上马，尤其各地水电项目发展迅速。但是，随着时光推移，一些大型项目对环境和气候的影响已初见端倪。这些影响，仅凭一个领域的专家评估判断、做出决策会有其认识局限，正如通常所言，专家专家，只专一家。专家往往在解决一个领域的技术问题的同时，可能忽略乃至无法看到在另一个领域带来的直接影响（或潜在的影响）。随着科学发展观日益深入人心，我们已经清醒地认识到环境与气候对经济、社会发展的重大影响。因此，建议对足以影响环境、气候大型项目上马前要充分听取跨学科专家意见，不要因为某一学科领域专家自身的局限，仓促决策而留下不可挽回的环境和气候的巨大代价。

2010年

关于建议加强发票管理和研究改革发票的提案

2006年以来，经常收到关于出售各种发票的违法短信广告。发信者声称，所要开具的增值税电脑票，国税地税发票，运输、工程、建筑、广告、服务咨询、消毒证书、商品销售等各类发票，可上网查询或税务验证后付款。或者声称，本公司可为各厂家公司代开各类发票，可去税务局核查真实，税点较低，先查验后再付款；点数优惠，通过后付款！有的明码标价：可代开北京市的工业商业销售建筑业运输业服务业广告业等发票收0.8%的税，可先验票后付款；我公司有各种机打发票，1万元以下100元，1—5万元160元，5—10万元280元，10万元以上按3‰，请来电咨询，票当场保值；我公司长期有各省抵扣17%增值税只收2%，全国各地普通0.5%，验完后付款；有需要请来电商谈；等等。

就是到政协会议报到后的3月1日，仍收到这样的短信：本人专卖（印花税），各版齐全，大量从优。

显然，存在着一个公开的发票代开市场，这已经不是过去所谓的“假发票”，言之凿凿可以到税务局核查真实，而且覆盖全国各地发票。无疑这对我们的社会主义市场经济秩序带来损害，也易滋生经济腐败。因此建议：

一、加强发票管理，从源头治理发票代开市场，确保市场经济秩序健康发展。

二、对一些相关部门，加强内部管理，从严执法执纪。

三、研究取消发票的隐性货币特质，可否进行发票改革，采取其他替代管理措施。

四、移动公司应当严格筛选，限制发送此类违法短信。

五、公安部门应当跨区域协同作战、联手打击。

2008年

关于建议提升年收入12万元起征点的提案

年收入12万元起征点，是在当年的收入和物价水平基础上确立的，有利于调控当时收入差异、保持社会稳定。随着时代发展，现在，社会成员收入水平普遍提升（连最低社会保障线也已一再调高，当然，有待继续提高），年收入12万元起征点已不再是针对高收入阶层的特殊税种，而开始成为覆盖面较广的一种新的普税税种，不能充分体现中央关于扩大中等收入群体方略。建议在深化收入分配体制改革中，科学调整年收入12万元起征点，使其真正成为针对高收入阶层的税种。

2012年

关于建议修订《个人所得税自行纳税申报办法（试行）》提升12万元起征点的提案

2006年11月8日国家税务总局发布《个人所得税自行纳税申报办法（试行）》（简称《办法》），明确年所得12万元以上的纳税人须向税务机关进行自行申报的5种情形，以及申报内容等相关操作办法。自2007年1月1日实施以来，取得了良好的效果，个人所得税成为我国四大税种之一，在有些地方甚至成为第二大税种。但是，时至今日，其局限已经显现。

首先，在当时推出《办法》时，只关注了高收入人群和低收入人群的收入差异问题，而忽略了中等收入人群的利益存在。温家宝总理在十一届全国人大五次全会上所作的《政府工作报告》中提出“积极调整收入分配关系，着力提高低收入群众收入，扩大中等收入者所占比重”。明确“个人所得税起征点从2000元提高到3500元”。而在2006年出台《办法》时，工资、薪金所得指未减除费用（每月1600元）及附加减除费用（每月3200元）的收入额。显然，收入水准比现在的起征点要低。

《办法》的立足点是：“此次个人所得税自行申报办法的出台，有利于强化对高收入人群税收的监控，有利于加强对收入分配的调节力度。”“从公平分配的角度讲，应该对高收入人群和低收入人群分别采取不同的政策，对于后者，应该通过财政的转移支付给予补贴，而对前者，应通过税收进行调节。”“一般来说，针对高收入人群的税收调节包括征收个人所得税、财产税以及遗产税，但是我国的财产税和遗产税制度相对来讲还不很完善，在这种情况下，加强对个人所得税的征收就显得尤为必要。”

资料显示，2005年全国个人所得税首次突破2000亿元，今年前8个月累计完成1684.17亿元，同比增长了16.4%。个人所得税已经从一个很不起眼、征收管理困难重重的“芝麻税”发展成为全国第四大税种。在许多地区，个人所得税收入仅次于营业税收入，已经成为当地政府税收收入的第二大税源。

当初的认识是“虽然百万、亿万富翁在中国并不鲜见，但相对来说，年收入12万元还算是高收入人群了”。由此可见年收入12万元起征点，是在当年的收入和物价水平基础上确立的，有利于平抑当时收入差异保持社会稳定。随着时代发展，现在，社会成员收入水平普遍提升（最低社会保障线也已一再调高），12万元起征点已不再是针对高收入者的特殊税种，而是覆盖面较广的一种新的普税税种，已不能体现中央关于扩大中等收入者方略。在深化收入分配体制改革中，建议修订《个人所得税自行纳税申报办法（试行）》，科学调整12万元起征点，使其真正成为针对高收入者阶层的税种。

2012年

关于新疆引额济乌635水利工程应当尽快配套完善生态措施的提案

新疆引额济乌635水利工程设计施工都较为完善，正在发挥预期作用。但是，由于现有渠系缺少野生动物饮水池和家畜防护栏，而该工程两岸坡度和流量流速原因，野生动物和家畜在输水期为了饮水而不慎掉入水中发生溺亡。因此，建议应当尽快配套完善生态保护措施，在不同地段沿渠设立野生动物饮水池或饮水槽，便于野生动物和家畜饮水。同时，对没有桥梁地段修建防护栏，防止家畜和野生动物掉入水中溺亡。

2008年

关于建议制定对用河底淤泥肥田的农民给予奖励和补贴政策措施的提案

我去浙江湖州参加一个会议，了解到南方河系污染的情况。过去河水是清的，夏天天热，随处都可以跳入水中游泳，现在河水都被污染了，没游泳池就不敢下水了。过去河水很深，小伙伴们游泳比谁厉害，都要一猛子扎到水底抓一把河底的泥巴上来才算数。现在，河底很浅跳下去没不到顶，站在河里就可以抓到泥了。其委由是，过去每年农民都要用捻箚（一种竹做的长钳似的挖泥工具）把河底的泥挖上来肥田，现在没人再挖河泥了（都用化肥了），因此，河底的泥越积越厚，河床高抬。于是，一下大雨行洪不利，很容易引起涝灾；再则，水运行船过去都是划桨摇橹，不会影响水质，而现在到处都是机动船，不仅油污污染不说，机动桨片随时都将已经高抬的河床淤泥搅上来，所以河水任何时候都是混浊的，好像黄河南迁到这里来了。

建议当地政府采取一些鼓励措施，对用河底淤泥肥田的农民给予奖励和补贴的政策措施，便可一举数得。一是可以及时清理河道，将已经高抬的河道挖下去；二是便于行洪排涝，河床深了，自然流水顺畅，纳入量加大；三是可以保持河水清洁，水深了，机动船桨难以再将河底淤泥搅起，保持了河水清澈；四是河道改观，河水变清，环境优雅，有利于当地人民群众生活，提高生活质量，提升幸福指数。

2012年

关于发展文化产业和文化创意产业需要改善融资环境的提案

随着出版产业——文化产业和文化创意产业的发展，融资环境需要进一步改善。否则，仅靠社会融资来自我发展，存在一定的风险，在市场竞争中将处于劣势。

目前对有市场前景的书稿的争夺已呈白热化趋势。一个畅销书作家的书稿，动辄100万元乃至200万元出版社才能拿到手——谁给的钱多作者就把书稿给谁。贝塔斯曼等国际出版业大鳄多年前开始进入中国市场，以组织读者俱乐部的形式培育国内市场，一度甚至要和人民文学出版社共同组织文学评奖，目前以资本形式介入，开始通过一些文化公司高价购进书稿。在这场竞争中，我们大部分以条块分割状态存在的单打独斗的国有出版社，将面临严峻挑战。由于体制机制等原因，现有国有出版社，甚至很难与个体资本去抗衡。现在有的出版社就不得不低下头来与个体资本合作：由个体资本出钱、由出版社出版，除去作者高额稿酬，刨去成本，利润平分。如果国有银行能采取对中小企业的融资优惠政策，可以使出版社规避许多风险，使我们的文化产业健康发展具有资本保障。但我们的无形资产评估体系不健全。出版社要出这本书，谁能给你做出无形资产抵押评估？文化产业的评估体系不健全，融资体系不完善，推进出版产业——文化产业和文化创意产业发展，仅靠国家补贴拨款或靠几位老总去向文化公司拼份举债（何况有些文化公司资金背景并不明朗，存在文化安全隐患），恐怕赶不上时代发展的步伐。所以，需要及时改善融资环境。

建议研究和制定针对出版产业——文化产业和文化创意产业特性的融资评估体系，并付诸实施。与此同时，借鉴北京市关于中关村科技创意园区专项资金使用方法，从中央财政拿出一部分专项资金，作为配套风险金委托指定银行代管。如果指定银行贷予出版产业——文化产业和文化创意产业的某一笔资金出现亏损，允许由此项资金补入。至于所产生的税后利润，当然归银行所有。这样，可以取得三赢效果。即出版产业——文化产业和文化创意产业能够及时获得专项贷款，抓住市场先机，获得盈利，发展事业，做大走强；银行可以由此获得某种形式的政府担保，对出版产业——文化产业和文化创意产业有贷款积极性；政府用很少的一部分财力做大事，促进出版产业——文化产业和文化创意产业的良性发展。与此同时，确保国家文化安全。

2008年

关于文学艺术创作稿酬不应作为一次性收入纳税的提案

文学艺术创作是一项复杂的精神创造劳动，一部文学艺术作品的完成，往往耗费几个月、几年、十几年时间，甚或是毕生劳动。但是，在纳税时却作为一次性所得来计税，且多年不变（连最低保障线都在逐年提升），极不合理。建议调整文学艺术创作稿酬计税方式，提高起征点。既保证文学艺术家潜心创作，多出精品，为文化强国服务，又保障国家合理税源。同时，也是鼓励原创，建立创新型社会所需。

2011年

关于加强少数民族文化汉文图书出版的政策提案

一、汉语言文字是我国各民族文化交流和文化繁荣发展的重要载体

我国少数民族大多地处边远地区，历史上经济文化发展水平较低，由于诸多历史因素，我国55个少数民族中有自己本民族文字的并不多。藏、彝、蒙古、维吾尔、哈萨克、柯尔克孜、朝鲜、傣等民族历史上有自己的传统民族文字，且一直使用至今；更多的少数民族只有语言没有文字。新中国成立后，党和政府为原先无民族文字的少数民族如壮族、布依族、苗族等少数民族制订了拉丁字母形式的民族文字，但由于种种原因，这些新制订的民族文字没有得到极大普及。实际上，汉语言文字已经成为我国各民族在现实生活中使用最为普遍的语言文字，尤其对于那些有语言无文字和通用汉语言文字的少数民族来说，汉语言文字在本民族文化传承、发展和交流中的作用更为突出。汉语言文字是我国各项事业开展的最基础的语言文字载体，也是我国各民族实现文化交流的语言文字平台。进一步提高对民族类汉语言文字图书出版重要性的认识，加强对民族类汉语言文字图书的出版和规划，特别是少数民族文化汉语言文字图书的出版将是民族出版事业一项长期的任务。

二、少数民族文化汉文图书出版的重要性

首先，我国55个少数民族中，据统计，只有22个民族使用28种本民族文字，而能够实现正常出版的有蒙、藏、维吾尔、哈萨克、朝鲜、彝、壮等不多的几种文字。对于上述一些已不能实现本民族文字出版的民族以及其他33个民族（包括有语言无文字和通用汉语言文字），汉语言文字的出版（包括电子出版物等），在一定程度上成为这些少数民族文化记载、积累、传承的一个重要

载体。在一定意义上说，也是对这些少数民族文化权利的有效保障和保护。随着经济社会的快速发展，一些少数民族的物质和非物质文化处于濒危的境地，急需抢救和予以保护，民族文化的汉文出版责任重大。

其次，我国各少数民族在长期的生产生活实践中形成了各自独特的文化体系。各民族的文化体系包括各自创造的物质文化、精神文化、制度文化和行为文化。少数民族文化是中华民族文化的组成部分。少数民族文化只有通过传播，才能为公众知晓，少数民族文化通过传播交流，才能实现创新。汉语言文字是我国各民族实现文化交流传播的语言文字平台，加强少数民族文化汉文出版，有利于汉族读者全面深入了解少数民族文化，也有利于各少数民族读者相互了解。少数民族文化通过汉语言文字这一有效交流和传播平台，能够实现文化资源共享，文化创造的认同，文化形态的互补，文化类型的依赖，进而促进各民族文化的共存共荣。

基于上述理由，建议在民族出版中，从保障少数民族文化发展权利的角度，应给予民族文化的汉文出版应有的地位，充分发挥其在少数民族文化记载、积累、传承中的作用，充分发挥其在少数民族文化传播和交流中的作用，意义重大。

三、加强少数民族文化汉文图书出版的政策建议

针对少数民族文化汉文图书出版中存在的上述情况，提出以下建议：

（一）提高对少数民族文化汉文图书出版的认识，加大对少数民族文化汉文图书出版政策支持力度

少数民族文化汉文图书的出版的价值在于它的社会效益，在于提供少数民族自身文化传承和发展需要的文化产品，在于提供其他读者了解研究少数民族文化需要的文化产品，很难完全依靠市场行为来完成出版。因此，少数民族文化汉文图书的出版，应从公益事业的角度来对待，纳入公益性文化事业。建议：对于无法实现本民族文字出版、有语言无文字和通用汉语言文字的少数民族文化的出版，基于本民族文化传承、发展等需要的汉文图书（包括电子出版物），在政策上，比照少数民族文字出版的政策执行，加大对少数民族汉文图书出版的政策支持力度，切实保障少数民族文化的出版需求。这部分图书就其

性质而言是本民族文化传承发展的公共产品。与此同时，对于面向大众市场的少数民族文化汉文图书，建议列入公共文化产品，通过政府采购，进入农家书屋和城市社区书屋等公共领域，满足读者对少数民族文化的阅读需求。

（二）建议在民族出版社设立国家级少数民族文化汉文图书出版中心

如上所述，少数民族文化类汉文图书出版具有重要的政治意义和现实意义。建议国家新闻出版总署和国家民委认真研究相关扶持政策，从保障少数民族文化权利的政治高度，切实加强少数民族文化汉文图书的出版，为少数民族文化的传承、发展和交流创造条件。由于少数民族文化类汉文图书政策性强、专业性强，一直以来主要由民族出版社和个别地方民族出版社承担出版任务，尤其是民族出版社在少数民族文化汉文图书出版方面形成了一定的规模和品牌效应，建议在此次新闻出版体制改革中，从保障有语言无文字和通用汉语言文字的少数民族文化权利的角度，保留上述少数民族文化汉文图书的出版公益性质，建议在民族出版社设立国家级公益性少数民族汉文图书出版中心，在政策上比照少数民族文字图书出版政策执行。建议在文化体制改革中，对于少数民族文化汉文图书的出版采取区别对待的政策，不搞一刀切，慎重出台市场化政策。

2011年

关于建议对民族院校教授少数民族语言艺术教师晋升职称免考外语的提案

一些民族院校专门教授少数民族语言、艺术的特殊岗位的师资，由于要求必须参加外语考试，一直以来不能晋升职称，形成了事实上的不公平待遇。同样资历的语言、艺术人才，由于在民族出版单位、艺术院团工作，已经顺利晋升高级职称系列。因此，建议对这些民族院校教授少数民族语言、艺术的特殊岗位师资，免予外语考试，给予他们正常晋升职称的通道。

2012年

关于建议鲁迅文学奖增加电影文学剧本奖项的提案

我国现在已迈入电影生产大国行列，每年生产500多部电影。而电影文学剧本创作更是一片繁荣，为进一步提升我国电影产品质量，提供了坚实的基础。为了进一步激励电影文学剧本创作，为不断提升我国电影产品质量提供可靠保障，建议在鲁迅文学奖评奖机制中增加电影文学剧本奖项。

2012年

关于建议北京市在推进文化产业发展中进一步促进少数民族电影产业的提案

近年来，北京少数民族电影产业取得了良好的社会效益和经济效益。但因为受观念、体制、人才、融资等多方面因素的影响，与同类相关行业迅速发展态势相比，仍显滞后。

北京有丰富的文化资源，少数民族电影产业是文化创意产业的重要组成部分，科技含量高、附加值高、资源消耗少、环境污染小。北京作为祖国的首都，融合了56个民族的文化精髓，同时拥有高水平文化创意发展平台。

少数民族电影作为一种宣传国家意识形态，教育、引导人们健康向上的精神生活的媒介和文化产品，应当引起足够重视。

由此建议：

1. 将少数民族电影产业纳入北京市文化创意产业总体规划并有专项配套资金给予扶持。

2. 积极培育新型电影企业。发展“专、精、特、新”的中小企业，鼓励社会资本投资，积极发展多种所有制形式的电影生产企业，减少审批环节，简化审批手续，优化审批服务。对非公有制电影企业在投资核准、土地使用、财税政策、融资服务、对外贸易等方面按政策规定给予国有电影企业同等待遇。

3. 电影企业依法享受现行税收优惠政策。

4. 不断加大对少数民族电影产业的投融资力度。

5. 建立深入生活的少数民族电影专项基金，扶持原创，重奖原创，使更多更新的文学形象成为少数民族电影产业的支柱。

2012年

关于限放烟花爆竹法规措施应当配套的提案

这些年来各地每年都在发生春节期间因燃放烟花爆竹而炸死、炸伤人，乃至摘除眼球的事件。给一些无辜的人带来不必要的生命和家庭财产损失，更给一些人和家庭留下终身痛苦。与此同时，成为地方政府部门的特定工作内容——有一些城市的主要领导，大年三十晚上是在医院眼科门诊度过的。尤其礼花弹、烟花等大型爆竹，火药当量高，有的闪光雷填充物甚至是炸药，安全系数低，成为第一杀手。这是一些不法厂商为牟取暴利，钻现有法律法规空当，花样翻新，推出一些大当量、高价位的烟花爆竹品种。在北京市场上，有的礼花弹单价动辄几百元、上千元，乃至几千元，最高价位是贫困地区贫困人口的年收入。这不符合我国建设节约型社会的宗旨。

因此建议国家有关部门出台限放烟花爆竹法规配套措施：第一，统一制定国家生产烟花爆竹硬性标准，限制烟花爆竹填充火药当量，限定火药品种，禁止用炸药生产烟花爆竹，以减少人民生命财产的损失。第二，限制烟花爆竹过度包装、奢侈价位推销。这也是节约型社会所必需的。

2008年

关于应当完善烟花爆竹生产标准的提案

这些年来各地春节期间因燃放烟花爆竹炸死、炸伤人的事件屡有发生，给一些无辜的人造成不必要的生命和家庭财产损失，更给一些人和家庭留下终身痛苦。与此同时，成为地方政府部门的特定工作内容——有一些城市的主要领导，大年三十晚上是在专科眼科医院或医院眼科门诊度过的。尤其礼花弹、烟花等大型爆竹，火药当量高，有的闪光雷填充物甚至是炸药，安全系数低，成为第一杀手。今年元宵节央视新址配楼大火，虽有诸多原因，其中之一，也是所燃放烟花爆竹当量太高而引燃的大火。各地因燃放烟花爆竹引发的火灾次数更是令人触目惊心。

因此建议国家有关部门应当完善烟花爆竹生产标准，统一限制烟花爆竹填充火药当量，限定火药品种，禁止用炸药生产烟花爆竹，以减少人民生命财产损失。同时限制烟花爆竹过度包装、奢侈价位推销。这也是节约型社会所必需的。

2009年

关于在城市立法禁放烟花爆竹的提案

2009年正月十五的一场大火，烧毁了央视新大楼配楼，据信几十亿元付之一炬，究其火灾原因，是因为燃放烟花爆竹。今年春节沈阳一座大楼也被烟花爆竹引发的火灾烧尽，20多亿元付诸东流。春节期间，因为燃放烟花爆竹，各地大小火灾频仍，人民群众生命财产受到严重损失。而每年在同仁医院摘除眼球的燃放烟花爆竹致残者，有据可查。每年大年三十，也成为北京市政府关注的工作重点之一。更有甚者，有些人因为燃放烟花爆竹命赴黄泉。

燃放烟花爆竹，事实上是农业社会的产物。在我国，也是兴于宋朝，而无更久远的文化渊源。现在，随着社会经济的高速发展，城市化建设步伐的阔步前进，城市建筑越来越密集，城市人口越来越拥挤，城市社会生活已经不适应燃放烟花爆竹需求。它不仅带来噪音污染，让病弱老人、婴儿难以入眠，让宠物不得安宁，还带来巨大的火灾隐患，让很多无辜的生命因之丧命。更为重要的是，燃放烟花爆竹浪费了巨额社会财富，由此产生的垃圾加大了城市治理成本，生成的烟尘影响了城市空气质量。而为了防止火灾等突发事件的发生，各地投入大量的人力警力，加大了行政开支成本。显然，在城市燃放烟花爆竹有百害而无一利，应当立法禁止。

2011年

关于建议立法加强对个人资讯保护的提案

“本公司拥有131.4万北京特定客户，包括老板总裁白领业主车主大学生等，手机短信广告4分每条，送号码，量大从优……”“提供北京市每日新注册企业信息，时间早，免费使用3天！如需定购：500元/月，不讲价！联系电话……”“各行业企事业单位公司（含负责人），老板白领、私家车主、业主等详细资料。按你所需行业、地区分类提供，以便你开展业务。”这是我收到的三则短信。由此可以看出，出售个人资讯已成为某些不法商人牟利的资源，严重影响了正常的市场秩序，侵犯了相关人员的个人隐私。

建议立法加强对个人资讯保护。这也是构建社会主义和谐社会的重要内容之一。

2008年

关于确保电信安全的提案

进入3G时代以来，中国移动和中国联通开始了新的一轮竞争，即让苹果、三星等外国著名手机制造商，以各自的信道量体定制手机，投放中国市场。于是，出现了只能在联通销售点买得到苹果手机，买到了苹果手机也只能在联通网络使用的怪象。三星手机也是如此，新版3G手机也分联通版和移动版，互不兼容。事实上，这是一个超出商业经营范畴的倾向，关乎国家政治安全。建议政府予以强力干预。与此同时，完善相关电信法律法规，不能任由垄断寡头不顾国家政治安全，随意出台游戏规则。即便是在三星手机原产地韩国，由他们为中国国内市场投放的三星手机，到了那里一样失灵——他们为了国家安全，运用的是另一套电信移动信道机制。

2011年

关于建议邮政部门应当停止额外收取发行费的提案

我国邮政部门1985年（计划经济时代）以行政命令的方式确定的期刊报纸邮政发行费用为定价的40%的比例，延续了20多年，如今已成为文学期刊生存与发展的瓶颈。邮政部门在收取高额发行费的同时，每年征订季节的征订宣传，还要向期刊报纸另行收费。由于各地邮政部门条块分割，又要层层加码，分别收取发行宣传费用，这成了额外的负担，使期刊报纸不堪重负，不利于期刊报纸生存与发展，不利于社会主义文化事业的大繁荣大发展。建议政府主管部门重新审定期刊报纸邮发费用标准，适度降低邮发费用。同时，打破各地邮政部门自行设定的发行壁垒，免除期刊报纸征订宣传费用。从法理上讲，邮政部门收取的期刊报纸发行费用中，就应当包含发行宣传的责任和义务。所以，邮政部门作为垄断行业，在收取了期刊报纸高额发行费用后，应当强化服务意识，取消依托垄断地位自行设立的区域壁垒，做好期刊报纸发行宣传工作。

2009年

关于体现绿色奥运精神，用海淀区六里屯垃圾填埋场产生的沼气替代天然气点燃奥运会主会场火炬的建议

点燃奥运会主会场火炬，标志着每届奥运会的顺利召开，也是历届奥运会开幕式上的一个亮点。之后，将伴随着奥运会的进行，熊熊燃烧的火炬便是奥运会的象征，就像每天的赛事一样令人激动。随着闭幕式的结束，在最后一刻熄灭主会场的火炬，引来万众瞩目。全世界的观众通过电视转播，聚精会神地注视着这一刻，吸引着世人的眼球。应当说，这是一个最佳的宣传期。传统的奥运会主会场火炬均用天然气点燃。建议即将在北京举行的2008年奥运会上，用海淀区六里屯垃圾填埋场产生的沼气（甲烷）替代天然气点燃（其他几个垃圾填埋场如已实现沼气回收也可加入进来），既体现绿色奥运精神，又开创在奥运会历史上变废为宝、综合利用的先河。同时充分展示中华民族的伟大人文精神。对全世界也是一个极好的回答：中国对世界能源不是一个威胁，我们有能力有效利用再生资源。

海淀区六里屯垃圾填埋场是我市大型现代化垃圾填埋场之一，每年卫生填埋65万吨生活垃圾。自1999年9月25日投入运行，至2004年11月，一期工程地下部分已经填平。运行5年间已消纳325万吨垃圾。填埋场消纳的是未经分类处理的生活垃圾，有机成分多，在填埋一段时间后，会产生大量的气体——沼气，其主要成分是甲烷。现在已进入沼气产生期。据测算，每吨生活垃圾将产生200立方米沼气，每立方米沼气含甲烷60%，325万吨垃圾将产生6.5亿立方米沼气即3.9亿立方米甲烷。有巨大的实用和经济价值。由韩国投资合建的对一期工程沼气收集和综合利用项目已进入实施阶段。可以源源不断地提供沼气。目前，尚未利用的沼气，绝大部分直接对大气排放。还有一部分以点燃方式处

理——在这里已经有一个小型火炬在日夜燃烧。现在，需要尽快解决沼气安全储运问题。在过去储运液化气和现在储运天然气技术基础上，加以改进和利用，应当可以解决。

当然，前期的采集奥运火种、传递奥运火种等仪式，考虑到已有系统的成熟技术运用，仍可以采用手持天然气火炬棒来完成。仅是主会场火炬用沼气（甲烷）点燃。一定会成为2008年北京奥运会上的亮点，也成为全世界媒体关注的焦点。同时，在奥运会转播期间，反复穿插播出用沼气（甲烷）点燃的主会场火炬，并用一句话加以说明："这个火炬是用北京郊区一个城市生活垃圾填埋场产生的沼气（甲烷）点燃的，在奥运会历史上开了先河！"以期达到强化的效果，使这一届奥运会也成为一次展示我国建设节约型社会，走可持续发展道路的崭新形象的最佳机遇。

2008年

关于撤销新疆高山草原铁丝围栏的提案

新疆一些牧区夏牧场——高山草原，用铁丝围栏被分割成一块块，实行所谓轮牧，对草原植被破坏严重，应当撤销。

用围栏牧放是国外经验之一，尤其是澳大利亚。那里的气候、自然条件与新疆高山草原不同，一年四季适于牧草生长，用围栏牧放正顺应了这里的气候、自然条件，畜群吃完了一块围栏内的牧草，转到另一个围栏内，不久原来的围栏内牧草会重新生长，得到恢复，以迎接下一次的牧放（当然，他们还有一层用意，以围栏防止袋鼠等食草类野生动物与畜群争夺牧草）。而新疆的高山草原“一岁一枯荣”只有一季长草，其他时间不是被白雪覆盖，就是被寒霜打黄，无法生长恢复。因此失去了轮牧的意义（更没有那么多的野生食草类动物来争夺牧草）。

我亲历那里的畜群被围在栏内，几乎是在啃吃草根。而由此造成了草场的进一步退化，原来不曾有过的毒草开始蔓延，牧民们不得不组织起来挖掘毒草。

而围栏有的地方已被损坏，将来的维护费也将耗费巨资，无疑会增加国家和牧民的负担。

因此建议，撤销新疆高山草原围栏，恢复这里脆弱的植被生态。

2008年

关于禁止农区城镇畜群进入草原牧放减少草原载畜量的提案

新疆高山草原近年来植被退化普遍严重，其成因是多方面的，例如全球性气候变暖、降雪量减少、干旱频仍、鼠害（旱獭）、滥挖草根（滥采中草药）、植物入侵、植物变异、水土流失；为了获取山羊绒，盲目发展山羊等等。但是，其中一条很重要，那就是载畜量超负荷。而个中的委由缺少细加分析。

这些年来，每当夏季，农区和城镇畜群进入草原（夏牧场）牧放，与牧民的畜群夺食草原，使草原植被严重退化。

农区和城镇畜群进入草原还造成另一个恶果：农区和城镇畜群从夏牧场回归后会进入温暖的畜圈饲养，业主已经贮存了足够的秸秆谷物等饲料，只要圈养一段时间，哪怕是在冬季里，照样能够出栏变现。何况农民还有农业收成，这仅仅是他的副业而已。城镇居民还有不同收入，他们的总体收成远在牧民之上。而牧民的畜群在短暂的夏牧场时光内，本应抓足了膘，以受胎和度过寒冬，却因与农区和城镇的畜群争食牧草，没能抓足膘。因此，受胎率和越冬率下降，畜群增长率和出栏率跟着下降，致使牧民收入难以增长。

因此建议，作为退牧还草的一项重要举措，禁止农区和城镇畜群进入夏季牧场牧放。

2008年

关于对导盲犬应赋予法律地位的提案

随着我国社会进步和经济文化的进一步发展，导盲犬已开始步入国门，为一些盲人带来生活的便利。但是，由于我国现行法律法规并没有明确导盲犬的法律地位，使导盲犬处于一种尴尬的境地，更给这些依靠导盲犬的盲人生活带来极大的不便。比如导盲犬进入公共场所是否合法无法认定，因为导盲犬属大型犬类。盲人带着导盲犬上公共交通工具遭遇拒载，因现行法律明文规定宠物不得带上公共交通工具。凡此种种，不一一列举。而现行法律没有上位法，只有地方性法规。

为此建议：

一、尽快制定相关上位法规，完善关于保障残疾人权益的法律法规，补充相关条文。

二、在相关上位法规没有出台之前，对现行地方性法规予以修改，补充相关条文。

三、增加导盲犬饲养场所和导盲犬鉴定认证机构，以方便生活在不同省区市的盲人，减轻他们额外的经济负担。

2008年

关于推进发展社会福利院，满足不同层次养老需求的提案

随着我国北京等一些城市和一些人口大省率先进入老龄化社会，以及独生子女一代开始进入赡养四位老人时代，养老已成为社会主要问题之一。按我国传统文化，生儿养老送终，是一个习惯成自然的社会文化和道德伦理链条。这个链条正在被现代社会所打断——城市里的空巢老人增多，比如子女移居国外或异地工作，还有其他原因；农村青壮劳力出外打工，留下带着孙子的老人，把儿子辈抚养成人了还要继续抚养孙子辈；甚或乃至老人空守村舍，成为农村空巢老人。于是，不断传来某位老人已在家亡故多日无人知晓的惨剧——在城市和乡村均已发生。

我们以往关注的是经济元素，即老有所养的关键在于是否有经济来源，只要解决了经济来源，养老问题似乎已经基本解决。但是，当老人一旦失去生活自理能力，一切就要依赖于人，有钱不等于解决了一切问题。而生活自理能力尚在的老人，也有一个精神沟通和情感需求。于是，就有了对养老场所的社会需求。而我国目前的养老福利院远远不能满足社会需求。为此建议：

一、在城市由传统的民政部门主管主办养老福利院，转为由民政部门主管，由社会力量广泛开办养老社会福利院，以满足不同层次的养老需求。

二、由过去单一的养老福利模式，充分调动一切积极因素，根据社会不同需求来开办养老福利院。保留一部分民政部门主管主办的公益性养老福利院，收养完全无依无靠的低收入或无收入来源老人。除此，开办满足高收入者养老消费需求的养老院，也有针对中等收入者养老消费需求的养老院；当然，更多的是满足一般消费者养老需求的养老院；在农村，也要建立针对农民养老需求的养老院。

三、要规范养老福利院服务内容、服务标准，对公益性和收费性养老福利院应当通用，且要有指导、检查和问责机制。

四、创办一批社区和农村托老所，以日托方式来托管一些家庭有特殊需求的老人。

五、在现有相关法律法规基础上，进一步制定和完善养老法律法规，明确执法主体。

养老问题不是小事，事关一个国家、一个民族、一个社会文明发展程度。也是构建和谐社会的重要内涵之一。在以人为本、执政为民、关注民生的执政理念深入人心的今天，应当尽快着手解决社会化养老问题。

2008年

关于让农民工在打工地办理更换第二代身份证的提案

第二代身份证更换工作已接近完成全国一半人口，尚有一半人口需要更新第二代身份证。前一阶段更换身份证工作，采取属地更换办法，即到户籍所在地更换。这是因为过去全国户籍管理没有电脑联网，硬件条件受限，不得不这样去做。欣闻去年年底我国户籍管理已实行全国联网管理，对持有假身份证者，可以在网上异地查询确认。显然，随着政府信息化建设的推进，户籍管理硬件软件均已配套。鉴于此，建议今后在办理第二代身份证工作期间，允许农民工在打工地办理。我国两亿农民工，是一个庞大的特殊群落。这样，为每一位农民工可节约往返路费和因回家乡办理身份证而耽误的工时收入。有些临时工种岗位，可能因为民工为返乡办理第二代身份证而失去。千方百计让农民增收，既是党和国家的大政方针之一，也是全社会共识，减少农民工不必要的支出，实际上也是在让农民增收。希望户籍管理部门及时协调工作方式，为农民工办点实事，让他们在打工地就可以更换第二代身份证。

2008年

关于建议政府研究实施新一轮房改措施的提案

我曾在担任北京市政协委员期间，积极呼吁房改，并在市政协常委会上作过《房改过程中应当考虑的几点问题》的专题发言（见《政协北京市第九届委员会常务委员会会议材料汇编》1998/9/第3辑）。但是，随着社会发展到今天，我们在成功地改变一种实物分配住房形式的同时，开始出现新的矛盾与弊端，亟待政府研究实施新一轮房改措施予以解决。

一是应当正视公务员与事业单位从业人员在享受经济适用房方面的不平等现象。根据现行相关政策，公务员可以享受经济适用房分配，而事业单位从业人员不能享受经济适用房分配。所以，在一些单位形成了刚参加工作不久的年轻公务员，便可以分得新房（经济适用房），而事业单位从业人员（包括因历史原因从公务员岗位调任事业单位的人员），无论资历多老，却不能享受经济适用房。甚至，那些退出来的旧房无人问津，亦无法分配给事业单位从业人员的尴尬局面。由此引来另一种社会奇观：千军万马考公务员，经常可以看到一个公务员岗位的报考（竞争）者居然达几千人之多。稍加留意不难发现，越是含金量高的岗位，竞争者越是趋之若鹜。显然，并不利于引导青年正常择业，也不利于社会人文生态的平衡发展。其实，从某种意义上说，不排除这些青年人就是奔着住房来的。而在事业单位从业的同班、同级、同校、同龄青年人，却陷于高房价的社会压力，呈现出奇特的房价恐惧症，几乎所有的心思都用在了如何挣钱、捞钱买房的路数上。于是，啃老族、跳槽族、蜗居族、蚁族层出不穷，成为新的社会矛盾的焦点和潜在的不稳定因素。他们甚至对社会失去信心，不相信创造力，拜金主义盛行，信奉只要不择手段地捞钱，最终买到了房就是成功人士的标志。于是从网络到坊间流行着“二狗子”的传说，不能不令人啼笑皆非。显然，社会的价值取向正在被高房价扭曲。

二是缺乏完善的法律规范体系。第一轮房改工作的确带来新的经济增长点，并促进社会稳定发展。但是，随着房改的深入和商品化推进，由于未能及时出台相关法律法规，将房改工作全方位纳入法制化轨道，新的利益群体的形成和利益分配的不均衡日益突出，高房价已经带来新的社会矛盾。比如住房交易（含二手房）、差价调换、租赁、拆迁等过程中，已经产生许多新的应当解决的问题。有些问题仅仅依靠政府行政手段是难以解决的，必须要有相关法律法规作保障。否则，只有面临企业赚钱政府擦屁股的被动局面。但是全国性法律法规出台相对滞后，各地的做法又各有不同，执行操作起来，有许多困难，解决了这个问题，却又冒出了那个问题。由此导致社会心态严重失衡，成为潜在的不稳定因素。

三是不利于培养和留住人才。目前在事业单位从业的35岁以下的年轻人，很多人心存房价恐惧症，面对疯长的房价和相对于房价自己那一点近乎可怜的收入，似“困兽犹斗”，无可奈何。只好一心想着如何挣钱购房，自然已无事业心可言。甚至“爷爷”打小不让他学“二狗子”，面对此种困境，连“爷爷”都开始放弃自己恪守的昔日“准则”，开始羡慕起“二狗子”来，这一“伤害”对他们更为“致命”。而稍有能耐的，不惜改弦易辙，跳出龙门去干别的。毋庸讳言，什么挣钱干什么。长此以往，泱泱大国各类事业将后继乏人。

四是滋长了社会的投机心理。面对房地产市场几何般翻番的高价和暴利，几乎所有的资金明中暗中都流向这个浑浊而无序的奇特市场，滔天泡沫已见端倪。加上有些利益群体代言者依托资金为后盾，占据公共媒体和信息平台放言无忌，引起社会成员的公然愤怒和潜在的尖锐对立。而更多的人开始苟同投机才是创造财富的最佳捷径，只要手中有点闲钱就要购房置办物业，以期获得更大的暴利。

因此，政府应当实施新一轮房改措施，及时推出针对事业单位从业人员与公务员享受相当的住房政策，缓解住房压力，根治房价恐惧症，同时也将成为平抑商品房价的有效措施之一。

2010年

关于提高劳务报酬纳税起征点的提案

劳务报酬纳税起征点为800元人民币，已经实行多年。这些年来，情况发生了巨大变化，物价指数上涨，最低收入保障线也已上涨，而且个人收入纳税起征点也已上涨，且正在酝酿新一轮上涨。因此，建议将劳务报酬起征点由800元提高至2000元。

2011年

【会议发言】

应当正视旅游业中的“伪文化”现象

旅游业在我国得到迅猛发展，在国民经济总收入中的比重不断增长，在一些地区，已经开始占据主导地位。随着我国经济的飞速发展，人民群众收入的持续增长，以及把我国作为旅游目的地的国家不断增加，旅游业将得到进一步发展。但是，曾经一度风行的“文化搭台，经济唱戏”的口号，造就了一批仓促上马、迅速推出的旅游项目。现在看来，部分景区景点内容存在着“千人一面”“千部一腔”的雷同感。甚至有些旅游项目存在“伪文化”现象。随着深入贯彻落实科学发展观，“文化是软实力”理念的确立，往昔留下的这些硬伤便凸显出来，亟待我们重新认识和正视。

一是旅游景区景点内容应当力求保持真实性，避免虚构性。艺术是可以虚构的，但历史文化不能虚构。我国作为具有5000年历史的泱泱文明古国，拥有浩如烟海的历史文化。关键在于我们如何发掘，形成旅游产品。这一点，应当向红色旅游学习。红色旅游是一种寓教于游、寓教于乐、寓教于历史史实的旅游形式，由于其内容真实可信，给人一种新奇，给人一种吸引力，使得红色旅游真实性、真理性、趣味性、体验性得到很好的体现。而有些景区景点内容和有些旅游项目，却存在虚构性过强的弱点，经不起推敲，经不起质疑。从某种意义上说，是对旅游消费者权益的淡忘或漠视。这不符合我们要建立的诚信社会的要求，是另一种形态的“假冒伪劣”产品，应当理性对待，及早着手厘清。并推出新的内涵更为丰富、真实、可信、可娱的项目来。在这一点上，应当超越旅游业是“无边界产业”的认识局限。旅游业无疑从形态上是“无边界产业”性质，但在内容上却有其清晰的边界——即文化内涵的不可替代性和自然环境和人文景观的不可易位性。这一点不能忽略或漠视。

二是旅游景区景点内容应当力求保持独特性，避免雷同性。在北京，由于它特殊的历史地位，每一个历史景点都有其真实的历史内涵，无可替代；同一个景点，在不同的朝代有不同的历史事件发生，而这些景点就是纷繁复杂的历史的真实见证，因此，对国内外游客具有巨大的吸引力，北京的潜在市场因之也是巨大的。西安也是一个实例，一个黄帝陵、一个兵马俑，便天下无双，还有诸多的历史景点可圈可点。长沙的一个岳麓书院，就使得这个城市的旅游文化品格得到升华。当然，加上第一师范遗址，以及周边地区的毛泽东故居、刘少奇故居等红色旅游景点，使这里的旅游景点具有了独特性。这也是这些地方被旅游者往往作为首选之地的奥秘所在。山西的旅游景点也是每到一处，均与中华民族风起云涌的历史息息相关，让人游罢觉得上了一堂生动的历史课。但是，在有的省区的一些景点，内容缺乏独特性，似曾相识，让游人兴味索然。当然很难会有回头客了。尤其是这些年在不同的地域开发出来的众多的溶洞景观，洞内景点名称的几近相同，灯光设置和色彩配置也多是趋同，只要你走进洞去，就会有一种迷失感，好像身处天南地北的任何一座溶洞，毫无特色可言。而各地旅游景区景点名称的趋同性也是如此惊人地相似，似乎是由一人命名。比如，无论走在东南西北，无论是在洞内洞外，只要有一处湖泊或水池，都冠之以“王母娘娘的洗脚池”。在这一点上，应当注重深度挖掘，在有重大历史事件发生地，如何与旅游景点巧妙衔接；没有发生过重大历史事件地区，如何注重发掘当地人文掌故，以飨游人。

三是旅游景区景点内容应当力求保持人文性，避免随意性。在这方面，四川九寨沟、湖南张家界做法具有典范意义。在九寨沟内世居的九个藏族寨子中，有住户1007个人，他们没有被搬迁，依然住在景区，九个寨子成了九寨沟独特的人文景观，为如诗如画的九寨沟风景平添了一份色彩，使游人兴趣盎然。九寨沟景区管理局对他们每人每年补贴14000元，直接发到这些住户手中，除此，住户还能在景区就业和自己兴业，使他们安居乐业，各得其所。可谓是和谐旅游景区，其乐融融。在张家界景区，当攀上千仞之上的台地时，在鬼斧神工、刀削一般的峭壁之巅还能看到一畦畦的菜地，一垄垄庄稼，疏落有致的民居依旧保留，让人叹服勤劳智慧的中国人民，千百年来的劳作和生存状态，可谓是张家界的神来之笔、点睛之作。世界任何一地的人文景观与它没有可比性。但是，这些年来，有些新开发的地方景区景点没有足够重视保护人文性。匆匆搬迁景区内的农牧民，短视地兴建一些没有地域特色的旅游建筑，使这些旅游景区徒有其形，而鲜有其神。从某种意义上说，这是与景点经营者的切身利益和自身视野紧密相连。大多数情况下，一些新开辟的风景旅游景点，由于当地政府缺乏资金，急于借助引进资金开发。资金所有者便简单地谋求自身利益的最大实现值，忽视乃至排斥人文景观的存在。于是，借助地方政府力量，移位采取国家重大工程实施过程中的移民搬迁措施，力求在短期内把新划定的景区内原有的农牧民住户（或使用者），以低廉的补偿成本搬迁出去。他们忘记了一点，以这样的短期行为，将获得的是一种短期效应，远期效应势必将在激烈的竞争中处于弱势。有趣的是，某些以特殊方式获得景点开发利用权的民营企业，在这一方面显得更为迫切和急功近利。而这种短期行为，无论对具体的景区景点抑或是旅游业，都具有破坏性。对此，要有足够的认识，并且及早出台相应的措施予以治理和控制。风景旅游应当上升为人文旅游。而人文旅游需要进一步克服“伪文化”现象，保护原生态文化环境和文化完整性。贵州省就提出，要把保护原生态文化环境和文化完整性作为首要目标，建立完善的文化资源保护机制，成立民族民间文化研究中心和培训基地，大力培养民族民间文化的传承人，对民族语言文学、传统服饰、民间歌舞、特色饮食等进行全面保护。立足于文化的继承、保护与发展，实现旅游发展与人文保护的和谐统一。

四是旅游景点内容应当力求保持民俗性，避免空泛性。不同地区的景区景点建筑要有地域特色和民族特色。现在，千篇一律的建筑风格，使旅游者兴味索然。让更多的人——潜在的旅游者，拿不出足够的理由说服自己到该地旅游消费——因为在该地所能见到的一切，与他所居住的城市或区域没有太大的区别。在这一点上，云南迪庆州的做法富有创意，他们以地方立法形式，确定在香格里拉景区内，新建建筑和装饰必须是藏式风格。由此构成独特的旅游景观，奇异的自然景观和别具一格的民居建筑，给游人带来美的享受。丽江也是在遭遇大地震后，对城市核心旅游区修旧如旧，保持了丽江古城风貌，成为这里的点睛之笔。大理喜洲等地的白族民居，也依样保留原貌，形成了别具一格的民族风格建筑景观，与苍山洱海相映成辉。

在杭州，对近郊景区内的农民和住户采取补贴政策，将住宅统一由地方政府投资翻建，让农民和住户无偿搬进翻建后的原址新舍，底层开设为有特色的餐饮、店铺，以补住用户生活之需，上几层作住房使用，产权归己。这样，一是减轻了农民和住户负担，二是实现了地方政府统一规划治理景区，提升景区品牌的目标，实现双赢。

而在北京，由于城市建设速度太快，原来的“有名的胡同三千六，没名的胡同赛牛毛”的古都风貌已不复存在。随着城市的极力拓展和大面积拆迁，胡同名已开始残留于老人的记忆和历史典籍中，取代的是各家房地产开发商即兴而起的小区名称，时尚且洋气，但就是缺乏文化韵味，往往与北京3000年历史格格不入。速生的东西往往也容易速朽。我以为，有如在“文革”中匆忙更改“革命化”地名一样，随着我国经济崛起后，当人们冷静下来发现文化的可贵和巨大的隐性力量而回归文化时，也许会重新来一轮更换小区及新开辟街道名称行动。这几年，北京市政府认真听取人大代表、政协委员、文化名流和市民的呼吁，正在采取各种措施，努力保护住25片古都风貌保护区。然而，随着成片保护工作的推进，由于配套措施缺位，临街民居纷纷凿通山墙改作店面，且被现代建筑装饰材料装点得几近面目全非。也就是说，地方立法保护措施滞后于现实，带来了这种令人无奈的变化。而这一点，几乎是我国城市化进程中普遍面临和存在的问题，对于城市人文景观及旅游业的远期影响，将随着时间的推移而日益显现。

五是旅游景点内容应当力求增加娱乐性，避免单一性。当然，从另一方面，北京已经克服了在20世纪80年代形成的“白天看庙，晚上睡觉”的单一旅游格局，真正开始走向国际化大都市的旅游。随着2008年奥运会的举办，北京的旅游内涵将更加丰富。但是，在有的省区一些景区景点，对全天候旅游缺少应对措施，一旦遇上天气变化，由于旅游项目的单一性，旅游者基本处于无可选择的无奈状态。在以人为本的时代，旅游景区应当更多地换位思考，为旅游者着想，把服务工作做到家。在一些容易受到气象因素制约的传统的风景旅游区，如何探索和解决气象因素对风景旅游的影响和限制，是一个不容忽视的新课题。当游客到了景区后出现气象变化，应当有新的内容让游人转移注意力，让他仍然获得不虚此行的满足感，由此可能成为潜在的回头客和传播美名者。

六是几点建议。

首先，旅游业的开发一定要规避公司赚钱、政府“擦屁股”的怪象出现。这将影响旅游业健康和谐发展，应当着力克服。

其次，应当尽快制定和完善上位法和地方性法律法规。充分借鉴旅游发达国家的经验，研究和推动旅游综合性立法工作。

第三，要进一步重视旅游业软件建设，提升各景区的软实力。经过改革开放近30年来的发展，目前我国旅游业硬件设施建设较为完善，但是软件设施和服务尚不到位，与发达国家之间有一定的差距。这一点应当引起足够的重视。事实上，21世纪的旅游业，更多比拼的是软实力。

第四，旅游业与当地百姓的腰包还没有直接挂上钩，尤其在一些自然景区，因占用了原来的农牧民的土地和牧场，却没有让他们直接感受到旅游业与自己切身利益息息相关。地方政府在积极引进资金、开发旅游项目的同时，还要确保当地群众的切身利益，应当积极寻求公司利益与群众利益之间的契合点，让不同的利益群体获得利益点的融合。

第五，旅游业是一项综合性很强的系统工程，它不仅是旅游管理部门的事，还涉及宣传、文化、文物、民族、宗教、城建、交通、教育、卫生、餐饮、饭店、治安等诸多部门和行业，需要在党和政府的统一协调下才能全方位推进，真正实现富有文化内涵、民族特色和自然环境友好的和谐旅游。

随着科学发展观的深入贯彻落实，人们对于文化在旅游业中的作用和地位的认识将进一步提升，将自觉去除“伪文化”现象，我国旅游业也将迎来一个新的发展期，并向世界全方位展示由我国56个民族组成的中华民族大家庭丰富多彩的历史、文化、人文资源，为祖国的大好河山注入时代之魂。

2008年

新一轮竞争对于我国民营企业的挑战

去年年底赴浙江学习调研，通过较为深入地接触一批民营企业，在为它们所取得的成就和强劲发展势头备受鼓舞的同时，感受到还有一些潜在的隐忧需要正视。笔者试图以浙江龙盛集团为例，提出一些意见和建议。

一、浙江龙盛集团概况

浙江龙盛集团是一家民营企业，迄今具有37年历史，由最初的小集体37名员工，发展到现在的5000多人的企业规模。从最初的手工作坊式生产，发展为现代化化工生产企业。1993年起开始生产染料，是目前全球最大的染料生产基地，占国内染料市场40%的份额，直接引领我国染料市场价格。也是1993年第一批股份合作制企业，1997年第一批完成股份制改造，2002年在上交所上市。2005年第二批解决股权分置的企业。拥有资产近100亿元，净资产50多亿元。2006年创利税48769万元。累计向社会捐资6600万元，正在拟建慈善公益基金，以继续回报社会。是中国民营企业500强之一、中国制造企业500强之一。

二、上市给龙盛集团带来的新机遇

浙江龙盛集团在上交所上市以后，到2007年，资产、净资产、效益、市值四项指标已翻番。应当说，上市给该集团带来了新的发展机遇。

浙江龙盛集团的目标是，要成为世界级的特殊化学品生产基地。现在生产的不仅仅是染料。该企业开始在境外设厂——在印度收购同行业上市公司，搞战略投资。与日本企业合作，搞复合材料生产，日方出技术、出市场，我方出资金、出土地。

近年来，浙江龙盛集团不仅在染料生产中独执牛耳，而且挺进化工、钢铁、房地产等领域，得到综合发展。2007年，销售收入达70亿元，利税收入达10亿元。

该集团十分注重科研开发，与浙江大学、兰州大学等著名院校建有共同研发项目，并直接转化为生产技术和产品。厂内设有博士后流动站，仅硕士以上学历的专家，就有近200人。

三、目前面临的新的困扰

但是，由于国际国内市场因素，该集团面临新的竞争压力，同时也是我国民营企业所面临的共同难题和挑战。

第一，管的人多了带来新问题。在浙江，90%是民营企业，在已经上市的150余家企业中，民营企业占78%。一部分民营企业率先意识到资本运作优势后，积极改制上市，筹措资金，为企业进一步发展占了先机。但是，按上市公司现行监督规范管理时，他们由过去的自己做主、自我决策、自我发展、自我支配的方式，演变为董事会、监事会、股东会三会管理，尤其是对金融监管机构跟进管理，审计部门间接跟进审计等方式不能迅速适应。龙盛集团形象地说，“民营企业上市后，婆婆越来越多了，搞得像国营企业了。”治理结构的变化，带来了新的问题，现在的董事长无暇考虑战略问题，而是被眼前问题纠缠住；股东大会也不考虑企业未来，而是热衷于关注今天的股票升与否；董事会成员考虑的是如何免责，谁都不想签那个字去承担责任。于是，出现了一种新的无声的推诿现象。他们对此有自己的概括：管企业的人很多，但关心企业发展的人很少。现在企业犯错误少了，但是，企业的活力也少了；犯错误多的企业，活力也多。从另一方面来说，现在的上市公司，省一级金融办无法管（无权管），直接由证监会监管，于是，有了问题，地方无法解决，形成了一种新的掣肘现象。从长远来看，不利于民营企业在竞争中发展走强。

第二，人民币升值带来的竞争压力。在浙江，“创业富民、创新强省”，已成为一种共识。全省GDP已达1.3万亿元，占全国第四位，除去北京、上海，人均GDP占全国第一。其中民营经济已占三分之二以上。但是民营企业产品附加值不高，挣的是血汗钱。特别是最近人民币升值，就让这些民营企业受不了，尤其中小型出口企业，效益大大下降，压力很大。所以要加紧转变经营方式。省里正在积极引导骨干企业进入资本市场，以求进入自主创新的赢利模式。龙盛集团对于这种压力也很敏感，他们认为，人民币升值会带来行业性的新的洗牌，这是一次新的机遇。包括节能减排、环境治理等成本的加大，也对他们这样的规模企业有利。显然，面对人民币升值，民营企业有喜有忧，需要我们正视和积极应对。

第三，引进境外中高级人才法律支持力度不够带来的隐忧。为了保持通过多年创业赢得的市场龙头企业地位，龙盛集团很注意积极向国内外引进人才。但是，近年来，开始遇到“知识产权”“商业机密”等障碍的困扰。1996年他们以年薪10万美元聘请的一个日本专家，曾在一个美国公司工作过，来到中国后，为这个企业的发展做出了一定的智力贡献。但是，现在遇到了新问题，自从龙盛集团成为国内染料生产业界龙头后，那家美国公司到中国起诉——在上海异地起诉，称这个日本人带走了他们的“商业机密”，侵犯了他们的“知识产权”。龙盛集团聘请的出国留学生，也开始遇到类似的法律问题的困扰。结果，现在很多学有所成的留学生不肯回来，怕陷入类似的法律纠纷。事实上，这是美国同行业企业在采取这种特殊的竞争手段干扰他们的正常发展。而我们国内尚没有形成一种对企业的完善的法律保护环境。他们反映，现在跨国公司都喜欢到上海对国内企业异地起诉，其结果往往以我方败诉、外方胜诉而告终。对于这种现象，似乎应当引起有关部门足够的重视，及早寻求应对策略，采取相应措施。

四、几点思索和建议

新一轮竞争对我国民营企业带来新的挑战，当然，挑战与机遇并存。以上的难题亟待破解，否则，势必影响我国经济又好又快发展步伐。

一是，民营企业家要迅速从经验型个体经营思路，上升到更新文化理念、学会适应新的经营模式。在敏锐地看到资本运作带来的好处的同时，还要清醒地认识到资本运作所附带的经济、社会和法律责任，并且对此要有足够的知识、思想和心理承受力的预期准备。

二是，民营企业家要迅速熟悉和适应我国进入世贸组织以后的国际规则和法律，学会遵循国际规则办事和维护企业自身权益，避免陷入涉外司法纠纷，延误自身发展。

三是，对于民营上市企业，要进一步规范资产所有者与职业经理人分离环节。

四是，进一步完善我国法律和司法环境，要以法律和司法的手段确保我国企业获得一个公平、公正、安全的人才和发展环境。

五是，应及早着手引导、加速调整中小型民营企业生产定位，否则随着人民币升值带来一些中小型民营企业产品出口受阻，生产难以为继，生存面临危机。如果由此导致新一轮大批人员下岗，会对社会造成潜在的不稳定因素，影响构建和谐社会。

六是，要不断引导中国股民理性投资，学会用长远眼光看待股市，由此形成新的股市文化，给企业形成适于生息和发展的环境。

新一轮的竞争是由一系列的因素所决定的，由以往我国民营企业家所熟悉的显性竞争，更多地转化为隐性竞争。在显性竞争过程中，更多地依靠的是企业家个人的心智、付出的辛勤劳动等因素制胜。而在隐性竞争中，企业家则要依托国际国内的软性环境才能胜出，靠一已之力是难以胜算的。因此，一方面需要我国进一步完善软性环境，另一方面需要企业家尽快熟悉和适应国际软性环境。

当然，竞争是一把双刃剑，只要有竞争，竞争双方就各自都有胜出的现实可能，应当说胜算起点各占50%，关键是谁能更先意识到这种竞争来自何方，先走一步，应对竞争，便能掌握主动。我国民营企业随着改革开放的步伐，在以往的竞争中不断发展壮大，相信在新一轮竞争中，通过全方位积极应对，获得新的提升和发展。

2008年

中小学语文课本应当增加红色经典作品教学内容

中小学语文课本是培育民族精神的重要环节之一，担负着对未成年人进行语言文字、思想品德、审美情趣、意志情操等综合教育的重任。红色经典作品作为中小学语文课本的重要内容，曾经发挥过不可替代的作用，成为未成年人学习和成长历程中的主要精神营养。但是，我们正在面临一个令人不无忧虑的现实。

目前，北京市中小学语文课本仅有《黄继光》四年级（下）、《狼牙山五壮士》五年级（上）两篇红色经典作品。而在全国各地，中小学语文教材鲜见红色经典作品。我们这一代人从小所学的《朱德的扁担》等作品已经悄然走出了中小学语文课本，在北京地区的教材中，只保留在辅助教材里。教育了众多人的《星火燎原》丛书，曾经有36篇文章被选入中小学课本，但目前只留有《飞夺泸定桥》一篇在教辅教材里。这是一个令人不安的数据。许多孩子，已经不知道曾经为几代人耳熟能详的红色英雄人物。“删除”红色经典课文，曾引起社会强烈反响，2008年9月，新浪网做过一次调查，95%以上的网友持反对意见，网民认为“英雄是不倒的丰碑”“红色经典应该教育子孙万代”，不应该删除这些红色经典课文。

国家颁布的《中小学教材编写审定管理暂行办法》和《语文课程标准》，对语文教材的革命传统教育（红色经典作品）篇目有量的要求，没有具体规定。因此，审查通过的语文教材看上去都有革命传统教育（红色经典作品）篇目，只是不同版本选择的篇目不同。

一些教育教学单位为了突出教材的“时代感”，“为变而变”。有的地方把改编教材、推出新教材，作为一种“教改业绩”来完成，换言之变成了另一种“政绩”和“形象”工程。新教材变化幅度之大、变化之频繁令人目不暇接。前一本教材使用的时间还不到两年，使用效果还未来得及评估，新的教材又被推出，让教师和学生均难以适从。有的地方教材，哪些内容进入教材、哪些内容予以剔除，几乎就是由几个参编者决定，缺乏听取各方面意见，进行广泛论证环节。

首先应当修改现行《中小学教材编写审定管理暂行办法》和《语文课程标准》。教材也是一种“公共产品”，教材编写必须经过社会选择程序，不能简单地由几个编写者决定取舍。目前，教材编写是由教育主管部门聘请编写人员组成编写组，编写组组织教材内容，最终交由教育主管部门指定的审核专家审核。红色经典课文的减少，也是这样一个人为程序造成的。在这一过程中，专家往往局限于同一学科内，没有跨学科专家的参与，导致教材编写中存在一些硬伤。例如在小学二年级数学课便要接触的文字，在语文教学中，到了三四年级才作为生字来教，影响了学生的理解和学习。中小学语文教材内容既不能一成不变，也不能“日新月异”地去变。

要加强红色经典作品在语文教学中的分量。少年儿童崇尚英雄，英雄形象往往会影响少年儿童一生的成长。红色经典作品曾在少年儿童成长中起到鼓舞和引导的作用。现在，由于语文课文减少了红色经典作品，孩子们崇尚的英雄形象少了，以致沉迷于电子游戏中的极端个人英雄主义行为，走向心理扭曲和犯罪，导致出现一些校园暴力、自杀、少年犯罪团伙等行为。因此，呼唤红色经典作品多进入语文教学课堂，张扬英雄主义精神是培育少年儿童健康成长的当务之急。

要建立理想的教学阅读红色经典作品环境。红色知识谱系的传承已出现了隐性断层。社会虽然一方面在倡导并坚持与红色经典作品一脉相承的价值观，但由于年代渐趋久远，加之红色经典作品逐渐淡出课堂，少年儿童对那段革命历史、生活场面、行为方式、包括名物等等的理解越来越困难。这就要求我们从教材入手，让孩子们通过学习红色经典课文去认识那段历史，把革命传统一代代传承下去，成为社会主义核心价值体系的重要内涵之一。

2009年

媒体、心态、房地产

房地产价格成为举国上下关注的焦点。这也是一个奇特的范例。或许，中国人可以将千年流传的民谚“民以食为天”更改一下，变为“民以房为天”。难怪有的房地产商试图打造出一种“文化现象”：“中国的传统习惯让大家不得不买房，所以年轻人购房比例居高。”查遍“商洛之学”似无此说，民间谚语亦无足够印证，不知所言缘起于何时的传统？

实际上房地产商巧妙利用公共媒体，在缓慢而又坚决地培植一种社会畸形心态：人人必须买房，房价时时走高，此乃天经地义。其实，历朝历代、古今中外，房价都有一个价值曲线，不可否认，有其巅峰状态，亦有坠入谷底之时，从某种意义上成为体现当时社会经济状态的温度表。但是，相关利益群体不愿正视这样的历史。他们似乎只认一个道理，社会消费心理买涨不买降（其实不然，谁不愿买价廉物美的产品呢？诸如当下汽车消费足以印证）。所以不惜误导而让房地产业成为社会生活和舆论关注的中心。公共媒体本来应当成为社会公信力建设的核心力量，表达社会良知，发挥舆论监督作用。但是，一部分公共媒体似乎背离了这一其存在的社会宗旨和基础，转而自觉不自觉地成为一部分“顽固地坚持着利益群体代言人的角色”、放言无忌者们的利益群体呼应者。从另一种角度而言，这些“擅于利用信息平台的高手”们，“他们都不是穷人。但他们之间都坐不到一起”，甚至“彼此从内心反感对方”。然而恰恰是这样为数不多的利益代言者，在高额利润驱使下，以一种默契的方式，在运用公众媒体和信息平台，通过所谓“语不惊人誓不休”的方式，不断地放出“雷人雷语”，释放所谓尖锐对立的障眼烟幕，聚合“粉丝团队”，在巧妙地引导社会心态，致力于将人们引入一个事先埋伏的误区，以期房地产价格一路走高，坐享一本万利的生意。显然，

“他们都是媒体的宠儿”。在这里，一些公共媒体颇有甘为人托之嫌。“利益代言人”甚至不用花销本该支付的广告费用，轻车熟路，转而获取不菲的“商业运作出场费”。于是，一边拿取高额年薪，一边以催眠术式的方式在说：“中国的房子太便宜了”。这话说出去他自己都不信。当然，作为一个精明的商人，这是他的天职所在，无可厚非。但是，作为公众媒体和信息平台，这便失去了其应尽的公允职责和道义。以资金为后盾的强势言论，以恣肆的方式涌向社会，恐怕有对公众意志的无视和践踏之嫌。因此，一方面，我们在要求公共媒体和信息平台保持其公共特性的同时（这也是公信社会建设的重要内涵之一），作为受众，也要保持一个冷静的心态和清醒的认识。切记，买房不是我们唯一的选择，年轻人更是除了购房还有更多的事情可做，“二狗子”同样不会是永远的“榜样”。让百姓“住有所居”，也是政府的职责之一。相信随着新的政策调整，住房及房地产价格问题终归会得到合理的解决。

当然，高房价背后还有更深层次的矛盾。比如，各级政府的土地出让金，已经成为当地财政收入中的主干之一。从某种意义上，也成了一部分官员的政绩硬件。再加上房地产商不得不纳入其运营成本的某些灰色支付。以及投机性经营和投机性资金流动，捂盘惜售，等等。所有这些，都是当下房地产价格居高不下的成因之一。其实，房地产价格稳定与否，从某种意义上也是对一个政权的稳定与否形成潜在的挑战。因此，对于房地产价格不能放任，更不能使其成为脱缰的野马。公共媒体和信息平台更不能任由“雷人雷语”撼天震地。这里应当有政府的声音、政策条规的限定、法律的约束和社会良知的体现。

令人鼓舞的是，在两会前夕，温家宝总理“带着真心、真意、真情”在新华网与网友在线交流时坦陈：“群众的心情我非常理解。我也知道所谓‘蜗居’的滋味。”并提出政府将采取四项措施促进房地产市场健康发展。这一网络问政非常及时，并且明确告知社会，2009年到2011年，将建成750万套保障性用房，现在看来，能够超额完成这个任务。2009年，已经完成了200万套。今年将完成300多万套。这些数据和举措温暖人心，起到稳定社会心态、平抑房地产价格的作用。温总理说：“我有决心，本届政府任期内能把这件事情管好，使房地产市场健康发展，使房价能够保持在一个合理的价位。”这的确让人感动。

2010年

在中国经济强势发展背景下中文写作的世界意义

随着中国经济强势发展，中文写作作品开始走出国门，逐渐引起世人关注。起初这种欣赏与选择是明显带着长期的冷战及后冷战思维偏见的烙痕。随着时势更替，这一状态正在发生一些微妙的变化。这一变化并不是单一由中文写作带来的，而是由中国电影、电视、音乐、艺术共同营造的。而根本的变化，是由于中国经济持续强势发展，获得面对国际社会越来越多的话语权开始的。对于这一点必须保持清醒认识。

我国已成为世界第二大经济实体，“中国制造”产品已经遍及世界。我们在世界各地开始进入当地经济生活。在一些国家兼并企业，在当地组织生产，在当地开采矿产。在经历了以资本为后盾的最初的喜悦期之后，我们的企业与产品依然面对的是世界范围的市场经济竞争，同时将要经历和接受当地法律条款检验与洗礼的关隘，最终要超越人文障碍方能站稳脚跟。而这才是最终的竞争。我们的中文写作作品，应当形成超越人文障碍的亲和力量。

走出国门的中文写作作品中，由于我们自身的历史局限，虽致力于摆脱冷战及后冷战思维阴影，却深陷于后现代主义的巢窠，曾经一度所追求的是让发达国家中产阶级把玩、品味的艺术尺度。在经历了最初的兴奋期与成就感之后，随着这批作家艺术家个人阅历的增长与走向成熟，日益变得清醒起来。现在，随着我国中等收入者阶层的日渐形成与壮大，开始形成一个庞大而相对稳固的文化消费群体，满足他们的文化消费需求已经上升到第一位的目标与追求。当然，受众对中文写作有更高的期待，中文写作无疑对提升我国软实力将发挥历史作用。

2011年

发展少数民族文化产业　保护少数民族优秀传统文化

尊敬的张梅颖副主席

尊敬的各位领导、各位嘉宾、女士们、先生们：

上午好！

很高兴作为协办单位和承办方之一参加今天上午的论坛。在这里，请允许我谨代表《中国作家》全体同仁和《中国作家》影视创投中心，向与会各位领导和嘉宾表示热烈欢迎和诚挚的谢忱！

中共十七届六中全会提出“文化大发展繁荣”的社会发展目标，要建设社会主义文化强国。文化强国当然包含了56个民族文化的共同发展繁荣。发展少数民族文化产业、保护少数民族优秀传统文化，这是当前一个重大命题。2012年4月，我随全国政协民宗委、民盟中央“保护少数民族优秀传统文化，促进少数民族文化产业发展”调研组赴云南普洱、版纳等地参加调研，很受启发，颇有收获。正是在这样一个大背景下，前久，我们《中国作家》杂志社与民盟中央中国民族文化产业研究中心共同发起成立《中国作家》影视创投中心，受到社会各界广泛关注，受到业界欢迎。

大家知道，多元一体的中华民族文化，有其丰富的文化内涵和无尽的文化资源。我们正是依托这样一个文化富矿，在注意力经济和内容经济时代，力图以影视产品发掘中华民族历史文化和特色文化，为发展少数民族文化产业奉献一分力量。由此加强文化自觉性，提升民族自豪感，为文化走出去战略服务，为建设文化强国服务。与此同时，真正做到保护性生产，为保护少数民族优秀传统文化服务。要做到这些，关键是各民族人才。应当形成一种机制，源源不断地发现、培养、扶持具有中华民族传统文化素养和少数民族文化潜质，同时具有国际化文化产业经营理念的人才，充分发挥他们的作用，为发展少数民族文化产业，保护少数民族优秀传统文化施展他们的才干。当然，政策性保障要切实到位，政府的资金支持力度必不可少，市场融资渠道要通畅。但是，保护少数民族优秀传统文化，发展少数民族文化产业，仅仅靠行政手段、政府财政支持、市场融资是远远不够的。应当稳步推进立法性保护，从中央到地方、到民族自治区域，形成完善的法律保护体系，才能最终有效保护少数民族优秀传统文化，发展少数民族文化产业。这一点，应当成为推进社会主义法制建设重要内容之一。推进少数民族文化产业化发展，保护少数民族优秀传统文化，最终要做到让当地老百姓尤其本民族群众从中受益，感到温暖，从而提升少数民族群众生活的幸福指数，为构建和谐社会做出贡献。相信通过本次论坛，会形成新的共识，产生新的思想，并期待这样的论坛今后定期举办下去。

最后，预祝本次论坛圆满成功！并祝各位远道而来的嘉宾在京期间身体健康，生活愉快！

谢谢大家！

2010年

政协第十二届全国委员会

【提案】

关于中央国家机关相关部委批复地方党政部门不得推诿的提案

现在，很多进京上访者拿到信访及相关部门的批复函件回到当地后，那些函件大多被地方相关部门推诿置之不理，而且相关人员以越级上访为由被羁押。这一做法不仅伤害了当事人，也在伤及中央政权的唯一性、权威性。

建议中央国家机关相关部门建立信息反馈制，在发出批复函件后，要求地方上报处置结果。如有虚报，严加处理，这也应是反腐倡廉的举措之一。

2014年

关于政协组织向镇街基层延伸实现工作全覆盖的建议

中共中央关于全面深化改革若干重大问题的决定，在“加强社会主义民主政治制度建设”中，提出了发展基层民主的部署。发展基层民主的范围很广，其中如何建立健全有效的工作机构和工作机制，应该是一个重要的基础性问题。

目前，在全国的乡镇一级，有党委、人大和政府组织，却都没有政协组织，对于政协工作的全覆盖、发展协商民主，尤其是发展基层民主，缺乏最起码的基础支撑。

由于政协在镇区没有基层组织，没有延伸机构。这种组织体系上的不完整状况，使政协工作在镇区一级往往找不到“抓手”，找不到工作延伸的“腿”。全国、省等上级政协的许多工作，传达到市一级政协之后，往往不能有效地贯彻到镇区中去。一些地方在这方面做了一些探索，比如广东省的中山市，就在镇街建立了政协工作室。近几年来，镇街政协工作室发挥了一定的基础性和桥梁性的作用，增强了政协工作的活力、扩大了政协的影响，但由于镇街政协工作室是新生事物，一些工作机制和工作方法尚在探索之中，没有经验可依，政协工作室设置的今后走向也不十分明确，所以运作情况并不是很理想，还存在许多值得进一步改进的空间，并存在以下不容忽视的问题：

一是组织机构“名不正言不顺”，各方面对此认识有偏颇。政协《章程》指出，“自治州、设区的市、县、自治县，不设区的市和市辖区，凡有条件的地方，均可设立中国人民政治协商会议各该地方的地方委员会”，对于在乡镇设立政协组织，并没有明文规定，镇街一级政协组织还没有纳入现行的政治体制中。

二是人员配备不统一，且均是兼职，给基层政协工作带来诸多不便。

三是硬件建设等不规范不配套，政协活动开展缺乏保障。

四是制度建设不明确、不完善，政治协商、民主监督、参政议政职能还没有得到充分发挥。

这种情况，不仅广东的中山、东莞，海南的三亚这三个市觉得政协工作很尴尬，即使在全国有县一级的城市，也同样存在这种情况。总的一句话，因为镇街一级没有设置正式的政协组织机构，政协工作未能实现全覆盖，使得政协工作难以完全落地。

十八届三中全会报告提出的要努力推进协商民主广泛多层制度化发展，要注重发展基层民主，为全国各级下一步如何加强基层民主建设指明了方向，提供了实现协商民主的更大平台。如果将政协组织向镇街基层延伸，可下通基层广大群众，上达党政领导，发挥党和政府联系群众的桥梁和纽带作用，有利于更好地调动基层政协委员履职的积极性，在发展基层民主政治、构建和谐社会中具有不可替代的独特优势和重要作用。因此，在全国，尤其是广东省可以在中山、东莞两地，并选择适当的其他城市，积极探索政协组织向镇街基层延伸，在镇街中探索建立完善政协组织和机构，并探索镇街政协委员的产生和安排方式，以有效地实现政协工作的全覆盖，进一步推动基层政协工作制度化、规范化、程序化，促其更加有效地开展工作、发挥作用，这是新时期政协组织更好地履行职能的需要，是推进协商民主广泛多层制度化发展、加强基层民主政治建设的需要。

由此可见，政协组织向镇街基层延伸，是新时期推进政协事业发展的创新之举，对于进一步突显人民政协在地方政治生活中的地位和作用、完善基层社会主义民主政治建设、畅通社情民意反映渠道、广泛协调社会各阶层利益关系，有着十分重要的意义。同时，政协组织向镇区街基层延伸，从而实现组织和工作全覆盖，也是我国经济社会不断发展的新形势下亟须研究解决的一个崭新课题。

建议：

一、健全组织，明确镇街政协组织机构的定位及今后走向

1. 仿照镇人大组织架构的方式，在镇一级建立完全意义的政协组织；街道则成立街道政协工作室或联络室。建议省委借贯彻落实中央十八届三中全会

精神之机，将镇街政协组织建设改革列入全国2020年前改革工作的重点之一，制定专门的方案，成立专门的领导小组，并选择若干城市作为试点开展工作。

2. 与此同时，以制度化安排在全国所有镇街建立政协工作室或联络室，由所在镇街党（工）委实行属地领导，同时接受市（县）政协的指导。在镇街设置特聘委员，由市（县）审批。各镇街党（工）委要高度重视政协工作室的工作，将政协工作室工作纳入党委重要工作议事日程，坚持按要求配齐配强领导干部，为政协工作室工作创造条件，支持政协工作室积极开展各项活动，帮助解决实际问题。明确镇街党（工）委一名副书记是市（县）政协委员，且分管镇街政协工作室，以便能名正言顺地开展工作。各镇街设立政协工作室可以考虑与党政办、人大办三个牌子、一套人马，并明确若干名专职工作人员，作为中层干部来使用，确保组织、人员、场地、经费、工作五个落实。

在这种体制安排下，还要注意解决一个重要问题，就是市（县）要重视在以界别产生政协委员为主渠道的原则下，适当考虑在镇街以界别兼及属地原则适当安排政协委员的布局，保证每一个各级属地党委都有一个以上的政协委员。同时，委员的产生要注意通过适当方式经过和征求各级属地党组织的意见。

二、建章立制，进一步完善镇街政协工作室工作机制

一是制定镇街政协工作职责与规则、年度工作目标管理考核办法等工作制度，为镇街政协工作室各项工作的开展提供有力的制度保障；二是制定例会制度，邀请镇街工作室分管领导和主任列席市县政协主席会议、常委会议、专门委员会会议、常委会议，为联络处知情履职拓宽渠道；三是要建立目标考核机制。市（县）政协要加强对镇街政协工作室的目标管理与考核，将学习情况、提案撰写、社情民意、信息报送、视察调研、实事好事、委员履职等情况进行量化管理，明确考核办法，加强督促检查。镇街党（工）委要把镇街政协工作室的工作纳入目标考核重要内容，以科学合理的考核来促进镇街政协工作室各项工作的落实；四是委员联系群众机制。探索建立委员工作室、委员信箱、委员联系点、委员“三进”（农村、社区、企业）、委员约见群众等制度，促使委员真正了解民情，为民参政。可探索建立政协民情联络员制度，以镇街政协工作室为主体，聘请一些有正义感、有责任心、有一定威望的群众和

退休干部，充分发挥其在当地的影响力作用，协助镇街政协工作室进一步畅通民意诉求渠道，广泛收集社情民意和意见建议，及时向市政协和当地党委、政府反映，并解决落实群众的实际困难。五是创新政协委员产生机制。考虑到部分镇街因委员少而不利于工作开展的实际，采取特聘委员的形式，扩大镇街政协工作室的活动规模，增强履职实效。

三、加强协调，实现市（县）与镇街政协工作的有效联动

明确市（县）政协领导联系分工联系镇街，适时指导各镇街政协机构组织开展学习交流、视察调研、联谊等活动，以及调研、视察报告、提案、社情民意信息等材料的撰写，不断提升镇街政协机构工作人员的政协知识和业务水平。研究处理好市（县）政协专委会、委员活动小组、界别小组和镇街政协机构之间的关系，特别是对于一些交叉领域，要作进一步的明确，使各个平台的作用都能得到有效发挥。设立镇街政协工作活动日，进一步方便镇街政协工作机构和委员就近参加活动，增强履职为民的意识，激发委员履职的热情，使镇街政协工作机构和委员联系群众具有渠道的固定性、联系的直接性、了解的深入性、活动的长效性。

政协组织机构改革属于政治体制改革的范畴，事关重大，十分敏感，一定本着积极而又慎重的态度，加强领导、大胆创新、周密组织、试点先行、逐步推进、确保成功。

2014年

关于建议增加央视民族频道的提案

我国是多民族国家，中华民族文化由56个民族文化共同构成，各民族都有丰富多彩的传统文化，在视频和网络时代，应当以影视图像制品进行宣传，对国内受众和对外传播都有积极作用。建议在中央电视台增设一个民族频道，用通用语言汉语播出。

2014年

关于少数民族人名汉字规范问题的提案

非百家姓少数民族人名汉字音译转写问题在新疆地区较为突出，尤其在身份证发放和新闻报道中凸显。一是择字对音不准，看着该汉字，难以直接还原本民族人名；二是择字字义不雅，看着该汉字，从字义上说，不宜用作人名；三是择字字义不恭，看着该汉字，从字义上说对人不恭，甚或含有贬义。四是由于没有规范用字，由户口所在地派出所户籍警根据个人文化水平随机取舍用字造成这一历史局限，由此延及新闻报道显现问题。长此以往，不利于民族团结进步事业，不利于各民族文化交融，甚或有敌对势力利用此事作为挑拨民族关系的潜在可能。因此建议：

一、由公安部户籍身份证管理部门牵头，由国家民委、民政部、教育部、国家语委等部委共同组成协调小组，组织语言文字专家，研究提出科学的人名用字方案，并赋予法规地位。

二、对新生儿户籍登记及身份证预留，以新的人名用字方案对位登记；对于以往的居民，待身份证更换时期予以更正。

三、新闻媒体严格按照人名用字方案进行宣传。

2014年

关于建议尽快批准国家癌症中心建设用地的提案

癌症高发病率已成为无可回避的社会问题。2009年，国务院、中编办批准成立国家癌症中心（中央编办复字〔2009〕121号）。2011年8月，原国家卫生部决定依托中国医学科学院肿瘤医院成立国家癌症中心相关机构（卫人发〔2011〕66号文）。

该项目的可行性研究报告于2014年5月获得国家发展改革委批复（发改社会〔2014〕992号），已经进入初步设计和概算审批阶段。但是，随着国家京津冀一体化政策的出台，该项目暂停，国家发改委建议该项目向北京城郊疏解。

为响应国家京津冀一体化和北京市政府疏解城区医疗单位政策，该中心已向北京市政府申请在大兴区或亦庄经济技术开发区给予80亩建设用地建设硬件设施。建议相关部门尽快落实该项目建设用地，以便尽快上马建成国家癌症中心相关工程，全面开展国家癌症中心的各项工作，造福社会，造福人民。

2016年

关于建议设立“中国少数民族文化艺术政府奖”的提案

2005年3月25日《人民日报》公布的《全国性文艺新闻出版评奖整改总体方案》中，涉及少数民族艺术的奖项仅保留了少数民族文学“骏马奖”（由中国作协牵头主办，国家民委协办）一项，原有的少数民族电影、电视“骏马奖”，声乐、舞蹈、戏剧“孔雀奖”全部取消。对此，少数民族文化艺术工作者反应十分强烈，一直以来，要求恢复这些奖项。建议如下：

（一）关于“骏马奖”“孔雀奖”

“骏马奖”和“孔雀奖”是我国政府为繁荣发展少数民族文化艺术而设立的政府奖。经过20多年的实践，“骏马奖”和“孔雀奖”在构建社会主义和谐社会，巩固和发展平等、团结、互助、和谐的社会主义民族关系方面发挥了十分重要的作用。

首先，这是党的民族政策在少数民族文化艺术领域的具体体现。党的民族政策的实质是促进各民族平等团结、发展进步和共同繁荣，是我们正确认识和处理民族问题的重要行为准则，其中，坚持民族平等和民族团结、发展民族地区经济文化事业是民族政策的重要内容之一。新中国成立以来，党和政府十分重视民族地区经济文化事业的发展，十分重视少数民族传统文化的继承、保护和弘扬。在不同的发展阶段，制定出一系列切实可行的措施解决民族地区文化事业发展中存在的问题。特别是党的十六大以来，国家加大了对民族地区文化事业的投入力度，其中，“中国民族民间文化保护工程”“广播电视村村通工程”“西新工程”“农村电影放映工程”“舞台艺术精品工程”“万里边疆文化长廊”“百县千乡文化工程”等项目的实施，举办涵盖少数民族题材电影、电视、文学、剧本评奖和少数民族声乐、舞蹈比赛等都是党和国家为民族地区文化事业的发展所采取的重要措施。

国家统一，社会稳定，民族团结，都是因为党的民族政策好。这不仅是56个民族的共识，而且已经成为被世界公认的事实。55个少数民族文艺工作者为拥有“骏马奖”“孔雀奖”而感到骄傲和自豪。

其次，“骏马奖”“孔雀奖”在协调民族关系中发挥了重要作用。在我国社会主义制度下，56个民族已经形成了平等、团结、互助、和谐的新型民族关系，民族地区各项事业取得了很大发展。但是，由于历史的原因，与东部发达地区相比，民族地区经济发展水平相对滞后，因而造成了文化事业费基数较小，欠账较多，增长缓慢，文化事业投入总量偏少、比例偏低的状况一直未能得到根本的改变。民族地区文化艺术单位的艺术生产举步维艰，少数民族文化艺术工作者生活待遇低，学习进修机会少，到内地参加比赛、评奖的机会少，竞争力不足，获奖率低，人才外流现象严重，不利于进一步激发少数民族文化艺术工作者的创作热情和工作积极性。从某种意义上成为影响民族关系的潜在因素。“骏马奖”“孔雀奖”的设立，在一定程度上缓解了这一矛盾。它不仅为少数民族文化艺术工作者提供了展示自己才华的平台，提供了更多获得政府大奖、获得专家认可的机会，他们的切身利益得到了保障。更为重要的是，少数民族文化艺术工作者由此真正享受到了平等发展的权利，体会到了党的关怀和中华民族大家庭的温暖。中华民族的向心力和凝聚力也得到了进一步增强。

（二）关于整合资源，设立“中国少数民族文化艺术政府奖”

根据《全国性文艺新闻出版评奖整改总体方案》的精神，我们建议在整合电影、电视“骏马奖”和声乐、舞蹈、戏剧“孔雀奖”奖项资源的基础上设立“中国少数民族文化艺术政府奖”。具体建议是：

设立“中国少数民族文化艺术政府奖”，下设若干子项目，即少数民族题材电影奖、少数民族题材电视奖、少数民族文学评奖、少数民族声乐大赛、少数民族舞蹈大赛、少数民族题材戏剧剧本评奖、少数民族美术奖等。该奖项由国家民委和相关主管部门主办，国家民委牵头。国家民委是国务院主管民族事务的职能部门，将少数民族文化艺术类评奖工作归口国家民委符合其职能范畴，有利于对少数民族文化艺术类评奖工作统一规范管理。

2013年

关于对周边地区中小国家翻译介绍中文作品、配音影视产品设立配套补偿资金的提案

随着我国经济强势发展，我国文学艺术国际影响力也在逐步提升，尤其周边地区相邻国家十分关注我国的文学艺术最新态势。以邻国越南为例，在我国出版的最新长篇小说，三个月内就可以翻译为越南文出版。但是，他们没有购进版权，也不会支付作者稿酬。

中国是世贸组织成员国，加入了国际版权组织。但是，我们的周边邻国大多为中小国家，有些国家还不是世贸组织成员。有鉴于此，建议对我国周边地区中小国家翻译介绍中文作品和配音影视产品，国家要设立对著作权人、版权人的专项补偿资金，不要让著作权人、版权人为追索那点著作权费、版权费苦恼，更不要因此而形成因小失大的结果，要让中国文化对外传播畅行无阻。

2014年

关于建议孔子学院应配置国内版现当代中文文学书籍和国家级文学期刊的提案

在中国文化对外传播中，孔子学院的设立是一大创举。孔子学院在世界各地开始落地生根，为介绍中国文化发挥了不可替代的作用。但是，随着时代的发展，孔子学院现有经验已显得有些局限。

目前就我所看到的孔子学院现实状况是，配置的几乎鲜有现当代文学书籍、期刊，大多是烹饪、裁缝、中医针灸等等生活类杂书和传统医学书籍。这对于所在国介绍中国文化、所在国学习中文者提供中文读本，都显得不足。

因此建议，孔子学院要配置国内版现当代中文文学书籍和国家级文学期刊，以进一步丰富孔子学院的教学与交流内容，对所在国学习中文者提供更丰富的阅读选择。

2014年

关于建议设立外国翻译家奖项的提案

中国文化对外传播，离不开国外汉学家参与翻译介绍。为了进一步推进中国文化对外传播，建议设立专项的外国翻译家奖项。为他们向国外翻译介绍中国文学作品予以鼓励，而且是译本在国外出版发行。这一奖项可以纳入中国作家协会举办的鲁迅文学奖，由财政部予以专项支持。

2014年

关于从国家层面推进客家文化的保护和研究开发利用客家文化的建议

客家是汉民族的一个分支，她是古代中原汉人南迁到赣闽粤边山区、同化和融合了土著居民而逐渐形成的具有独特客家方言、风俗习惯和文化心态的稳定共同体。客家人主要聚居地——闽西、粤东、赣南这块三省相连的地区，有33个纯客家县。赣州被称为“客家摇篮”，闽西被称为“客家祖地”，梅州被称为“世界客都”，河源被称为客家古邑，此外，广西、四川被称为第三、四客家聚居地。客家民系是中华民族中汉族的一个重要支系，一个在中国近现代史上大放异彩，推出洪秀全、孙中山、朱德、叶剑英、胡耀邦等伟人，拥有黄遵宪、郭沫若、陈寅恪等众多文化大师的民系。客家是当今世界上分布最广、影响最为深远的民系之一，在全世界的80多个国家与地区共有1.3亿客家人。

“客家文化”作为中华文化的一朵奇葩，作为一种元基因，客家文化传承着中原文化的精髓，被称为中原文化的“活化石”。近十多年来，闽西、粤东、赣南等客家主要聚居地的各级党委政府高度重视，加大了客家文化载体建设和宣传力度，对客家文化的认同度有所提高，客家文化氛围初步形成。但也要看到，由于定位不清，特色不强，客家文化品牌宣传没有形成合力，各自为战，缺乏整体意识，客家文化品牌效应还没有得到有效发掘；对现有客家文化资源没有统筹规划、合理开发利用，缺少优势的客家文化品牌项目建设和整体发展的策划包装，文化内涵深度挖掘得不够，使得客家文化品牌市场无法做大做强。

更需要引起高度重视的一个严重的问题是，随着时间的推移和社会的演变，客家文化出现了逐步异化的情况，久而久之，还可能出现走向湮灭的危险。

在建设社会主义文化强国的今天，如何切实整合资源、加强统筹协调，尤其是从国家战略的高度挖掘、保护、继承和发展客家文化，已经成为急迫而重要的课题。而广东，作为客家族群最多最集中的省份，作为客家文化最悠久、最丰富，生命力最强的地区，如何积极主动做好这项工作，责无旁贷，义不容辞，意义重大。

具体建议和意见：

第一，加强客家文化建设符合党中央关于大力推进社会主义文化建设的精神，从国家层面推进客家文化的挖掘、保护、传承与创新，有利于更好地弘扬和创新中华民族文化。

汉族历史悠久，文化源远流长。客家民系是汉民族的一个重要分支，它作为中华民族的一个群体已有千余年的历史，它的历史文化根源主要来自中原文化；客家文化是中华民族文化在特定时间空间与社会经济政治条件下的延续和发展，是中华汉文化在新的分支上新的高度上放射的光芒。从本质上看客家文化就是汉文化，毫无疑问它是中华民族文化花园中的一朵奇葩。

有专家研究认为，客家族群与中华汉族的密切关系可概括为三句话：客家话是古代汉语的活化石、客家人自诩为汉族的正宗、客家保留了汉族的古老文化传统。客家话在语音、词汇和语法上都有它的特色，但与普通话比较，它却保留着许多汉语古音韵和古词语。客家方言具有七大特点：一是声母“S”与“SH”不分；二是保留古人声韵尾-b〔p〕、-d〔-t〕、-g〔-k〕，即中原古人韵尾“坡”“特”“科”等；三是它有6个声调：阴平、阳平、上声、去声、阴入、阳入（平仄各分阴阳，上去不分），而古汉语演变到今天的普通话仅有4个声调（阴平、阳平、上声、去声），即没有入声（仄声）；四是客家话保留了尖团音；五是古浊音多数变为气塞活音；六是它保留着大量的古汉语词汇。从诗歌语言上来看，客家话保留上古音韵。又如，今日北方中原旧地鲜有修族谱，而客家姓姓有族谱，千年谱系延绵不断。此外，研究客家人的民居、客家人的礼节还可以勾画出古代中原的建筑文化、礼俗文化。因此，通过对客家文化这一“活化石”的研究，将有利于更具体更深入地了解中华文化。

从客家民性来看，客家人以刻苦耐劳、刚强勇敢、聪颖坚强而著称。从客家民俗意识来看，“重名节、轻功利”，“重孝悌、轻强权”，“重文教、轻农商”等客家的主要民俗意识即是极为典型的汉族民俗意识。中华民族有着“勤劳、勇敢、智慧”等的评价。汉族占中华民族的96%，所以它就是汉族的基本特征。而来自于北方汉民的客家人则更是保留了汉族的这些传统特性。客家文化的精髓是中原文化，保护、弘扬客家文化，就是保护、弘扬中华传统文化，因此大力推进对于客家文化的保护、传承和发展工作，其政治意义、文化意义十分巨大。

第二，从国家文化战略层面挖掘、保护、传承和创新发展客家文化，能更好地增强中华民族的凝聚力，有利于海外华人的爱国热忱的阐扬。

客家文化具有丰厚的历史积淀，是一座文化富矿。包括客家民居、客家山歌、客家良风美俗、客家民间工艺、客家美食、客家服饰等，都极具发掘价值，如果能开发利用得好，一定能够创造出众多的客家产业品牌，其经济、社会效益不容忽视。

带着炎黄子孙的光荣血统，客家人播衍世界五大洲80多个国家与地区。年复一年那些在海外生长的客籍华人会渐渐淡漠了那本原的中国意识。把客家文化的精华告诉他们，让他们为自己的族源而骄傲，从而永怀中国心永系中国结，让老一辈华侨的爱国热忱在新一代华人中继续发扬光大。正如爱国名士田家炳先生所言，他们的中国心需要海内的中国人来精心维护，而从国家层面保护、传承和创新客家文化，使他们知道自己的本源文化多么博大精深，从而产生寻根问祖的意识，进而为宗族为族群而谋福利，再扩展到为整个民族整个国家作贡献。

第三，从国家层面挖掘、保护、传承和创新客家文化，可使新一代客家人发扬先辈的优良传统继承先辈的优秀品德，为中华民族的更加繁荣壮大作出其特殊贡献。

以“勤劳勇敢、崇文重教、敬祖睦邻、爱国爱乡”为内核的客家精神，是连接海内外所有客家人最为强大的精神纽带。客家精神与优良民性是在艰苦创业中形成的，新一代客家人的生存环境发生了变化，从而传统客家的优秀之处会渐趋淡漠，为让世世代代的客家人继承先辈的优良传统，必须让年轻一代了解客家文化，让新一代了解客从何来，为什么客家民性如此刚毅勇敢，让子子孙孙知道自己血管里流淌的是黄河的血液，是炎黄嫡系之所出。通过对客家文化的保护、传承和创新，可使客家后人继承先辈勇于开拓、勤俭耐劳、敬老尊贤等种种美德，使优秀客家精神代代相传，继往开来，开创更辉煌的业绩谱就更灿烂的文化，使其在新的时代新的环境下，进一步发扬光大，为中华民族的更加繁荣壮大作出其特殊贡献。

我国提出了“建设社会主义文化强国”这一战略目标，文化的建设和发展必将成为未来国家发展的重中之重。客家文化作为传承中华文化最好的文化体系之一，凝聚了中华文明的精髓，对我国社会主义文化建设必将发挥重大作用，这也意味着客家文化有可能迎来一次新的发展机遇期。可见，抓住客家文化这个“牛鼻子”，对于建设“文化强国”有着巨大的现实意义。如果说在建设“美丽中国”的过程中要强调文化的引领作用，那么在建设“文化强国”的进程中更应该把客家文化的保护、弘扬和创新放在重要的位置。

1. 从国家层面科学统筹规划，加大客家特色文化的整合力度。要切实加强组织领导，国家层面成立客家文化的挖掘、保护、弘扬、创新和客家文化产业开发领导小组，负责抓好中长期客家文化特色品牌体系建设的统筹规划工作，明确客家文化资源系统开发的内容、重点、目标和保护措施，将客家文化的保护与发展列入国家文化战略发展工程。同时，要求国家相关部门，将客家文化列入职能工作部署安排。

2. 从国家层面挖掘客家文化内涵，着力打造客家特色文化品牌。树立大客家意识，要跨区域联盟、跨国界联盟，通过整合资源，联盟周边，打造三明市、龙岩市、梅州市、赣州市区域，构成四市联盟，建造闽、粤、赣、桂、川等客家大本营客家文化生态保护区，达到优势互补，互利共赢。邀请海内外著名专家规划好全球客家博物馆、客家文化交流中心和客家名人文化主题园，使之成为海内外客家乡亲寻根祭祖、畅情抒怀的精神圣地，也成为广大游客了解客家文化的休闲平台，增强海内外客家后裔对客家文化乃至中华文化和中华民族的认同感、向心力、凝聚力。通过举办全国性的客家历史名人研讨会等，充分展示他们在客家文化发展和传承中的地位和作用。国家要注重客家族谱的收藏和挖掘，让这些印证各客家姓氏脉络源流的珍贵史料，通过走出去到海内外各客家地区举办客家族谱巡展，延伸和拓展客家文化的影响。设立国家级客家文化生态保护实验区，通过这一文化生态保护实验区的建立，使博大精深、积淀深厚的客家祖地文化再度焕发生机，更加光彩夺目。重视构筑寻根文化交流平台，充分挖掘客家文化的宗教和民间信仰，并加以保护、修复完善和传承。

3. 从国家层面构筑海内外客家文化交流平台，全方位宣传推介客家文化。以支持举办世界客属恳亲大会为契机，拓展宣传广度，共同打造好客家这一特色区域文化品牌，从而带动文化等相关产业的大发展大繁荣。借鉴“印象丽江”“印象刘三姐”“印象大红袍”的做法，推出一批具有客家特色大型山水综艺节目。建立全球客家人网站，加强对客家文化的传播和宣传力度，扩大客家文化的凝聚力、影响力，全面提升全国乃至全世界客家的知名度和美誉度。

4. 从国家层面强化要素保障，实现客家文化品牌战略的可持续发展。加大国家和各级政府以及民间的经费投入，加强客家文化资源的挖掘、整理、完善和保护，并在人力、财力上对省、市、县（市、区）客联会等有关客家研究机构给予支持，切实采取有效措施，加大对一些濒危的客家祖地文化遗产的抢救保护力度，实现客家文化品牌战略的可持续发展。既发挥行政资源优势，又调动社会力量，创造一种产业社会化联盟模式，共同构建客家文化的大产业、大舞台、大市场，真正形成打造区域文化特色品牌的强大合力。

客家文化的挖掘、保护、传承与创新不仅是客家地区的命题，也是国家命题，需要由国家层面进行统筹、指导、组织，并给予必要的支持。各个客家人聚居地党委政府要增强抓文化建设的责任感和紧迫感，激发上下各方投身文化建设的积极性和创造性，共同当好客家文化的守望者，大力提升文化软实力，促进地区科学发展。如此，就可以达至通过客家文化的保护和创新，留住中原文化的“根”，弘扬中华传统文化，建设社会主义特色文化强国的伟大目标。

2014年

关于进一步加强知识产权保护的提案

琼瑶起诉于正侵权案一审结果出来，引起舆论广泛关注，说明尊重原创是社会的共识和良知。

但是，不容否认，透过这一诉讼案，我们可以看到在我国的现实国情中，存在着诸多保护原创不力，影响甚至是扼杀人们创新积极性的不良现象。这些现象的存在，从某种意义上阻碍了我国创新事业的健康发展。这是我国由计划经济向社会主义市场经济转型期，法制建设尤其知识产权保护法律法规相对滞后所造成的。因此，在利益驱动下，剽窃者可以有恃无恐，出版者可以熟视无睹，播出者也可以装聋作哑。似乎形成某种亚链条，其成本低廉、风险不大，常常可以不承担任何责任。而我们又缺少相应的法律法规约束和制裁，执行力度低下，加之作者维权意识不强，用行政手段解决又十分掣肘。由此形成学术文艺界剽窃成风，产业界假冒伪劣猖獗，市场上有毒食品难以杜绝……

尊重原创，是建设创新型国家的重要内涵。文学艺术唯一的生命力，就在于创新，没有创新的文学艺术作品是没有活力的。因此，要形成一个尊重原创、保护原创的社会舆论环境和法律法规体系，加大对侵犯知识产权案件的执行力度，大幅提高侵犯知识产权、制造假冒伪劣和有毒食品案件的违法成本。在文学艺术界，让剽窃者难以立足，在全社会为人所不齿。同时，加大对侵权连带责任人、责任单位、媒体和销售者的处罚力度，这样才能形成风清气正，不敢侵权、制造假冒伪劣的社会环境。

2015年

关于允许少数民族语言译制影视作品属地销售对外输出的提案

随着我国成为世界第三大影视产品生产国，少数民族语言影视剧译制工作得到长足发展。尤其“十二五”以来，“西新工程”“村村通工程”、农村电影放映工程的实施，进一步加快了新疆的少数民族语言影视剧译制步伐。

更多的优秀影视作品已适时译制成少数民族语言，基本实现影视剧译制规模化生产。而且，这些优秀少数民族语言影视剧译制作品已经具备国际竞争力，受到周边国家青睐。让优秀少数民族语言影视剧译制作品走出国门，时机已经成熟。

但是，新的机制尚未完善。这些优秀少数民族语言影视译剧制作品对外销售输出权限不在生产地，而要到北京来完成相关手续。

为了不断提高优秀少数民族语言影视剧译制作品对外传播能力和在周边国家的影响力，为共同建设“丝绸之路经济带”服务，应当创新机制，简化对外销售环节，下放权力，允许优秀少数民族语言影视剧译制作品属地销售对外输出，按版权分成，实现多赢，建立起一条便捷通道。

2015年

关于应当加强网络知识产权保护的提案

随着我国互联网迅速发展，从官网到民间网络铺天盖地。但是，网络知识产权保护几近于零。一是随意转载属于拥有个人知识产权的文字，且常常连作者名字都隐去；二是网络成为光天化日之下打劫的代名词；三是成了盗版者的逍遥之处；四是对作者从不付费，利润独享；五是缺乏公信力。知识产权保护关系着创新型国家建设，保护原创应当是一个法制国家遵循的根本原则。建议对互联网加强知识产权保护监管和惩处力度，确实保护社会创新积极性。

2016年

关于保护华北及北京周边地区地下水资源问题的提案

北京及周边百万平方公里国土被雾霾困扰成为万众瞩目的客观事实。但是，就在我们注目天空、寻求拨霾见日妙方的同时，多少有些忽略了脚下大地深处的地下水安全问题。

北方是普遍缺水地区，北京周边及华北地区，饮用与农业灌溉乃至工业发展，更多的是依赖地下水资源。然而，在前些年盲目追求GDP增长值误导下，很多高污染、高耗能中小企业纷纷在北京周边及华北地区落户，在短期拉动当地经济发展的同时，明着污染着空气和天空，暗中却污染着地下水资源。比如保定市金南造纸厂污水排放未经处理排入蓄水池，蓄水池渗漏到地下，严重污染了地下水，使清苑县冉庄镇小张村的村民饮用水发生困难，井水已经污染变色，严重影响村民健康。这样的例子不是个案，应当引起高度重视，李克强总理政府工作报告中提出的“经过今明两年的努力，要让所有农村居民都能喝上干净的水”落在实处。

建议，坚决查处没有进行污水处理的生产企业。对新建企业制定严格的污水处理标准要求。对污染企业在关停并转、升级换代的同时，补上污水处理这一课，切实落实污水处理。另外，在小城镇建设过程中，以镇为中心配套污水处理厂和中水使用领域和标准。

2014年

关于对失地农民利益诉求应妥善处理的提案

失地农民成为当下最大的利益诉求群体，这一现象应当引起高度关注。土地流转应当是在农民自觉自愿前提下实施，否则成为社会不稳定因素。

在上访事例中，也是失地农民占相当比重。而农民的土地也成为某些手中握有实权者权力寻租空间，成为发生腐败的土壤。应当对于此类现象予以约束。

建议对农村牧区土地草场流转问题纳入纪检监察部门的纪律约束视野，对此类案件抓几个典型案例处理一下，以震慑那些农民利益的侵蚀者，以建设平安中国。

2014年

关于建议北京市政府积极建设大型回民养老院的提案

人口老龄化是贯穿本世纪的基本国情。目前，我国独生子女家庭占家庭总数已经超过30%，4：2：1家庭结构逐渐成为主流结构。家庭结构小型化必然导致家庭养老功能弱化。现有的关于建设养老院的政策严重缺位，没有制定一系列“实实在在”支持养老的法规和政策。缺乏全局高度的统筹，养老事业的领导体制和工作机制也存在缺陷。在有关养老院建设的实际操作上，如果没有土地局、规划局、财政局和政府政策配套支持，难以推进。

目前，全国许多城市都在效仿北京市的“9064”养老模式，其相关政策办法已于2010年1月1日起施行。

但是，几年来被称为“九养政策”的北京市养老工作，实际上存在很多问题。比如，北京市有近百万的失能和半失能老人没有养老院“收留”。再比如，占地2500平方米、建筑面积11000平方米的“北京牛街民族敬老院”虽说是地下两层，地上三层，却早已经满员入住220人，还有300多回族老人在“排队等候”。与此同时，有类似老年宜居文化协会这样的社会团体和有爱心的民营企业家，在新建养老院方面有投资热情，却找不到新建养老院的土地。

建议政府应该把建养老院定位为公益性质，不推向市场，给予免税政策、津贴政策、贴息贷款政策并在征地、土地出让金、水、电等方面给予优惠政策。

北京市政府应在全国范围内，首先树立忧患意识，建立老年人“无障碍环境”的理念；为老年宜居环境建设进行立法工作。把推进养老事业作为一项基本国策。

要给区县政府下达建设养老院的指标，按人口规划、规定建设养老院的面积，其中要积极建设几座上规模的大型回民养老院。

政府要积极推行“公建民营”养老院经营模式，积极推进各种方式的养老事业的发展。

2014年

关于降低城市马路牙子，增加停车位的提案

随着机动车保有量的迅速增长，全国各大城市（在北京尤甚）停车位成了日益困扰车主和政府需要破解的难题。停车位不足原因种种，既有历史的欠账，也有城市建设短视的结果。解决这一问题要采取多种方式。其中，将城市马路牙子降低到5厘米，可以平添大量的停车位。欧洲国家、特别是在汽车的故乡德国城镇马路牙子普遍很低（有些城市甚至没有马路牙子，取而代之的是马路两侧浅浅的凹槽，以行雨水），这样既经济适用，可以缓解停车压力，又确保马路的分界不变。且没有占地、征地、拆迁、建筑之累，实惠而迅捷。建议由国家规划委、住房和城乡建设部、公安部等部委修订相关法律法规，为降低城市道路马路牙子提供法律保障，并逐步实施，相信各大城市尤其首都可以低成本解决大批机动车停车问题，让百姓获得实惠，给政府减压，两全其美。

2014年

关于建议将预防灾害纳入十三五规划的提案

灾害对社会造成的人员和经济损失令人震惊，面对自然灾害、事故灾难、公共卫生事件以及社会安全事件，普通民众预防灾害意识淡薄、避险能力低下、对灾害应急自救措施不当等则加重了灾害造成的人员伤亡和财产损失，因此通过预防灾害的宣传，加强民众的预防灾害意识，教会普通百姓在灾害面前的预防、自救、互救知识，是十分迫切的现实问题。建议将预防灾害纳入十三五规划。

2016年

关于应当限制东部产业升级中被淘汰的高污染企业西移的提案

在东部地区产业升级中被淘汰的高污染企业西移问题应当引起足够重视。比如，在江浙一带被淘汰的印染厂，其他地区的煤化工企业和镀金厂高污企业，以引进项目等美名，到生态环境本已脆弱，却又是大江大河之源、气流上风口的西部地区。这样只能带来对国土的二度污染，有百害而无一利。建议依法加大对西部地区的干部、尤其是一把手的环境问责制，加大依法查处力度，坚决刹住这股东部产业升级中被淘汰高污染企业西移风。让人人明白保护环境、发展绿色经济的重要性。

2016年

【会议发言】

中国文化对外传播怎么落实

党的十八大提出文化强国方略，这是时代发展需要。

中国作为世界第二大经济体，面向世界发展。这些年来在世界各地投资开矿建厂，这是资金实力所决定的。经济学知识告诉我们，当流动资金变为不动产，就不能搬回来，便要就地生产。于是，我们的海外企业便要与当地社会法律发生碰撞与磨擦。其间出现的问题，可以以国家层面予以解决。但是，最终的产品销售，是以当地消费者的口味需求来决定的。这就是当地消费者喜欢不喜欢中国文化，喜欢不喜欢中国人，这在某种意义上起着关键作用。解决这个问题，不是靠资金，也不是国家层面可以出面协调解决，是要依靠文化。而这个文化的核心，是鲜活的文学艺术、音乐绘画、影视产品。

在这方面，韩国的韩剧战略很有效，在我国从老到小已经有成千上万的韩剧“粉丝”。一首江南STYLE竟可以风靡世界。于是，我们可以偶或听到抵制日货的声音，却丝毫没有听到对韩国产品有什么异议。当然，美国好莱坞大片宣扬的是美国精神。艺术手法是在所有人物中突出美国人，在美国人中突出美国英雄人物，在美国英雄人物中突出美国主要英雄人物。而这些美国大片中的美国主要英雄人物，上刀山下火海不会战死，掉到油锅里都能活着蹦出来。加上那些高科技，一般中小国家观众看了会吓个半死，更不要说与美国抗衡了。这就是把美国精神用形象化了的方式、艺术的手段传输向世界，为其美国利益服务。

我以为，我们的文学艺术不能简单地为政治服务，但是必须为国家利益服务。在当前，就是要为我国强势发展的经济和社会需求服务。尤其面向世界的经济竞争，我们的文学艺术、音乐绘画、影视产品，要为我们的国家利益服务，要为建设美丽中国、实现中国梦服务。

面向世界的中国文化和其鲜活的核心文化艺术，要扭转西方根深蒂固的对中国的刻板印象，尤其有必要传播中国“现在时文化”，鲜活、生动、形象地展现现代、繁荣、文明的中国形象。即便是传播优秀的传统文化，也应该进行“时态”转换，从“过去时”变为“现在时”，这样更容易被广泛地接受。当然，这个转换过程要讲科学。我们应当摒除所谓的“消解主流意识形态，颠覆传统文化”。“用最优美的中文，写最美好的中国人形象，为全世界热爱中文的读者服务”。这也是我们《中国作家》办刊宗旨。

近年来我多次出国，发现一些需要改进中国文化对外传播环节中的问题。第一，是要形成合力。不能各口干各口的，只为一己政绩得失而去做，而是要在更高层面、从国家利益出发统筹部署、统筹安排、统筹实施。第二，政策措施到位。我们的相关文化走出去战略，还基本停留在宏观层面，没有及时转化细化到配套政策层面。第三，需要国家配套资金的支持，关键是要拿得出、用得上。第四，要充分发挥社会团体、民间组织、作家艺术家个人在中国文化对外传播中的积极作用。第五，要改进国内文学艺术评奖激励机制，设立专项的外国翻译家奖项。第六，对周边地区中小国家翻译介绍中文作品和配音影视产品，国家要有对著作权人、版权人的补偿资金，不要让著作权人、版权人为追索那点著作权费、版权费苦恼，更不要因此而形成因小失大的结果，要让中国文化对外传播畅行无阻。

要让中国文化对外传播如何落实，还有几点不得不提及。

一是改革现行重大题材管理办法。以党和国家、军队历史为题材的创作，列入重大题材管理，发挥了积极作用。但是，随着时代的发展，现在显得有些滞后，束缚生产力，需要研究制定新的管理办法，以适应中国文化对外传播新的格局需求。

二是孔子学院要配置国内版中文图书和国家级文学期刊。目前就我所看到的孔子学院现实状况是，配置的几乎鲜有现当代文学书籍、期刊，大多是烹饪、裁缝、中医针灸等等生活类杂书和传统医学书。

三是进一步加快文化体制改革步伐。现在，文化体制改革，各口步伐不一，推进较缓，不利于进一步解放文化生产力。

2014年、2016年

坚持以人民为中心的创作导向，让文学从高原走向高峰

文学艺术是以人民为土壤赖以生存的。人民群众的生活，是文学艺术取之不尽、用之不竭的创作源泉。而文学又是一切艺术创作之母，电影、电视、戏剧、歌曲等等，都是由文学这个母体衍生。因此，文学创作态势的高低，从某种意义上说，决定了其它艺术形态品质的高低。而决定文学创作水准优劣的根本因素，在于是否坚持以人民为中心的创作导向。

坚持以人民为中心的创作导向，就有一个如何评判人民群众对于生活的态度问题。其实，人民群众对于生活永远是充满信心、自达乐观。千百年来日出而作，日落而息，耕耘不息，繁衍生息，代代相传。而对人民群众的这种生活方式和生活态度，只有文人哲人才将其归纳为喜剧类、悲剧类、悲喜剧类。于是创作出喜剧、悲剧、悲喜剧类型作品，由此体现着他们的哲人思索和作家的探索，试图反作用于社会和人民群众的日常生活。我们知道，文学艺术源于生活，又高于生活。但是，高于生活并不意味着高到离奇的地步。更不是说，商业化了，一切都可以随心所欲，只要赚得着钱，什么都可以不管不顾，没有了任何底线。有趣的是，最为商业化的好莱坞，对剧本和电影摄制有一条根本原则为Happy ending，即快乐结尾，译成中国传统戏剧理论，应是大团圆结局。只要不符合这一原则，这个剧本就不可能在好莱坞投拍。他山之石，可以攻玉，我以为这一在商业化模式下取得广泛成功的经验，可以借鉴。

坚持以人民为中心的创作导向，还有一个是否熟悉人民群众真实生活问题。我们的作家艺术家，应当与人民群众生活保持千丝万缕的关系，要建立起自己的深入生活渠道，用各自的方式，保持与人民群众生活的密切联系，时时把握人民群众生活脉搏的律动，与人民群众同呼吸共命运，血肉相连，才能创

作出以人民为中心的优秀作品。

坚持以人民为中心的创作导向，还有一点是作家面对人民群众的态度问题。作家是人民的儿子，这一点毫无疑问。但是，作家面对人民的态度问题，将决定所创作作品的品质高低。作家应当对人民群众充满感情，真挚地把人民群众当作自己的老师，真心向他们学习生活的点点滴滴，准确把握生活的真谛，才能获得艺术的升华，创作出富有时代精神、符合人民审美要求的优秀作品。

文学艺术创作永无止境。随着中国经济的强势发展，对文学艺术提出了新的时代要求。文学不能简单地为政治服务，但是必须为国家利益服务。在面向世界的中国经济和国家利益面前，我们不能甘愿展示丑陋、以丑为美，以博取发达国家中产阶级廉价的一笑一颦，展现我们所谓的艺术才华。我们应当充满自信地去创作，用最优美的中文，写最美好的中国人形象，为全世界热爱中文的读者服务。让我们的文学，从高原走向高峰。

2016年

科学建立草原生态保护机制，保护草原迫在眉睫

在第56次双周协商座谈会上，全国政协委员、中国作家出版集团管委会原副主任艾克拜尔·米吉提作了题为“科学建立草原生态保护机制，保护草原迫在眉睫”的发言。

以下为发言内容的摘编：

自2003年起，国务院启动了在天然草原以围栏建设为主要内容，实行草原禁牧、休牧、轮牧的退牧还草工程，取得了一定成效。仅以新疆霍城县为例，根据十二五规划实行的草原生态奖励机制，水涵养区奖励补助费每亩为50元；禁牧区奖励补助费由每亩5元上调为60元；草原平衡休牧区奖励补助费每亩由1.5元上调为2.5元。这一奖励机制的实施，在实现保护天然草原的同时，实实在在提升了牧民收入，为全面实现小康做出贡献。

但是，这种由澳洲引入的经验和机制，在实施过程中也呈现出“水土不服”新境况。在澳洲自然气候一年四季牧草可以生长，所以围栏轮牧切实可行，十分有效。而在我国，大部分草原都在北方，季候特征是“一岁一枯荣”，因此，在传统天然草原，围栏带来的副作用有时大于效益（在沙漠地带另当别论）。

首先，在县与县、地方与兵团之间，过去的疆界由于被草原围栏交叉，随着时间的推移，似乎形成既成事实，由此成为草原纠纷的诱因。

其次，草原围栏成为野生动物受伤、死亡的直接根源。铁丝网围住了野生动物的去路，在有些草原连天然泉眼都被圈在铁丝网围栏之内，野生动物无法饮水。尤其在冬季，遇到雪灾野生动物无法越过围栏迁徙，造成成群死亡（这一点，在东部天山木垒哈萨克自治县一带尤为突出）。

第三，造成农区与牧区之间管理不便。现在的管理人员没有专项经费支持，劳动强度大，难以实施有效管理和维护。农区人员偷剪铁丝围栏，农区家

畜进入禁牧区现象时有发生。围栏内的草根被畜群蹄子踩踏殆尽，成为天然草原退化人为因素。

第四，为了建设围栏，大型机械设备进入草原碾压植桩拉网，带来对天然草原的直接毁坏，而相应保护和恢复机制尚未确立。

由此建议：

一、加大禁牧区建设，并同时推进饲草基地建设。饲草基地饲草产量与天然草场草产量比为1：6吨，可大大提升饲草产量。相关经费投入产出比也得到大幅提升。

二、分类管理农区畜牧业和草原畜牧业。在特定地区农区畜牧业对草原畜牧业打击太大。农区畜牧业应当实行舍饲圈养；牧区畜牧业按禁牧、休牧、水涵养、草畜平衡休牧区实行牧养。

三、在十三五规划实施期间，将草畜平衡休牧区牧养费，由现在的每亩2.5元提升为每亩10元，进一步提高牧民保护草原生态积极性，切实提高牧民收入，为全面实现小康做出贡献。

四、进一步建立健全天然草原保护体制机制，切实纳入法制化保护轨道，尤其对于草原开采和建设，务必建立科学的恢复补偿机制。

天然草原是所有河流的源头，黄河长江无不发源于青藏高原草原地带。保护天然草原，就是保护我们赖以生存的河流，保护我们的生态环境。草原文化是人类古老文明形态之一，保护草原，也是保护非物质文化遗产的重要环节。牧民千百年来与草原相依相存、相依为命，他们才是最懂得珍惜草原和保护草原的人。请不要简单地以管理农业的经验去管理草原，应当在尊重自然规律的同时，尊重牧民保护草原的传统经验，让他们与草原同生存，共发展。与此同时，延续人类草原文明形态，不要因为仓促盲目追求人为“发展”，将草原文明终结在我们这一代人手上。

草原对于当今社会生活的意义远远不止这些，需要不断探索，加深认识，提升保护草原自觉意识，像保护十八亿亩耕地红线一样，建立起草原保护红线，切实阻断蚕食草原利益链。应当说，科学建立草原生态保护机制，保护草原迫在眉睫。

2016年

社情民意·视察调研

改善交通的几点建议

近年来，北京市道路建设取得重大发展，这是有目共睹的事实。前年的二环路工程，去年的东三环路工程、机场路工程及直线地铁工程等，对改善北京市交通状况已在发挥和行将发挥重要作用。然而，由于汽车数量也在成倍地增长，部分地区道路交通堵塞状况未能根治。且有日益加重之势。这一点应引起有关方面新的重视。

从北区进入二环路东行存在问题

从新街口外大街进入二环路，8时至18时不许在新街口豁口立交桥下左转弯东行，这一限制给进入二环路东行车辆带来极大不便。尤其由北太平庄方向南行上二环路去北京站方向或东行的出租车及其他无法回避这条路线的车辆，只好在开入新街口豁口以后，再调头北行右拐上东二环路方向，从而常常造成原本就很拥挤的新街口豁口内这段道路的交通堵塞。奇怪的是，立交桥本是为了解决直行车辆畅通无阻修建的，然而桥下东西向两条辅道居然还留有直行车道。

与新街口外大街并行的另外两条连接二环路的通路，东侧的德外大街是条单行线，只能由二环路德胜门桥北出。西侧的土城路只能到西直门立交桥上经转盘北拐东行，顺这条线行驶的车辆往往在桥上转盘与进出西直门大桥内外的直线车辆相抵，淤塞于此，使另一条干线受阻。

造成这种状况的原因，自然与二环路立交桥设计受历史局限不无关系，但要立即改变这一状况是不现实的——受财力、物力等诸多客观因素制约，至少在相当一段时间内将会如此。

不过，在现有条件下加以疏导，尚有余地可言。比如改变现有限制，允许由新街口外大街方向进二环路东行车辆，在新街口豁口立交桥下左转弯；与此同时，限制立交桥下东西向辅道上的车辆直行（公共汽车除外）。便可将本由土城路下西直门桥堵塞的东行车辆，由学院南路分流到这条路上来，从而改变几处堵塞状况。同时，似应考虑取消土城路院南路交叉处十字路口的左转弯限制。

地安门内大街公共汽车站与加油站造成的交通堵塞问题

地安门内大街有305路与60路公共汽车起点站，紧挨着公共汽车站有一军队加油站，还有111路无轨电车和5路公共汽车双向停靠站。每当交通高峰期，这个路段便要堵塞。就是在平时也经常不畅。

在这一地段经常可以看到这样一幅情景：

305路、60路歇班公共汽车沿马路一溜排开停放，使原本狭窄的通路更加拥挤不堪。加上进出加油站加油的军车不受限制从南北两门自由进出，更多的是由北进南出。从而造成加油军车排着长龙北下横切马路入加油站，整条道路便被堵得水泄不通。

以笔者拙见，这一现象稍微努力即可改观。首先，应当限制歇班公共汽车随意停放在大马路上。同时只许进出加油站加油军车由南进北出，便可避免横切马路，从而初步解决这一地段交通堵塞问题。其次，如有可能，或将公共汽车起点站由这一地段移位，或将加油站从这里迁出。考虑到公共汤车起点站设在这里，方便诸多上下班群众，将加油站从这里迁出更为适宜。因为从这个加油站南行不到200米，在景山东街拐弯处又有一座加油站，两个加油站挨得如此近，恐怕也不利于安全管理，同时加大了这一地段的车流。

尝试限制三轮板车昼间在市区主要街道行驶问题

三轮板车已成为北京市区交流不畅的一大障碍。由于绝大多数蹬三轮者为外来民工，他们文化素质不高，不懂也不遵守交通规则，在马路上忽左忽右任意穿行，两三辆车并排而行，或与机动车辆抢行等屡见不鲜。常常是机动车辆给这些非机动车辆让道，从而造成连锁性交通堵塞，乃至酿成交通事故。而且随处停放三轮车，在交通繁忙地段逆行，成为一种人为的交通障碍。

当然，普通市民现阶段还离不开这一交通工具，所以不能采取诸如印度尼西亚当年强制性废除三轮车的做法，但又因明显影响市内交通的现实，建议应当采取对三轮板车限时制。即昼间7时至18时不许在市内主要街道（机动车与非机动车道没有分开的街道）行驶，不得随意停放在马路边上影响公共交通。

出现事故首先应当迅速处理现场以恢复交通

笔者去年11月初拟赴长春出席全国少数民族题材戏剧评奖颁奖大会，“打的”赶往北京站，车过东四十条立交桥便被堵住，进不得也退不得，不知前方发生了什么。车流一步步地挪动，在这一路段活活被堵了三十分钟（记得二环路立交桥全面通时，有记者报道曰：只要三十分钟便可绕行二环一周）。在经过建国门桥下时，发现这里大小五辆车追尾相撞，现场原样保留着，可是追尾车自己排起一条长龙，后面车辆并不知道这里发生了什么。我们的车是从内线过去的，但当赶到北京站时，离发车时间只差两分钟，眼睁睁没有赶上那趟车。但愿那天误了火车的只是我一人。

由此联想，在一些交通繁忙地段一旦发生交通事故时，不能为保留现场而保留现场，而应当尽快处理现场，以最快速度疏导交通，恢复正常的交通秩序才是上策，然后判定肇事者责任孰轻孰重也为时不晚。

以上是笔者作为一名北京普通市民，在日常生活中遇到的交通问题引发的一点思索与建议，未及进行更为深入细致的调查研究，不揣冒昧在此提出，以图对改善北京市交通状况有些许裨益，姑妄之处，欢迎批评指正。

北京立交桥的历史性缺憾与解决思路

应当说，北京是国内最早修建立交桥的城市之一。20世纪70年代末80年代初修建起来的复兴门立交桥，当属我国城市最早的立交桥。当时颇为引人注目，让目睹此桥的国人感到一种骄傲和自豪，一度也成为北京新的城市景观。

随着首都现代化建设步伐的加快，北京不仅修成了二环、三环、四环，现在五环也成了城区道路，六环修通在望。纵横交错的各种干道业已拓宽、贯通，轻轨也浮上地面。于是，数不胜数的立交桥拔地而起，给北京这座古老的都城增添了一道道靓丽的现代风景。同时，极大地方便了城市交通，成为城市交通的命脉。

不过，细观北京的立交桥，却大多带着明显的缺憾。毋庸讳言，早期立交桥设计与建设受经济因素的影响甚深。比如，关于某一项目的计划到位资金有限（我们似乎也不应回避特定时期所具有的长官意志的影响），巧妇难为无米之炊，因此设计者只能量体裁衣，不得不设计出在有限资金范围内能够实施和完成的方案。于是，施工者修建的立交桥自然带着历史的缺憾。在立交桥交付使用之际，洋溢着的喜悦气氛还未散去，随着时代的飞速发展，那些立交桥很快就显现出它的滞后性来，成为城市交通新的堵点。于是，有的立交桥不得不二度修建。比如西直门立交桥就走过了这样的曲折历程。

另一种因素是城市局部规划方案变化造成的局限。在设计者们接受设计任务时，某一个立交桥最终通行方向的确立，在最初的城市规划中没有像现在这样定位。因此，当立交桥修建起来以后，那一带的规划有了新的变化。规划的与时俱进，却导致已经修建起来的立交桥新的局限与滞后现象的发生。

还有一种因素是我们设计者自身经验与眼光所限，没能够充分估计汽车时代的来临会如此迅速，以致有点猝不及防。有资料显示，北京机动车保有量达到第一个100万辆用了47年光景；第二个100万辆用了6年时间。截至2005年底，北京机动车保有量将达到259万辆（此间每年都在报废批量机动车）。这一数字表明，北京已经进入汽车社会。而且随着百姓收入的增长，北京率先进入小康社会目标的实现，汽车保有量的增速和增幅会进一步加快。

汽车社会自然带来新的问题，也让我们开始学会用新的视角审视问题，用新的心态对待问题，用新的经验体验问题，用新的手段解决问题。汽车社会最为直观的显性问题是交通拥堵——它直接影响了一个城市的生机与活力，影响了城市经济的有效运转，影响了市民生活质量，也带来了一系列延伸的相关问题。解决拥堵问题仁者见仁、智者见智，一千个人可以开出一千种方子。政府也在集思广益，在进一步加快硬件建设、偿还历史欠债的同时，适时采取一些新的措施，推出一些新的法规条例，予以积极妥善解决。但是，拥堵问题依然困扰人们的日常生活。

汽车社会带来的汽车拥堵问题成因同样复杂。但是，各地的问题各不相同。从北京特定环境看来，立交桥的局限与滞后是一个显而易见的症结所在，亟待我们正视和解决。举例来说，北辰西桥的建成，对缓解北四环交通压力，提高通行能力，衔接北四环和北五环之间的畅通，发挥着积极的作用。不过，这座刚刚建成的新立交桥却缺少由北向东衔接北四环东行方向的引桥。而连接北三环与北四环的万泉河路万泉河桥，应当说是一座功能相对完善的立交桥。然而，设计者不知出于什么原因，却留下了缺少万泉河桥由南向西连接北四环西行的引桥，造成西行北四环的车辆不得不到颐和园路立交桥下调头绕行。这里紧邻中关村高科技园区，给出行车辆带来极大不便，在一定程度上影响了中关村高科技园区的交通环境。同样是由北四环进入北三环的万泉河路衔接苏州桥的干道，实现了无红绿灯一路畅行。但是，到了苏州桥，不能通过立交桥直接进入北三环，而是要拐进辅道，通过苏州桥下的环岛，才能进入北三环。每当高峰期，被环岛红绿灯迟滞的车流，一直可以延伸到万泉河桥上，拥塞不堪。西直门立交桥由于原来设计的南向进入西二环的地面弯道被限行，要想从西直门外大街快速进入西二环南行已无可能，需要在西直门立交桥上顺着辅桥耐心地连着盘行两个8字才能如愿进入西二环南行。如遇堵情，那在这座桥上就要耗去你足够的时间。至于机场高速路从三元桥由西南向东北行驶，至四元桥不能东向驶上北四环，更是让人万般无奈。而五环路现有立交桥留下的各种先天不足，迄今尚没有妥善解决。许多干道与五环衔接处的立交桥，或者无法驶出五环，或者无法进入五环。真有点近在咫尺，远在天边，可望而不可即的感觉。仔细说来，北京的立交桥留下的这些历史性缺憾不在少数，构成了北京城市交通新的堵塞点，成为一个迫切需要解决的突出问题。建设环境友好型城市，走可持续发展之路，离不开交通问题的解决。

因此，应采取积极的应对措施，解决由于立交桥历史性缺憾带来的交通拥堵问题。建议市政府责成有关部门，对北京立交桥通行状况予以一次普查（让市民在网上参与普查），并拿出一个可行性解决方案，先易后难，逐步逐项予以解决。为迎接奥运，积极补救北京立交桥的历史性缺憾，做好交通硬件建设方面的扎实准备势在必行。

与此同时，今后修建新的立交桥，应在网络和媒体公布设计方案，征求社会意见，以弥补专家设计“智者千虑，必有一失”的缺憾，使北京的立交桥从设计之初，便臻于完善，不留后患。从而为促进北京城市交通可持续发展，做出应有贡献。

盲道杂感

有来自40多个国家和地区的2000多名残疾人运动员参加的远东及南太平洋地区残疾人运动会（以下简称“远南”运动会）即将在北京举行。这是我国第一次举办如此大规模的国际性残疾运动会，自然引起各有关方面的热情关注。今年上半年，北京市政协社会和法制委员会也就此组织了两次专题视察。

在北京市的1200多万人口中，有41万残疾人和120万60岁以上的老年人。而在残疾人口中，下肢残疾和视力残疾者占31%。所以，作为现代化大都市，无障碍设施的建设已迫在眉睫。

北京市在这方面是走在全国前列的，率先推出了四项具体措施：在全国第一个提出修建城市无障碍道路，并付诸实施；修建了全国第一条盲道；建起了全国第一个无障碍居民住宅试点；从去年开始又提出，凡高层建筑和公共建筑设施均须有坡道，并有监督员监督。这些都是一个文明社会和文明城市应有的明智举措，将大大便利残疾人和老年人的日常生活起居。

但是，有了这些举措似乎并不意味着一切便随之迎刃而解。那天，我们来到车公庄路口中，看到人行道中一条约80厘米，由褐色凸面方砖铺成的盲道，很是欣慰。据介绍，这种盲道目前在北京还有几条，今后还将继续建设。这无疑也是一座现代化城市的文明标志之一。然而，在欣慰之余，我们意外地目睹了另一幅景象，有眼人竟占盲道——一些不同型号的机动车辆和自行车、三轮车堂而皇之地停在盲道上，使盲道形同虚设。这不免令人难堪和不安。

不过，细究起来，也不能完全责怪那些把车随意停放在盲道上的车主们。这是我们在这方面有关宣传工作做得太少的缘故。这些车主或许压根儿就不知道何谓盲道。那天参加视察的很多委员，包括笔者在内，也是第一次见识盲道的。有鉴于此，我们的宣传媒体应当充分利用这次在京举办“远南”运动会的良机，向社会广为宣传我市各种无障碍设施的分布情况及特别特征，让全社会成员都明了此事，从而逐步形成每一位市民一种自觉的文明行为和良好风气，以保护各种无障碍设施完好无损、畅通无阻，避免这种熟视无睹地停放车辆占据盲道的无知行为继续发生。同时，让全市人民知道北京市率先采取的有利于残疾人和老年人生活的四项措施。更为重要的是，应使人人明白，关心残疾人和老年人，不仅仅是党和政府应尽的职责，也是全社会的责任。所以，每一个社会成员都应责无旁贷地承担起这份文明社会的共同责任来。我想，这也是建设社会主义精神文明的实质内容之一吧。

关于“以人为本”理念的确立

自从党的十六届三中全会提出“坚持以人为本，树立全面、协调、可持续的发展观，促进经济社会和人的全面发展”。“以人为本”的理念逐步深入人心，甚至开始形成一种时尚。我以为这是以邓小平理论和“三个代表”重要思想为指导，全面落实十六大精神，解放思想、实事求是、与时俱进的结果。

但是，在实际执行过程中，在某些环节“以人为本”的理念开始出现一种“二元对立”的苗头。比如，已经开始实施的新的交通法，就出现了难以把握的尴尬境地（举例：1.如果说一场交通事故过去毁掉的是一个家庭，根据新交通法将毁掉两个家庭；2.保险公司的赔付条款并没有与之衔接，出现拒赔；3.取证、举证困难；4.高速路、环城路就是为提高城市交通速度修建的，是禁止行人闯入的，但依据此法赔付条款，没有必要再建现代化的交通道路，甚至出现行人恶意上路碰瓷现象，不但使社会道德滑坡，交通通行能力受到人为阻碍，社会发展也将大大后退；5.所谓强者与弱者之分并不合理，根据段里仁先生在中央电视台访谈中的解释，是按机动车的能量超出行人上千倍这种机械能量比为依据的，且不说这种颇具机械唯物论意味的解释是否具有科学性，很容易让普通人理解为社会学的贫富之间的强者与弱者之分，从而引发社会不稳定诱因；6.由于此项法律上位法存在问题，因此，北京在推出地方法规时虽然做了许多补救工作，开创性地举行了法律出台听证会，但也难以根本扭转）。因此，当出现依据此法判定的案件明显不合社会常理时，便引起社会强烈反响和普遍关注。究其原因，这部法的制定，就是被一种“二元对立”的思路牵引着。于是，就出现了面对行人，考虑“以人为本”；面对驾车人，却又忽略“以人为本”的局面。切莫忘了，驾车人同样是人，同样应当受到法律的保护。而且，这个群体正在日益扩大，覆盖面和对社会的影响力愈发广泛和深远，对于保持社会稳定，构建和谐社会发挥着重要作用，不能忽视。

出现这种“二元对立”的苗头，其实是“阶级斗争”理念的一种隐性延续。我们知道，在以“阶级斗争为纲”的年代，被划定的一方永远正确，而另一方从不予考虑。自从我们党彻底否定“阶级斗争为纲”以来，通过改革开放，我国社会发展，经济、文化繁荣，已经开始步入汽车社会。但是，那种“阶级斗争”的理念和千百年来的封建社会残余——“仇富”心态作为一种社会潜意识存在。甚至在我们的立法中都有不自觉的隐性体现。

党的十六届四中全会提出构建社会主义和谐社会的目标。毫无疑问，这是“坚持以人为本”的全面发展观的延伸和深化。在社会主义和谐社会，不仅仅是行人和驾车人，包括社会的每一个成员都应当享受到“以人为本”的社会理念和社会环境所带来的平等、和谐的氛围。而不是被人为地割裂开来，仅仅保护一部分人享受社会“以人为本”关怀的权利，而另一部分人却被限定必须为社会“以人为本”的关怀做出牺牲和付出。我想，这样一种“二元对立”的做法，与构建社会主义和谐社会的目标并不相符，哪怕它是以一种法律的形式出现。因为法律往往无法摆脱历史赋予它的局限，那就是面对不断发展的社会现实，它始终具有滞后性。所以我们才要不断修改和完善法律包括宪法。建议对新交通法及时进行修改，以免其负面作用进一步扩大。

因此，我们制定一项政策，推出一项法律，都要本着科学的发展观来权衡、思量。尽量避免出现“二元对立”的状态，真正确立“以人为本”的理念，为大力推进构建社会主义和谐社会的目标服务。

关于组建出版集团及出版领域面临的文化产业化发展机遇期与文化体制改革问题的几点思索

党的十六大报告指出："根据社会主义精神文明建设的特点和规律，适应社会主义市场经济发展的要求，推进文化体制改革。""发展文化产业是市场经济条件下繁荣社会主义文化、满足人民群众精神文化需求的重要途径。完善文化产业政策，支持文化产业发展，增强我国文化产业的整体实力和竞争力。"

随着社会主义市场经济的进一步发展和我国加入WTO，文化产业化发展的重要战略机遇期已经来临。这既是国内社会经济文化发展的必然需求，也是面临国际竞争环境严峻挑战，必须做出积极应对的重大战略抉择。随着创意经济、内容经济、注意力经济的兴起和发展，如何抓住机遇继续深化文化体制改革，进一步解放文化生产力，发展文化产业，是当前摆在我们面前的重要任务。也是我们党在新形势下如何扩大执政之基、提高执政能力、加强执政能力建设，为构建社会主义和谐社会服务的必然要求。

发展文化产业，推进文化体制改革是一项庞大而又复杂的系统工程，出版业仅是其中一个不可或缺的重要环节。最近几年，在全国陆续组建了一批出版集团，取得了一定的成效和经验。笔者在此试图提出从工作实践中获得的一些粗浅认识，谨供参考和探讨。

一、传统格局的历史贡献与历史局限

我国的出版业，是党领导下的舆论宣传阵地，具有鲜明的意识形态属性。在以往，管理、运作、营销为传统的大一统格局。即出版单位为事业法人治理结构，资产所有权为国家所有，财政来源为收支两条线，收入如数上缴国库，支出按照财政预算由国家财政拨付，劳动报酬按国家统一标准执行，用人严格按照编制指标管理。出版单位出版物交由新华书店发行，自己无权营销；报纸、期刊交由邮局发行，自己没有发行渠道。这样的管理模式在计划经济条件下，在一定的历史时期发挥过积极有效的作用。但是随着时间的推移，也带来了种种弊端，历史局限日益凸现。比如一度出版者只追求如期完成上级下达的硬性指标、单纯追求图书码洋，无暇顾及资金回收与周转率，造成选题单一滞后，图书库存积压、资金周转不足，甚至对造纸、印刷、物流、新华书店等上下游相关产业和环节带来三角债务，造成生产、发展和生存困难。报纸、期刊只顾完成版面，符合上级要求，鲜有问津市场发行份额，也不允许进行其他经营活动获得经济效益。收入分配普遍实行平均主义，人员劳动积极性受挫。编制满员，人浮于事，人员能进不能出，管理层能上不能下，缺乏活力，阻碍事业发展，等等。

随着改革开放，由传统的计划经济模式向社会主义市场经济过渡，国家对于出版单位开始实行了不同的管理运作模式。由最初的财政包干结余制度，逐步向分类管理过渡：事业单位企业管理，在财政上自收自支、自负盈亏；事业单位差额拨款，国家给予一定的财政补贴，不足部分由创收收入弥补；少数事业单位列为财政全额拨款，但没有独立经营权。新的管理模式，在一定阶段发挥了预期的积极作用。但是，毋庸讳言，随之也产生了一些新的弊端。比如为了单纯追求市场效益，出现了一些不顾社会效益的低俗出版物；甚至出现不顾导向，酿成社会局部不稳定因素的个别具有错误倾向的出版物；直接或变相买卖书号、刊号，影响了国家对出版物正常管理秩序和文化市场秩序；为了创收，一些报刊出卖版面，虽然经济上有了收入，却影响了办报办刊质量，出现了对读者和社会不负责任的现象；冗员现象并未得到有效克服，管理层能上不能下现象依然不能扼制；大而全、小而全的模式并没有根本突破，没有形成具有良性循环能力的新的产业链，规模经营发展受限，面对加入WTO以后的国际文化市场竞争环境，缺乏竞争实力。党中央适时提出发展文化产业战略，推进文化体制改革，出版业走产业化发展之路势在必行。在中央推出出版界文化体制改革试点单位的同时，各地纷纷组建各类出版集团积极探索发展之路。

二、新的格局初步形成并彰显活力

各地组建出版集团以来，不仅在文化产业领域对于政企分开、政事分开、事企分开和出版传媒实行管办分离是一个行之有效的途径，而且形成了一些新的产业格局，预示着我国出版业开始步入高速发展的新阶段。作为中央文化体制改革试点单位，辽宁出版集团已成为我国出版业第一家完全政企分开、政事分开、事企分开，并获得国有资产授权经营的大型出版产业集团。他们积极推进传统出版向现代出版的快速转变，率先以网络化、数字化和信息化，建立现代出版发展平台，为集团产业可持续发展夯实基础。先后建成中国出版业第一个应用现代网络技术，实现编辑手段数字化的“出版智能大厦”；运行中国出版业第一个实现出版物计算机网络配送，与世界先进配送技术全面接轨的“出版物配送中心”；引进国内第一套数字化印刷制版系统（CTP）；应用世界先进的POD数码印刷设备；生产第一例标准中文电子图书“掌上书房”；开发中国出版业第一个电子图书资源数据库……实现编辑、印刷、发行主要环节与世界发达国家出版产业最前沿的高新技术一步到位接轨。辽宁出版集团已经展现出现代出版产业新形象。

全国文化体制改革试点单位之一的中国出版集团，经国务院批准转制为中国出版集团公司，成为国有资产管理体制改革试点，标志着我国出版体制改革迈出了重要步伐。该集团主要成员包括在国内出版业举足轻重、享有盛名的人民文学出版社、商务印书馆、中华书局、大百科全书出版社、三联书店、新华书店总店、中国图书进出口总公司等12家出版发行单位。转制为集团公司后，中国出版集团以资产为纽带，对所属企业实行资产、股权管理，按照“产权明晰、权责明确、政企分开、管理科学”的要求建立现代企业制度。无疑对我国出版业的重组和未来发展正在发挥着重要的示范作用。

其他新组建的非试点单位出版集团也在积极探索发展之路。首先从规模上进行初步的整合，有利于今后的集团规模化发展。经营上除了传统的图书、报纸、期刊出版营销外，开始积极介入广告、发行、印刷、纸张、物流、仓储、影视、音像、电子、游戏、卡通等领域，不断拓展市场空间。出版方式上以不断提高纸介质为主体的传统出版物质量为基础，全力促进纸、光、电、磁等多介质的互动发展。管理上开始减少环节，集团内部人、财、物向一体化管理发展，去除大而全、小而全的管理模式，努力克服人浮于事，最大限度地减少人员成本。发展上开始形成统一的宏观发展思路，进一步提升竞争能力。用人机制逐步放活。在一些面向文化市场新组建的经济组织中，开始实行股份制管理，提高了市场风险意识，增强了经济活力和文化市场适应能力。同时，致力于为文化发展和文明进步提供传递迅捷、高效的载体，创造更多更好适应人民群众需求的文化产品，为丰富人民群众的精神文化生活服务。各出版集团都在力图打造成为导向正确，主业突出，品牌名优，实力强劲，具有综合发展能力的大型出版传媒集团。

三、出版集团产业化发展进程中面临的新矛盾新问题

发展文化产业和文化体制改革涉及社会的方方面面，十分复杂。随着文化体制改革步伐进一步深入，旧的一些矛盾和问题得到初步解决，但是我们应该看到，各种浅层次和深层次的新矛盾、新问题随之开始逐步显现，需要我们保持清醒的认识。

1. 相对于我国经济体制改革在理论和实践上取得的重大进展，文化体制改革虽有实践的推进，理论探索尚待进一步发展。

2. 国家对于发展文化产业仍停留在政策许可、行政推进与经验性实践尝试阶段，文化法制建设相对滞后，缺乏足够的立法和执法保护。

3. 政府行政部门对文化产业管理方式滞后，服务意识不强。

4. 对于发展文化产业融资政策没有出台，存在融资难的问题，文化产业抓住机遇加快发展的步伐受到相应制约。

5. 业内人士缺乏足够的知识产权保护意识。保护知识产权的社会舆论环境和立法、执法环境尚待进一步完善。盗版现象泛滥，具有市场前景的图书、音像制品，在第一轮发行销售期尚未结束前，就有盗版品出现。有的盗版品几乎与正版同步进入市场，影响了版权单位获得合法的市场回报，制约了文化产业的发展。是否存在岗位“监守自盗”问题或其他的违法盗版现象，由于没有普遍的司法介入，难以确认，更是无法给予坚决有效的打击和惩治，以维护正常的文化市场秩序。

6. 现有的出版许可制度虽然发挥了有效的管理作用，但也开始显现出它的局限性，比如报纸期刊证号和书号存在隐形市场，对文化市场的健康发展带来一些显而易见的干扰，而一些具有实力的出版集团想凭借自己优势的人力和品牌资源创办新的报纸期刊，不需要国家财政投入一分钱，市场前景也十分看好，却不能得到新的报纸期刊证号，从而正在失去市场发展的最佳机遇期和本应独享的市场份额。

7. 推行政府机构改革以来，事业单位登记制度过死，有的集团挂牌几年，却迄今未能获得事业法人资格，由此带来一系列的管理障碍和现实困难，无法发挥集团管理职能，存在着“翻牌公司”的隐忧，长此以往，集团化发展将难免流于形式。

8. 由于行政级别没有淡化，存在着同级集团管理同级企事业单位的现象，由此带来管理上的诸多不顺，最突出的是所属单位主要领导任免权不在集团，指挥调配不灵，不利于集团化发展。

9. 人事制度和干部考核制度滞后，已经实行企业化管理的文化产业单位（包括差额拨款文化事业单位），仍在沿袭公务员考核制度，影响了对从业队伍的切实有效管理，从而影响了文化产业化发展步伐和推进速度。

10. 分配制度不活，从业人员承受着市场风险压力，却不能得到应有回报，影响他们的积极性，从长远看，不利于文化产业发展和文化体制改革。

11. 劳动和社会保障机制尚不健全，尤其差额拨款事业单位退休人员及在职人员养老保险问题迄今没有解决，形成了沉重的经济包袱，影响了文化产业的正常发展，也成为潜在的社会不稳定因素之一。

12. 在政府财政之外，缺乏有效的相关基金的支持，也是文化产业发展进程中的掣肘因素之一。

13. 在新组建的文化产业类经济组织中，党建工作滞后，缺乏针对性的党纪政纪监督要求。

14. 缺乏科学、合理的国有资产保值增值指数要求和相应的激励机制。

15. 科学的发展观和以人为本的理念，有待进一步深入文化产业从业人员和业内人士的心。直接表现为所生产的文化产品缺乏人文精神，流于一般宣传品的形式和价值，缺少面向世界文化市场发展的竞争能力。

16. 在卡通作品、电子游戏等方面，我们的市场份额几乎已被来自文化强势国家的产品占尽，甚至存在影响下一代的严峻的现实挑战，国家文化安全存在隐忧。

17. 虽然组建了各类出版集团，面对发达国家资本雄厚的出版业跨国集团的挑战，我们的出版集团依然显得势单力薄，缺少迎接国际资本挑战的整体实力。

18. 对转制问题存在两种心态，一种是对事业改制为企业存在等待观望心态，上面推一下，下面动一下，上面不推，下面不动，总认为中国的事情复杂，谁先动或许谁吃亏；一种是效益好的单位急于改为股份制，希望扩大职工股（个股），如果不是股份制改造，对事业单位转制为企业没有积极性。两种心态均影响转制工作的进一步推进。

当然，这些都是属于发展中出现的问题，需要我们用进一步促进发展和改革的办法予以切实解决。

四、解决问题的对策与思路

解决发展文化产业和文化体制改革进程中所面临的新矛盾新问题，离不开政治体制改革进程的推进和理论建设。国家应当进一步完善文化产业政策，支持文化产业发展，增强我国文化产业的整体实力和竞争力。

（一）加快文化体制改革理论建设

党的十六届三中全会公报要求：“必须按照十六大提出的建成完善的社会主义市场经济体制和更具活力、更加开放的经济体系的战略部署，加快推进改革，进一步解放和发展生产力，为经济发展和社会全面进步注入强大动力。”文化产业发展必须融入其中。文化产业发展和文化体制改革相辅相成，文化体制改革又与推进政治体制改革密不可分。要加快文化产业发展，必须要在文化体制改革理论和实践上取得的重大进展。这也是推进政治体制改革的重要环节之一。

（二）加强文化法制建设，完善法律法规

要加强文化法制建设。发展文化产业和文化体制改革，要着眼于适应社会主义市场经济发展、社会全面进步和加入WTO的新形势，加强立法工作，提高立法质量，推出和进一步完善促进文化产业发展的法律法规体系和保护措施（如版权保护、打击盗版、发行市场秩序整顿、形成公平诚信的文化市场竞

争环境等）。做到有法可依、有法必依、执法必严、违法必究。维护法制的统一和尊严，防止和克服地方和部门的保护主义。要形成一个受到法律法规和有效执法保护的公平竞争的文化市场环境，有利于文化产业的发展，有利于建设社会主义先进文化。

（三）改变管理方式，提高服务意识

要进一步健全文化市场体系，完善文化市场管理机制。相对于经济领域，文化市场管理已显滞后。政府管理部门在推进依法行政、提高执法水平的同时，要进一步提高服务意识，对文化产业从业单位，要从有利于发展角度，多提供服务性指导，而不是简单管理。要把我们的意识形态属性要求，具体体现在服务性指导环节中去。

（四）出台有利于文化产业发展的融资政策

要出台有利于文化产业发展的积极的融资政策措施，尽早解决文化产业在发展中遇到的融资难的问题，以利于我国文化产业快速发展，做强做大。

（五）增强知识产权保护意识，加大打击盗版力度

业内人士要进一步树立普遍的知识产权保护意识，学会运用法律的武器维护自己正当的知识产权权益。对文化产业界要拓展和规范法律服务，积极开展法律援助。对全社会要进一步加强保护知识产权宣传教育，提高全民尊重和保护知识产权意识。公安、法院、检察院等司法机构也应将知识产权保护纳入日常的执法程序，除了形成一个保护知识产权的良好的社会舆论环境，还要形成一个保护知识产权的良好的执法环境，加大打击盗版力度，对于各种形式的盗版行为予以坚决有效的打击和惩治，维护正常的文化市场秩序，保护我国文化产业健康有序发展。

（六）调整和适当放宽现有的出版许可制度

应调整和适当放宽现有出版许可制度，以杜绝报纸期刊证号和书号的隐形市场，同时对有实力的出版集团给予全力支持，让它们把握住最佳发展机遇期，充分发挥资源优势，壮大出版产业。

（七）调整和适当放宽现有事业单位登记制度

由于我国文化产业的意识形态属性，对于一些从业单位必须采取事业法人治理模式。在改革事业单位管理体制进程中，针对文化产业从业单位，现行

事业单位登记制度要进一步放宽，要避免“翻牌公司”现象出现，让文化产业——尤其出版、报纸、期刊等媒体单位，在符合中国国情的事业法人治理模式下，在集团化管理格局中获得充分的发展空间。

（八）淡化行政级别，进一步理顺关系

对文化事业单位和文化企业要进一步淡化行政级别，解决目前存在的同级集团管理同级企事业单位带来的指挥调配不灵等一系列问题，进一步理顺关系，将人财物权真正交由集团管理，尤其要把对所属成员单位主要领导任免权下放集团，由集团党组（党委）领导下的董事会（或管委会）聘任，并按任期目标考核、管理、续聘、解聘。

（九）建立和完善科学的用人制度

在探索和完善党政机关、事业单位和企业的干部人事分类管理制度进程中，要建立适合文化产业发展规律的人事制度和干部考核制度，不能简单套用公务员管理和考核制度。在稳定的前提下，应当允许正常的人员流动，劳动用工应当能进能出，管理层应当能上能下，对从业队伍进行切实有效的管理，最大限度地调动人员的积极性，充分发挥他们的创造性，以避免发展进入新一轮停滞怪圈。

（十）放活分配制度，实行年薪制度

分配制度要进一步放活，以保障文化产业从业人员的积极性。对管理层要普遍实行岗位目标责任与年薪挂钩，稳步实行年薪制度，建立激励和保障机制。不能让文化产业从业人员既承受市场风险压力，而分配制度却又统得过死，不符合社会公平、公正法则。

（十一）健全劳动和社会保障机制

劳动和社会保障机制要进一步健全，要将文化产业集团所属事业单位在职职工和退休人员统一纳入政府属地养老保险序列，以解决文化产业从业单位的后顾之忧和额外的成本压力，使他们处在一个公平竞争的平台，能够集中精力搞发展。

（十二）建立扶持基金，继续退税返还政策

政府要建立长期有效的发展文化产业扶持基金体系，对文化产业给予强有力的支持。要继续对文化产业实行退税返还政策（即“宣传文化发展专项资金”），并进一步落实该项资金真正返还文化产业生产单位用于生产，以加强对文化产业发展的扶持力度，放水养鱼，让它们做大做强。

（十三）加强党建工作

党建工作十分重要。在新组建的文化产业类经济组织中，要加强党建工作，建立健全党的组织。与此同时，要提出有别于党政机关国家公务员的便于操作、符合行业特点的党纪政纪监督要求，并与淡化行政级别相衔接。

（十四）国有资产授权经营，确立保值增值指数

对于现已组建的出版集团，应当普遍实行国有资产授权经营，明确其对集团内所属成员单位占用的经营性国有资产和国家股行使出资人权利，依法实施经营、管理和监督，承担保值增值责任，完成由行政管理方式到产权管理方式的转变。与此同时，国家应当尽快确立科学、合理的国有资产保值增值指数和相应的激励机制。

（十五）树立科学的发展观和以人为本的理念，提升外宣意识

随着我国经济的日益发展，我们在越来越多地参与国际事务，并发挥着日益重要的作用和影响。但是，我们的文化产品却缺少这方面的竞争活力。往往还是自觉不自觉地沿用习惯的单一宣传的理念和思路，因此，在对外宣传中缺乏竞争力。我们在宣传理念上要积极创新，提升外宣意识，要使科学的发展观和以人为本的理念深入文化产业从业人员的人心，我们的文化产品要充分体现以人为本，传播中华民族文化的精髓，将我们构建和谐社会的理念与共建和谐世界的胸襟传达给世界。这样我们的文化产业和文化产品才能在立足国内市场，面向国际市场竞争中获得自己的一席之地和应有的市场份额，同时服务于我国的经济发展和外交政策。

（十六）建立创新机制，打造文化产业新的发展空间

要建立一套行之有效的创新机制，鼓励那些有实力、有战略眼光的文化企事业单位推出具有中国传统文化特色和当代精神文化内涵的卡通作品、电子游戏等产品，不断丰富文化市场，为下一代提供丰富多彩的精神食粮，维护国家文化安全，同时探索和打造文化产业新的发展空间。

（十七）积极迎接国际资本和出版传媒跨国集团的挑战

要采取积极有效的应对措施，改变我们各出版集团各自为政显现出的势单力薄的局面，增强我们文化产业的整体竞争实力，以迎接发达国家资本雄厚

的出版业跨国集团的挑战。这也是我国加入WTO以来，从世界一体化市场发展角度必须考虑的重要因素。否则，我们的文化产业将面临来自国际环境的双重压力——不同价值体系和雄厚资本的压力。要尽快使我们的文化产业具有面对国际资本和出版传媒跨国集团的竞争实力和抵御风险的能力，积极主动地保护国家文化安全。

（十八）积极推进转制工作

转制对于发展文化产业、推进文化体制改革具有重要作用。对转制问题存在的两种心态要给予积极引导，完善相关配套措施，既有效推进转制工作，又防止各类倾向的出现，尤其防止国有资产的流失。同时还要区别对待，不是所有的文化事业都可以纳入产业化发展轨道的，国家要对文化事业单位分类指导。对于一些必须由国家承担的责任，不能简单推卸给企事业单位来承担。对于经济欠发达地区和少数民族文化发展，国家仍要给予强有力的财政支持和政策倾斜。

五、抓住机遇，加快出版集团产业化发展步伐

发展文化产业是市场经济条件下繁荣社会主义文化、满足人民群众精神文化需求的重要途径。我们的出版产业，是传播先进文化的重要阵地。肩负着以科学的理论武装人，以正确的舆论引导人，以高尚的精神塑造人，以优秀的作品鼓舞人，大力发展先进文化的重任。要在党的坚强领导下，坚持马克思主义在意识形态领域的指导地位，不断提高建设社会主义先进文化的能力，牢牢把握舆论导向，向人民群众源源不断地提供健康有益、给人以积极向上力量的精神食粮，为促进经济社会和人的全面发展服务。

（一）加强党的领导，建立健全现代企业制度

出版集团作为文化产业，由于其意识形态属性，必须在党的领导下按照现代企业制度要求，结合出版业自身特点，构建党组领导与法人治理结构相结合的领导体制。集团应当实行党组委派制，而不是基层党委选举制，这样可以确保党在意识形态领域坚强的领导地位，全面贯彻上级党组织的意图，平稳推进文化体制改革。这样，有利于在文化产业领域加强党的执政地位。集团党组是集团的政治和领导核心，全面领导集团工作；集团董事会（管理委员会）在

集团党组领导下，管理并组织实施集团的各项工作；党组成员分别进入董事会（管理委员会）、经营班子和监事会，通过交叉任职，履行双重职责，将党组的意图贯彻到企业的决策和经营之中，由此体现“党管意识形态不变”。集团党组管干部、管导向，董事会管决策、管战略，经营班子管生产、管经营，纪检和监事会实施监督和约束，分工而不分心，到位而不越位。要积极总结探索改革和完善党的领导方式、领导体制和工作制度，使党的工作充满活力，确保实现抓住机遇，加快出版集团产业化发展步伐。

（二）继续转变思想观念，深化文化体制改革

发展文化产业，推进文化体制改革，要把深化内部改革同调整结构和促进发展结合起来，尽快建立有利于调动员工积极性，推动文化创新，多出精品、多出人才的管理体制和运行机制。

尚没有转制的出版集团要进一步规范转制，按照现代企业制度运营。根据资产关系、企业规模、经营效益和业务范围等情况，实行整体推进、集约经营、专业发展，实现规模效益。转制后，集团实行全员聘用制，将过去的“身份管理”改为“岗位管理”。“身份”转变将使员工从“全民事业编制职员”变成“聘用的社会人员”，而集团急需的人才可以通过公开招聘充实解决。

不改革没有出路。但要改革，诸如“人往哪里去，钱从哪里来”等一系列难题十分棘手。主管部门、集团领导者和员工都要继续转变观念，齐心协力，上下互动，共谋深化改革大计。主管部门要下决心，全力以赴支持改革，推进改革；集团领导者要科学决策，增强改革的信心，做到思想政治工作到位，社会保障到位、政策到位、感情到位，稳定局面，在资源整合和优化配置上，充分发挥集约化经营的优势，让大家增强对改革措施的认同感；员工要充分认识推进文化体制改革，实行转制绝非应景之举，更非权宜之计，而是文化产业发展的需要。

（三）抓住机遇，加快文化产业发展

国家应当鼓励进一步打破出版集团行政区属发展格局，允许跨行政地域兼并、重组，形成有规模、有品牌、具有强大经济实力和竞争能力的文化产业集团。随着我国国力的日益增强，对于世界经济秩序发挥着越来越重要的作用，中文热正在世界范围内悄然兴起。这正是我国文化产业依托中文这个介质

取得跨越式发展的重要战略机遇期。我们的出版业要紧紧抓住这一千载难逢的战略机遇，做大做强。图书出版、报纸、期刊、影视、网络、电子出版、游戏软件等等在内的内容产业，在确保党的领导下的意识形态和舆论阵地属性的同时，要充分认识其创意经济、内容经济、注意力经济特性，在社会效益第一前提下，在内容和形式上积极创新，不断增强中国特色社会主义文化的吸引力和感召力，最大限度地占足市场空间和份额，实现最佳市场效益。在严格保护知识产权，依法引进各类外版图书版权的同时，出版业要敢于借助伴随我国经济强劲发展之势而来的中文热，致力于扩大对外图书、音像制品和版权输出。在最大限度地实现我国文化产品知识产权价值的同时，进一步扩大我国文化的影响力，提升我国文化产业的竞争力。文化产业也要实施“走出去”战略，争取实现与我国经济比肩发展的态势。

六、结论：进一步解放文化生产力，发展文化产业

发展文化产业，推进文化体制改革，要坚持以邓小平理论和“三个代表”重要思想为指导，全面贯彻党的十六大、十六届三中、四中和五中全会精神，牢牢把握先进文化的前进方向，解放思想，与时俱进。树立科学的发展观，依靠科技进步，深化企业改革，发挥整体优势，积极开拓市场，促进国有资产的优化配置，提高国有资产的运营效益，实现国有资产的保值增值，使文化产业融入经济社会可持续发展的机制。出版集团要把握出版导向，确保控制能力，完善体制机制，强化经营管理，按照社会主义市场经济规律和繁荣社会主义文化的要求，实现社会效益和经济效益的高度统一，促进出版产业更快更好地发展。总之，要继续深化文化体制改革，进一步解放文化生产力，发展文化产业，传播先进文化，弘扬民族精神，为实现小康目标、促进社会和谐、建设中国特色社会主义事业服务。

房改过程中应当考虑的几点问题

房改是一项关系每个人切身利益的大事，从某种意义上说，牵动着社会方方面面的敏感神经。因此，既要务实，又要积极稳妥地推进房改工作；既要有可行性措施，又要有前瞻性思路，这是房改工作正在面临和需要解决的问题。

一、房改工作首先面临的是转变个人观念问题

长期以来，在计划经济模式下，包括企业和事业单位在内，利润上交，住房问题由国家统一计划安排解决，因此形成了个人住房问题一切依靠单位和组织解决，说到底是由国家统包揽的惯性。作为个人，根本不去考虑依靠自己的力量去解决住房问题（作为社会运行机制和低工资制也不允许个人具有发挥作用的空间），久而久之，已经形成了一种特殊的依赖心理和惰性。同时，多年来，在计划经济为主导的社会机制下形成的消费观念，也在某种程度上左右着人们对个人购买住房的消费心理。房改工作首先要解决的，就是这些人们已经形成的社会观念。如果观念的问题不解决，或者解决不好，房改进度和力度势必都会受其影响。当然，关于房改工作的试点已经搞了多年，取得了一定的成功经验，关于全面推进房改工作的酝酿和宣传也已推行了几年，加上政府推进房改工作的决心，已形成了一种有利的社会舆论氛围，对转变人们的观念起到了积极的促进作用。但这些还远远不够，要运用一切媒体加强关于房改工作的宣传教育，包括消费观念的引导。否则，转变个人观念的问题解决不好，房改工作轻则会遇到个人消费阻力，重则会诱发局部问题，对社会稳定构成负面影响。因此，必须高度重视正面的宣传和教育。

二、要考虑社会不同层次消费承受力，根据不同对象，确定不同标准

经过20年的改革开放，国民经济获得巨大发展，城市居民收入稳步增长。但是，应该清醒地看到，居民收入存在事实上的差距。因此，房改工作的推进，一定要切合社会不同层次的消费承受力。一般来说，正在崛起的高收入阶层是完全可以承受纯粹市场化运作的商品房高价位，以及随后的物业管理和各种社区服务消费。对于这个阶层，只要住房选址、建筑面积、建筑质量、小区综合环境等达到一流建设和服务水准，就可以吸引消费。房改工作对于这个阶层，应当侧重于满足消费质量。

中低收入阶层实际上是住房改革面临的最大群体，情况也最为复杂。其中既包括公务员、职员及其他具有稳定收入来源的社会成员。他们当中相当一部分人在由实物分房转为货币分房过程中，会享受国家给予的优惠房价政策及有关补贴，从而一定程度减缓了经济压力。不过从目前来看，这一部分人不会成为住房的主动消费者，他们所属的不同机关和事业单位才是主动消费者，由他们集团购进住房，再以国家给予的各种优惠政策，象征性地二度销售给终极消费者——个人。这一部分人是房改工作稳步推进的承受群体，从观念转变到经济承受能力都相对稳定。但是还有更大一部分人，虽有稳定的收入来源，却并没有在机关和事业单位供职，无法享受国家给予的各种优惠政策和补贴，只能纯粹依靠自己的经济收入面对住房改革，因此，对于商品房价位表现最为敏感。从某种意义上说，这大部分人，才真正是城市住房市场的消费主体，而推进房改政策，尤其是北京市的房改政策出台，要着眼于这个消费主体。建议采取如下几项措施：

（一）解决北京市新建商品房价位下限过高问题

对此，政府要减免和降低有关附加费收费标准；同时，政府采取相应措施让开发商让利。只有新建商品房价位适度下降，中低收入阶层能够承受，住房消费市场才能激活，也有利于全面推进房改工作。

（二）尽快建立完善、灵活的住房贷款机制

手续要简便，尤其对中低收入阶层要提供住房贷款便利。目前的贷款发放方式还有许多非市场因素障碍，不利于激活住房消费市场，不利于全面推进房改工作。

（三）要加强建立首都住房市场运作机制

要使居民购买的住房进入市场流通期限尽量缩短，形成一个使居民可以根据自己不同时期经济状况调剂住房的机制；成立由政府控制的居民住房中介机构，根据市场需求，对居民住房进行差价调换、代为租赁等多项有偿服务业务。

（四）要加快物业管理和提供完善的社区服务

对于房改工作存在一个比较普遍的担忧：购买住房以后房屋修缮、管道疏通等一系列维修服务去找谁？收费是否合理……因此，如何加强物业管理，改变目前房管所在原有计划经济体制下的运行机制，强化服务，合理收费，有利于推进房改工作，也有利于安定民心。

房改工作尤其应当特别关注最低生活保障线以下的居民和困难企业职工、下岗人员。对于解决这一部分人的住房问题，在继续推进“安居工程”外，还应出台一些特殊政策，给予相应的扶持和照顾，让他们住有所居，安居乐业。

三、随着房改工作的推进，应当及时出台相关法律法规，将房改工作纳入法制化轨道

随着房改的深入，新的利益势必会带来新的社会矛盾。比如住房交易、差价调换、租赁等过程中，均会产生许多新的问题需要解决。有些问题仅仅依靠政府行政手段是难以解决的，必须要有相关法律法规作保障。在全国性法律法规出台之前，可先行出台一些地方性法律法规予以规范。社会主义市场经济就是法制经济，随着住房商品化，房改工作应推动加快立法建设。与此同时，公证、公安、检察、法院等机构也应依法为推动房改工作服务。

四、房改工作会带来新的经济增长点，并促进社会稳定

关键在于政府加强促进房改工作的宏观调控，尤其要限制房地产商借房改牟取暴利；房价不能过高，更不能把利税指标过高打入房价中。适度的房价有利于激活住房市场，随之而来的，便是物业管理、装饰材料、房屋装修、家具行业、室内装饰、商业网点、社区服务等诸多市场的兴起，从而提供新的就业机会，同时增加新的税源。另外，水泥、钢材、玻璃等诸多建筑材料的生产销售，建筑设计、施工、市政建设、通信设施等方方面面，以及有关新科技、

新材料的开发应用等，均会被激活，而这一切又意味着新的市场潜力、新的税源，能有效减轻政府面临的财政困难和下岗人员再就业问题的压力，更能让人民群众满意，促进社会的稳定。

总之，房改工作应积极稳妥地推进，目光要放得远一点，不能就房改论房改，简单地理解为只是改变了一种实物分配住房的形式而已，或者是为了激活房地产市场采取的应急措施而已。随着时光的推移，我们会发现，房改工作对于社会方方面面的影响将是十分深远的。

民以房为天?

我作为一名政协委员，去年参加了全国政协组织的几次委员考察活动，去了北京、天津、浙江、海南等地。同时，出于我的本职工作，也去了十几个省、市、自治区的三十几座城市、县镇、农村、牧区。让我感受最深的是，所到之处，人们关心的首要话题就是房价。应当说，这是2010年从共和国总理到平民百姓都在关注的热点。中国人的传统民谚是“民以食为天”，而如今在解决了温饱问题，开始走向小康、富裕之后，似乎这一句话当改为“民以房为天”了。无疑，这是一种怪象。

房地产成为一个畸形发展的行业，经历了它从无到有，迅速膨胀，到爆炸式发展的过程。现在，房地产业已经遍地开花，从都城到边疆全方位被覆盖。而且，所有地方的房地产价格，无一例外地全线上扬。当然，房地产业对于我国社会经济的高速发展做出过历史性贡献，这是不争的事实。但是发展到了今天，由于畸形发展和畸高的价格，也成了社会的焦点。就此问题我在去年的政协会上提过提案和大会发言，在媒体上发过文章。现在看来，这一问题成因很复杂。

官的因素。其实，现行财政体制是房地产价格一路走高、不降反升的最大推手。各地地方财政最稳定的收入来源，是当地的房地产业。各地政府以行政手段集中了土地后，再以市场价格批出土地，这一进一出的差价，就成了巨额财政来源。以GDP增长值来评估社会发展的价值体系，像一个魔掌，一直发威，使房地产价格直线上升。我们清晰地记得，在经历了2008年10月由美国金融危机引发的全球经济危机之后，在2009年，是中国房地产价格翻倍飙升的一年。相信在这一年的GDP增长值中，暴涨的房地产价格也有一份功劳。各级干部的政绩观也是推动房地产价格常涨不消的动力。为官一任，最容易带来眼球效果的是修路建房。于是，为了超前发展市政工程，亟待提升土地价格，提升房价。反过来，上涨的地价房价，成为实现政绩的雄厚资金保障。当然，房地产业也成为一些贪官污吏和不法商人相互勾结、大发横财的最佳途径。在利益驱使下，有些地方甚至发展到暴力拆迁的地步，引起民怨。

民的因素。而老百姓的消费观被误导了，似乎不买一套房住，就不是生活。古老的农业文化，在这里得到了合乎逻辑的延伸。人生来世，不当一回地主，便是白活。于是，有没有能力、实力，借钱举债也得买房。房地产市场呈现空前的买方市场。虚拟的财产观把人的精神吹胖了。自已住着一套房，为不断增长的虚拟价值空高兴。在改革开放初期，万元户还是奋斗目标，现在动不动就可以听见身旁的人喜形于色地表露，自已那套房市值已超百万以上。俨然一个百万富翁。其实，在发达国家也不是人人有一套自购房。只是达到人人有所居。而居住房可以是自购的，也可以是租赁的，当然也可以住政府提供的廉租房……

市场因素。畸形发展的房地产业，使市场投机因素增长，已经严重影响老百姓的理财观，人们把购置房产作为投资和保值增值最佳手段。于是，购房偏离了它满足人的基本需求这一航线。

法律因素。由于我们法律体系的不完善和相关法律的缺失，在依法行政时代，政府面对如此无序的房地产市场，显得无所措手足，不作为也不敢作为。于是，房地产业成了投机者的乐园，避税者的天堂。你要做任何生意都要纳税，唯独购置房地产，不但保值增值，还可以不用纳税，真是一举万得。也由此，贫富差距越拉越大。任何时候，任何国度，因劳动付出和智慧创造的差异，存在着事实上的贫富差距。但是，这种差距不能因为法律的缺失而造成不劳而获的收益差距，使社会的公正性受损。市场经济就是法制经济，相关的法律法规亟待完善。

舆论因素。关于房地产价格这一热点问题上，我们的媒体一度失去公信力，任由房地产商大嘴信口开河，向雄厚的资本献媚。同时，误导社会畸形消费心理，起到推波助澜的作用。

现在，国家开始出台一系列新的政策。我们作为世界上的人口大国，始终不敢忘记老祖宗留下的“民以食为天”的祖训，确保18亿亩耕地底线是根本保障。国家为了有效控制土地，已经收回县一级政府的土地审批权。适时出台房产税，首先在上海、重庆试点。一批城市出台相关限购政策。同时，政府加大了经济适用房、保障性住房的建设力度，不断完善合理的配售方式，调整购房贷款，等等。房地产价格开始呈现缓涨趋降的态势。两会的呼声开始发挥作用，作为一名政协委员，心里略感欣慰。我依然会关注这一热点，继续为此建言献策。

关于北京市水资源可持续开发利用问题的一点思索

北京是一个淡水资源匮乏的城市。据有关资料表明，人均年淡水资源使用量为240立方米，低于世界年人均淡水最低使用量300立方米的标准，更是远远低于发达国家年人均使用淡水1000立方米的标准。

北京又是一座既古老而又年轻的城市，发展步伐日新月异。尤其进入20世纪80年代以来，每年都有成百上千万平方米的建筑落成，它的饮用、供暖、卫生、健身、园林、绿地及消防系统皆离不开淡水资源的支持。北京除了自身拥有1200万人口压力外，每年还有近300万暂住人口，150万流动人口，还有80万外国旅游者。而这种人口增长势头还会延续下去，尤其来自国内外的旅游者会越来越多。所有这些人口都离不开淡水资源的支持：每人每天至少需要消耗一公升饮用水，另外，随着城市住房改造，每家每户每天用于厨房及卫生间（盥洗、洗浴、抽水马桶等）的淡水也在几何级增长。而随着社会经济文化的发展，这一需求趋势会越来越增大。

除此，北京每年工业用水消耗10.5亿立方米，生活用水13亿立方米，农业用水16.5亿立方米，除此，还有园林用水，建筑业用水，旅游设施用水。随着城市绿地的发展，也将成为消耗淡水资源的大户之一。而北京淡水资源地表水和地下水资源每年都在加速消耗，现在，北京地区地下水的埋深从平均11.9米，以年均1.1米的速度在下降。由于自然地理和气候等原因，北京除了夏季雨量充沛，春秋冬基本干旱，缺少雨雪资源补充。另外，由于历史原因，随着北京周围地表水源地生态环境的破坏和失衡，地表淡水资源再生系统并不稳定，甚至潜伏着危机——这并不是危言耸听，而是一个十分严峻的现实问题。除此，困扰我们的还有部分水源遭受污染问题。因此，探讨北京市水资源可持续开发利用问题，提出一些切实可行的办法和措施，并付诸实施尤显重要。就此问题，我谈一点个人思索，仅供参考。

一是北京本地不要再发展矿泉水生产线，北京市场要大批量地引进外地矿泉水，从长远考虑，将有效缓解北京淡水资源匮乏问题，尤其在长江水北引工程付诸实施前，将十分奏效。与此同时，将减轻政府财政负担，增加税收，增加货运，创造就业机会。

二是北京作为北方城市，每年冬季供暖淡水消耗量很大。尤其以往分散供暖，中小锅炉几乎直接采用饮用自来水供暖。应进一步扩大统一供暖能力，同时，可逐步发展电力采暖（现在电力供应已由买方市场转向卖方市场，家用采暖电器呈生产销售两旺趋势，只是由于电价和电路增容费偏高，在一定程度上遏制了冬季采暖电气化发展步伐，这个问题应当引起我们的重视，并拿出新举措予以解决），这样既可以有效利用淡水资源，对治理城市大气污染也十分有效。

三是北京市现在污水处理量为20%，要想进一步扩大污水处理量，仅靠政府的财力是远远不够的，应当允许民营企业、个体经营者、外资进入污水处理行业，并给予一些优惠的财政税收政策，谁投资谁得益，谁经营谁获利。积极培植、开拓和发展污水处理及再利用市场（诸如洗车业、建筑业、城市绿地灌溉等）。

四是积极引进污水处理技术设备，加强对污水处理及再利用的科研投入。

五是大力开发推广节水技术，以立法手段让所有用水单位使用节水设施，让节水龙头进入千家万户。

在世纪之交探讨北京市水资源可持续开发利用问题，我以为既是一个广泛的节水运动，又是一次深刻的社会观念的转变，同时也是一次跨世纪的商机，相关企业将因此获得广阔的市场。总而言之，将造福社会，利在千秋，关键在于要动起来，立即行动起来。

关于解决海淀区六里屯垃圾填埋场异味扰民问题的几点思索和建议

随着北京市民人均收入和消费水平的提高、城市规模的扩展和郊区小城镇建设步伐加快，城市生活垃圾问题已日益凸显。据信，现在北京每年产生生活垃圾530万吨。目前的13座垃圾填埋场无害化处理率达78%，仍有100多万吨垃圾未经处理填埋或堆放。即便是已经建成的现代化垃圾填埋场，也遇到新的问题的困扰。

海淀区六里屯垃圾填埋场作为9950工程，政府投巨资建成，是海淀区目前唯一一座现代化垃圾消纳处理场所。但是，今年夏季以来异味扰民问题突出，附近小区居民反应强烈。据他们反映，在夏日夜里从六里屯垃圾填埋场散发的恶臭能把人们从睡梦中熏醒，严重影响了那一带居民的正常生活。“群众利益无小事”，在“以人为本”的执政理念深入人心、深得民心的今天，我们应当正视这一问题，深入研究问题成因，并采取积极有效措施予以解决。就此问题，浅谈几点思索和建议。

一、海淀区六里屯垃圾填埋场的建设和运行现状

海淀区六里屯垃圾填埋场的建设。海淀区六里屯垃圾填埋场位于海淀区永丰乡，南距海淀镇12公里，西距京密引水渠3公里，占地面积46.53公顷，是在原西六建材工贸公司取土坑基础上建成。填埋区占地面积为357900平方米。工程设计日处理量为1500吨生活垃圾，总填埋高度50米，其中地下26米，地上24米，填埋容量1245万立方米，使用寿命18年。填埋区分一期和二期工程。一期工程141500平方米，1998年10月开始建设，1999年9月25日竣工。是北京市

人民政府为解决海淀区的生活垃圾消纳问题，投资并委托海淀区政府建设的环保工程，也是迎接建国50周年的重点工程。二期工程2002年6月竣工。2004年11月，一期工程地下部分已经填平，启用二期工程。工程前期总投资2.63亿元人民币，加上后续投资已超过3亿元人民币。是我市大型现代化垃圾填埋场之一，每年卫生填埋65万吨生活垃圾（实际日处理1800吨左右），占2005年全市产生生活垃圾总数的12.26%，全部消纳了海淀区产生的生活垃圾。2006年开始，将城镇化以后的海淀区山后地区的生活垃圾也要集中到这里处理，每天将增加400—600吨，全年新增加146000—219000吨垃圾。

垃圾填埋场垃圾处理方式。目前，世界上通用的城市生活垃圾有四种处理方式：一是露天堆放；二是卫生填埋；三是堆肥；四是焚烧。除此，尚没有找到更为妥善的处理方式。第一种露天堆放方式比较原始，容易造成对于空气、环境、地下水资源的二次污染。而堆肥方式首先要解决生活垃圾的分类回收，然后在封闭车间用来堆肥处理，最终垃圾经无害化处理化作肥料变成土壤的味道再做利用。现在，比较普遍采用的是，将生活垃圾进行卫生填埋。对不宜填埋处理的生活垃圾，经过分类回收后，对剩余部分最终做焚烧处理。海淀区六里屯垃圾填埋场属卫生填埋。计划中将在此建一座垃圾焚烧厂，并配套建设一座小型发电厂。

从海淀区六里屯垃圾填埋场一期工程卫生填埋现状来看，应当说比较严格遵守了国家现行管理标准。填埋场采用了国际先进的防水及防渗漏技术，铺设了进口高密度聚乙烯膜。垃圾转运车从五路居运来垃圾，经过地磅过秤，进入指定作业区倾卸垃圾。倾卸后的垃圾经推土机推平为1米厚的平台，由宝马压实机压实为每立方米0.8吨，再进行二次循环。当垃圾单层厚度达2米时，使用黄土和经过破碎后的渣土当日覆盖。覆盖厚度为0.2米。覆盖过程中同步进行喷水降尘、消毒处理。夏季每天还要喷洒专用灭蝇药物进行卫生防疫处理。为了防止白色污染，在填埋区下风口方向，安装了简易防飞散网，由专人负责清理和维护。为解决生活垃圾挤压渗出的污水问题，提高污水利用率，投资1300多万元兴建二期污水处理系统工程，日处理污水350多吨，处理后的污水已达到国家一级排放标准。其中50吨达到中水标准，可以利用。在填埋场周围，布置了8个地下水检测井，每年三次请具有CMA资质的市环境卫生检测站检测。运行5年多来，未发现填埋场地下水质与填埋场投入使用前地下水背景值出现偏离，均为合格。为有序导出沼气，在填埋体中设置沼气收集导管，其间距30米，行距60米，呈品字形排列，以确保每根导管有效收集面在4000平方米以内。沼气经收集导管导出后，排入大气。由韩国投资合建的对一期工程沼气的收集和综合利用项目已进入实施阶段。在国家主管部门进行的全国检查评比中，六里屯垃圾填埋场2002年被评为国家甲级填埋场；2003年通过ISO9001质量管理体系认证；2004年获得英国UKAS证书。

垃圾处理方式带来的新问题。尽管六里屯垃圾填埋场是我市现代化垃圾填埋场之一，但是，今年市政协在网上征集提案线索时，六里屯垃圾填埋场附近小区居民反应强烈。一致反映深受垃圾填埋场释放的异味污染之苦。既影响生活质量，影响心情，又影响工作。小区一些体质较弱的老人和小孩还出现经常呕吐现象。究其原因，六里屯垃圾填埋场消纳的是未经处理的生活垃圾，有机成分多，在填埋一段时间后，会产生大量的气体——沼气，其主要成分是甲烷。甲烷浓度在5%—15%之间极易发生爆炸，对填埋场是一大隐患。每吨生活垃圾产生200立方米沼气。因此，需要用收集导管导出排放。沼气又是一种温室气体，其温室效应为二氧化碳的40倍，对空气破坏力极强。沼气还含有硫醇类、硫化氢、氨等气体，异味严重，对空排放会对周边环境造成影响。填埋区表积污水和作业面水分蒸发也给周边环境带来异味影响。污水处理区在停留和处理过程中也会产生异味。这一切，对周边居民小区造成了影响。尤其，一期工程填平以后，在填埋体中设置沼气收集导管工程刚刚完工，此前局部地表被填埋体中产生的气体顶起，发生自然释放现象。由此产生对周边环境的异味污染和扰民问题。将来，配套建设的小型发电厂投入运行后，沼气可以直接用来燃烧发电，就可以基本免除异味污染扰民问题。

二、附近小区的形成与现状

在六里屯垃圾填埋场一期工程建成并投入使用以后，2002年5月，根据“中关村科技园区总体规划、海淀区北部地区总体规划以及北京市海淀区政府关于‘撤乡并镇’的发展战略”，海淀区北部地区小城镇建设项目——百旺新城项目正式启动。总占地234公顷，规划总建筑面积172万平方米，规划居住人口26700人。整个新城计划用五年时间完成建设。2003年10月，21万平方米安置住宅住户首批入住。2004年新城内新的商品住宅开始建设，百旺茉莉园于2004年11月8日开盘；中海枫涟山庄分期分批于2004年3月13日、2004年6月27日、2004年10月15日开盘。

也就是说，六里屯垃圾填埋场建设在前，小城镇建设项目中的百旺新城几个小区开发在后。当中海枫涟山庄的部分业主在2005年8月入住以后，发现自己用辛辛苦苦积攒的钱购买开发商在这一带开发的住宅，却不承想深受六里屯垃圾填埋场释放的异味污染之苦。坐落于六里屯垃圾填埋场南边永丰路东西两侧的百旺茉莉园和中海枫涟山庄，与六里屯垃圾填埋场的最近直线距离不到2000米（而位于六里屯垃圾填埋场西侧的颐和山庄别墅区，与六里屯垃圾填埋场的最近直线距离甚至不到1000米）。据业主们反映，在夏日里晚上和早上不能开窗户，外面的恶酸馊臭的味道让人窒息，经常被恶臭从睡梦中熏醒。

百旺新城的百旺茉莉园、中海枫涟山庄小区业主大多为在永丰科技产业基地、上地信息产业基地、中关村生命科学园、中关村软件园、清华科技园从业的IT工程师等高端人群（这也是以“IT精英理想居所”为开发理念的百旺新城项目设计者们的初始愿望）。他们知识层面普遍很高，维权意识很强，网络联系密切，对于六里屯垃圾填埋场的相关信息十分敏感。当他们得知在这里还要建起一座垃圾焚烧厂后，又对在未来可能产生的二噁英污染问题抱有深深的疑虑，并对这一项目表示密切关注。

三、问题的成因

通过对六里屯垃圾填埋场实地考察和对周边小区的了解，造成这一现状的原因，是我们相关法律滞后而衍生的问题。迄今为止，尚没有一项上位法或地方性法规明确垃圾填埋场与居民小区之间的有效半径应该是多少米。行政执法部门并没有足够的法律法规依据来限制开发商在垃圾填埋场附近开发和兴建住宅小区。而当业主们购买楼盘最终入住后发现，存在上述异味扰民问题，甚至影响了他们的正常生活。因此，只能找政府寻求试图解决问题的途径。有的业主索性质问，“为什么离垃圾填埋场如此近距离的住宅小区开发立项还是通过了审查？”事实证明，现实再次陷入开发商获取利润之后，由政府来擦屁股的怪圈。

当然，在制定规划或执行规划时，政府职能部门要严格把握，不要自己给自己制造障碍。或者，此一阶段的政策与彼一阶段的政策相抵触。政府相关部门之间应当加强信息沟通，不要由于部门之间的相互隔断，而造成本可规避的矛盾。

如果说上述责任与六里屯垃圾填埋场自身无关的话，那么，以下几点，恐怕六里屯垃圾填埋场应当认真负起责任来。在一期工程地下填埋部分填平后，后续辅助设施没有完全跟上，还存在没有燃烧的气体直接排放问题。尤其在2005年国庆长假期间，由于为了解决一期工程地下气体鼓起地表问题，做了局部揭开释放，但赶上国庆长假，没有及时回填，由此造成更为严重的异味污染。像这样的工作疏忽本该可以避免。

四、解决问题的思路与建议

六里屯垃圾填埋场是一项经过严格规划、耗资巨大、关系人民群众日常生活的重要工程。对在这里发生的新问题应当给予高度重视，并且举一反三，妥善解决。

首先，建议尽快建立健全解决北京市垃圾问题的法律法规体系，明确垃圾填埋场与新建小区之间科学合理的控制距离，并将处理城市垃圾“减量化、资源化、无害化、产业化”的指导方针和措施，以法律形式确定下来，以协调今后将不可避免出现的各方利益诉求。

第二，今后在垃圾填埋场附近如确需建设住宅小区，建议政府有关部门举行听证会，广泛征求市民意见，在法律规定的范围内予以决策。

第三，建议立即缩减百旺新城建设规模，停止后期住宅工程继续上马，不要让更多的人陷入先让开发商获取利润，再找政府来擦屁股的怪圈中来。

第四，建议市政管理部门进一步完善现有垃圾填埋场监控指数标准，提高监控能力，确保垃圾无害化处理。同时建立科学的垃圾填埋场对于城市空气异味污染度指数标准，并定期向社会公布。

第五，建议六里屯垃圾填埋场采取积极措施，采用先进的科技手段，解决异味扰民问题。并且，就异味扰民问题定期与周边小区业主沟通信息，做好解疑释惑工作，取得他们的谅解和支持。

第六，建议市、区两级政府给予积极的财政支持，以解决六里屯垃圾填埋场后续项目建设尽快到位，从而最大限度地降低异味污染带来的扰民问题，消除隐患，确保社会稳定，让一方百姓安居乐业。

从海淀区六里屯垃圾填埋场出现的异味污染扰民问题可以看出，解决好北京的城市垃圾问题，不仅仅是解决环境污染问题，它维系着千家万户、每一个北京市民的切身利益。事实上是全面贯彻科学发展观，走可持续发展战略的重大问题，也是关系构建社会主义和谐社会的重要问题。建议政府职能部门与相关企业齐心协力，采取积极有效的措施，及时解决海淀区六里屯垃圾填埋场所遇异味污染扰民问题，为构建和谐社会做出贡献。

五、题外的话

海淀区六里屯垃圾填埋场自1999年9月25日投入运行，至2004年11月，一期工程地下部分已经填平。运行5年间已消纳325万吨垃圾。据测算，每吨生活垃圾将产生200立方米沼气，每立方米沼气含甲烷60%，325万吨垃圾将产生6.5亿立方米沼气即3.9亿立方米甲烷。有巨大的实用和经济价值。建议即将迎来的奥运会主会场火炬用海淀区六里屯垃圾填埋场产生的沼气（甲烷）替代天然气点燃，既体现绿色奥运精神，又开创在奥运会历史上变废为宝、综合利用的先河。同时充分展示中华民族的伟大人文精神。

桑植与天山

那天，全国政协考察组一行来到湖南桑植，参观贺龙故居和贺龙纪念馆，那一幅幅的图片将历史与现实衔接。我立即给贺捷生大姐打去电话，说我们已经到桑植，刚刚参观完故居，正在贺龙元帅纪念馆参观。贺大姐很高兴，她一再地感谢我们能走到她的家乡，参观故居和纪念馆。我说大姐千万不能说感谢，这是我们应当做的分内的事。

记得20世纪60年代我们的小学语文课本里有一课《两把菜刀起家》，描写的就是贺龙元帅当年如何在家乡以两把菜刀干革命，为打下红色江山泣鬼神动天地的故事。陪同我们的人介绍说，其实，那是两把柴刀，湖南方言故事在传播途中柴刀演绎成菜刀，并最终以菜刀定格。他们曾经在桑植县入口处立起两把菜刀雕塑，后来，来自外地旅游者和客商提出，可否将两把菜刀雕塑收了，不然挺吓人的。于是，为了发展地方经济，他们采纳了这些旅游者和客商的建议，将两把菜刀的雕塑收了起来。但是，那种天不怕地不怕的革命老区精神，成为这一方土地的傲骨和精髓。

我在纪念馆看着一组组珍贵的历史照片，在一组照片前停了下来。那是1965年10月1日，贺龙元帅率领中央代表团出席新疆维吾尔自治区成立10周年庆祝大会，并代表党中央、国务院致辞。10月9日，在和田地区与维吾尔农民在一起的照片。其实，在这期间，贺龙元帅带领代表团飞临伊犁，我当时是伊宁市第十五小学五年级学生，我们学校组织全体高年级的同学来到机场路上夹道欢迎中央代表团一行。那是一片彩旗和鲜花的海洋。机场路两边不像现在挤满了建筑。那些在春天里我们植下的树苗，已然成活，长出满枝条的树叶。但是仅此而已，眼下尚不能成为树荫庇护我们。十月的伊宁依然绿树葱茏，阳光强烈。我们在清晨的阳光下遥望着机场方向，期待着那只银燕飞临。马路对面就是长满了菖蒲和芦苇的水洼（现已不复存在，俨然成为群楼丛林），当地人把它叫作塞斯坑——源自维吾尔语se sikh kol——臭水湖谐音，在暑期里，只要晴天，几乎每天下午都要被中小学生塞满，在那里游泳取乐。此刻，随着日头爬高，浑身晒得热了起来，真想跳进那边的水洼游泳，驱赶身上的热气。但是不能，我们今天的任务就是欢迎贺龙元帅一行。

那时，时兴敲锣打鼓夹道欢迎，手捧鲜花，打着彩旗烘托气氛。当创建共和国的传奇英雄贺龙元帅带领的中央代表团成员车队，从我们这些少先队员队列前缓缓经过时，我清晰地看到贺龙元帅在向我们热情招手，我们的队列前没有现在那种隔开的人墙，或执勤的军警，我们的视线可以直接相遇。我们所能做的是，尽情地欢呼：欢迎欢迎！热烈欢迎！

后来我才得知，当时贺龙元帅一行带来珍贵礼物是由南京半导体收音机厂生产的熊猫牌半导体收音机。我曾在1969年冬天的中学生拉练中（而在此时，贺龙元帅已于1969年6月9日被迫害致死），在途经伊宁县红星公社听取盲人贫下中农代表、学习毛选积极分子司马义在为我们忆苦思甜时，脖子上就挂着一个由棕黄色牛皮封套包装的熊猫牌半导体收音机。他不无炫耀、更是真诚地向我们举起那个熊猫牌半导体收音机说，这是当年自治区成立十周年时，中央代表团赠送给我的，我现在每天都通过它听来自党中央的声音。他打开收音机开关，即时给我们放一段中央人民广播电台的播音，他本人其实不懂汉语，但是脸上笑容灿烂，他不无自豪地说，听到了吗，这就是来自北京的声音，通过它，北京和边疆的距离拉近了。后来，我插队来到红星公社，还担任过红星公社党委通讯干事，不止一次接触过这位司马义大叔，他很为当年中央代表团赠送给他的熊猫牌半导体收音机自豪和骄傲。

多年以后，当我向贺捷生大姐讲起这一幕时，她很高兴，她说，其实当年自己应该和父亲一起去新疆的，尤其应该去伊犁，因为她的母亲蹇先任60多年前（1942）从前苏联回国，在跨过霍尔果斯口岸桥之后，首先踏上的就是这片土地，随后被当时的新疆军阀盛世才扣留，押送到乌鲁木齐软禁起来，长达八个月之久。贺大姐说，在那段期间，母亲交了不少维吾尔族朋友，向他们了解民族风情，学习手工艺，也向他们学习婉转别致的民族语言。作为一个知识女性，母亲在学习方面既有天赋，又是个极为细致和认真的人。向维吾尔族朋友学习语言时，她不仅把维吾尔文一笔一画地描摹下来，而且还用汉字标注读音，又在旁边加注相关内容。这样的笔记，她足足记了多半本。当她离开新疆时，差不多能和少数民族朋友进行简单的对话了，这为她在滞留阶段从事群众工作带来不少方便。作为伊犁人，我第一次听闻这段感人至深的故事，我对贺大姐说，您应该亲自去一趟伊犁，感受一下那边的地理地望、风土人情，将您母亲的这段故事讲述给天下听。您无论写成散文或随笔，请先给我，我在《中国作家》首发。贺大姐欣然应允，并在来年夏天亲赴伊犁等地，亲历她父亲母亲走过的那片土地，写出了绝美散文《父亲的天山，母亲的伊犁》，我是于2011年1月17日签发到2011年第三期《中国作家·文学》版刊发的。此文一出，产生了巨大的反响，首先荣获“第五届《中国作家》鄂尔多斯文学奖”，“第六届鲁迅文学奖”接踵而至，于是，各种文学奖项纷至沓来。

贺捷生大姐出生在红二、六军团的大本营桑植南岔村冯家湾。在她出生第18天，即1935年11月19日，红军的三大主力之一，八个月后改编为红二方面军的红二、六军团，从桑植刘家坪开始长征，追赶一年前已经长征的中央红军。由此，贺大姐成为最年幼的长征亲历者。她不仅是元帅之后，共和国将军，同样是一位优秀的军旅作家。她自己坦言，沿着父辈的足迹走一走，缅怀他们的业绩，正是她晚年最想实现的愿望。这些年来，贺大姐为我们讲述了一系列红色故事，而被网友留言“看得让人热泪盈眶”的散文《父亲的桑植——谨以此文献给父亲贺龙》，讲述了贺龙元帅从1916年用两把菜刀芭茅溪起义，到南昌起义失败后，1928年2月初，赤手空拳回湘西举行“年关暴动”，直至1935年长征以后摄人心魄的故事。当然，她在讲述桑植与父亲的故事的同时，也为我们描述了父亲的天山，母亲的伊犁，倾诉伊犁是几十年来萦绕在她心里的一个梦，就像一声召唤，总在她的灵魂中催促启程。

而在此时，我们走出贺龙纪念馆，在伟岸的贺龙元帅铜雕前合影留念。远处传来鼓乐声声，桑植白族风情表演遥遥期待着我们的到来。

海河名片

那天早上下着小雨，我们从全国政协分乘两辆丰田中巴赴天津考察。我们是二号车。同车的还有关牧村、安阿玥、金宴生委员和工作人员。其他几位委员相互都很熟，关牧村却是第一次同行。当然，对于出自天津的这位歌唱家，大家再熟悉不过了，很尊敬她。

车出了北京上了京津第二高速。辞别了拥堵的车流，视野一下开阔起来。关牧村从前排回过头来问我：您是哪个单位的？我给她递去名片。她说，哦，你是哈萨克族？我知道哈萨克族。

我就对她说，您唱过许多少数民族旋律歌曲，其中《吐鲁番的葡萄熟了》影响很大，这些歌都是施光南谱曲，可惜他走得太早了，才49岁。

她说，是的，施光南是个奇才。他从巴基斯坦访问回来，根据印度次大陆和巴基斯坦音乐素材，创作了一部歌剧，在家里用钢琴弹给我们听，简直美妙极了。可惜还未来得及落在纸面上，他就走了。她爱人后来见了我就说，你看多遗憾，那部歌剧和他一同永远走了。

我问她，那歌剧叫什么，定名没？她说叫《吉普赛女郎》，音乐美妙极了，一定会轰动的，可惜他带走了。

我说，这是一篇小说。她点点头。

我说，从七十年代末走来的作曲家中，也许是我个人偏爱，只有施光南和谷建芬作的曲子最好听。她也表示赞同。

我说，从某种意义上说，一个成功的作曲家只为一个歌唱家作曲。

她说，就是的，施光南为我作了《吐鲁番的葡萄熟了》《月光下的凤尾竹》《请到青年突击队里来》……

于是，在我的耳畔便有记忆的旋律回响起来，尤其是《吐鲁番的葡萄熟了》那一声“哎……”那一段舒缓柔美的旋律，充满了抒情的意韵。

现代畅达的交通使北京和天津的距离缩短了，在对音乐的谈论中我们便到了天津。

我们先行参观了天津市规划展览馆。应当说，这是一座新馆，里面的布局、展览设计比我之前参观过的一些城市规划展览馆更为完善、合理。尤其城市整体规划展，除了市容全貌沙盘模型，还做了分区沙盘模型；除了现在已经建成的城市道路和建筑群落外，还有已经规划好的远景建设项目模型和十二五规划蓝图。这一切让人看着 ·目了然，顿生美意。正如天津市政协陈质枫副主席后来介绍的，此馆是在他们参观了北京、上海、重庆等城市规划展览馆后建立的，所以吸收了它们所有的长处，规避了短处。从这座规划展览馆便可以看出天津的发展步伐和未来前景。虽然天津的建设起步比其他沿海城市要稍晚些，但是后来居上的气势已见端倪。显然，有时晚有晚的好处，你可以吸取前行者的成功经验，这是一种意外财富。陈质枫在到市政协任前是天津市副市长，主抓市政建设，他对这里的一切如数家珍，他的介绍也让我们耳目一新。有趣的是，在他副市长任内拆了3000万平方米旧房，于是得了一个外号叫“陈大拆”。2010年天津同时在建的大型项目就有900多个，投入资金18900亿元。为了改善天津的人居环境，甚至已经铺就一段人工海边沙滩——天津的海滩原来是砾石和泥淖。科学发展和以人为本理念，充分体现在这里。而他们对文化艺术的推崇更令人感动。自规划展览馆门前起，就不断地有人认出关牧村，她也有熟人，在不断地热情打着招呼，很是亲切。在馆内参观时，也不断有人认出她来。这就是艺术家的魅力。连“陈大拆”副主席见到关牧村第一句话，便是紧紧握住她的手说，关老师，您是天津人民的骄傲！那种由衷之情溢于言表。

出得规划展览馆，关牧村建议在附近的意大利风情街走走。这里有很多酒吧，摆着很多露天座位。太阳伞一个个无精打采地立在那里。这会儿天阴，如果晚上无雨，这里一定是个热闹的去处。每个酒吧在临街处码出一堆堆的五公斤装铝制啤酒桶，但是至少眼下无人问津。我们很快绕了一圈返回车上。关牧村说，她在这里两家酒吧吃过饭，但她也不知道哪家的牛排做得最好。她问陪同我们的天津市政协和民委的人，他们也说不太清楚。

下午，赴空客A320飞机总装厂参观。这是一个宽大的双线组装厂。比我们前年参观过的上海飞机制造厂车间还要大。机身、发动机等重要器件均从德国海路运来，然后在这里订单装配生产，同时可以组装六架飞机。首先是在尾翼喷上该航空公司的标志。我们看到有一架飞机是东方航空公司的，有一架是南航的，还有两架正在初装，还没有看到尾翼。看上去有庞大的机头和机尾两大部分，再由此组装焊接成一个机体。之后装上翅膀，再送到喷漆车间去整体喷漆。

走马观花，匆匆看完空客A320飞机总装厂，便来到东丽区幺六桥回族乡。我们此行目的就是考察少数民族企业。首先参观了他们的金桥工业园区。其实，空客A320飞机总装厂、天津航空港和航空产业园区占用的就是幺六桥回族乡的土地。所以，他们依托航空港，做起了自己的工业园区，把贵州精工和日照辐射两大企业合资招徕这里设厂，生产航空航天器材零配件。事实上他们的发展远远超出了我们的想象——完全是现代化的大型企业集团。这个乡已基本实现城镇化。失地农民被航空港和他们自己的工业园区吸纳。原来的平房也被拆迁改建为楼房，农民基本入住楼房。我们参观一个紧挨清真寺的回民村楼区，一群群老人坐在那里纳凉聊天，颐养天年，很是安详。

晚餐安排在和平食品街鸿起顺清真饭庄——当然，这也是天津市的传统少数民族企业之一。中国伊斯兰教协会会长陈广元大阿訇是我们考察团的副团长。他的到来，让这家清真饭庄员工感到很是荣光。其实，天津的清真餐饮很出名，北京的鸿宾楼就是20世纪50年代在周总理的亲切关怀下从天津迁入北京的，现在在京城依然独领风骚。

晚上，游览了让每一个天津人引以为自豪的海河夜景。关牧村说，自己虽为天津人，她也未曾游览海河的新夜景，便与我们一同游览。

海河有十九座桥，平均每座桥间距800米，每一座桥都有自己的故事。但是，现在开发出来可供游船游览的是9座桥。游船航行在海河水面，两岸的夜景美不胜收。一座城市，因了一条河便会充满灵气。海河便是天津的象征。而同船的“陈大拆”副主席却说，海河的名片便是关老师——关牧村。显然，天津人深深懂得文化艺术的真正魅力所在。这座城市也涌现过许多享誉海内外的文化名人和艺术家，而文化艺术才是一个城市的灵魂。

随感·报道

政协感言

生命的情感　特殊的体悟

我在北京市政协从第八届开始到第十届，履职15年；从第十一届开始，在全国政协作为委员继续履职，可以说，我生命中20多年的岁月，是伴随着政协度过的，我对政协充满生命的情感，也对政协有着特殊的体悟。

1993年，当我第一次迈入北京市政协时，一位老委员给我们这些新委员讲述他的经验。他说，什么叫政协委员，什么叫履职，那就是"说了也白说，不说白不说"。

这是我第一次听到关于政协的零距离论述，的确有点震撼。大约两年后，又是这位前辈，在讲述政协作用时加了一句："说了也白说，不说白不说，白说也得说。"

后来，我又听到新的一句补充："说了也白说，不说白不说，白说也得说，多说不白说。"在这些顺口溜的发展完善进程中，我充分感受到了时代发展的步伐和人民政协在我们日常生活中的作用。

我在北京市政协履职期间，提交和参与提交过284件提案，其中成为国策立法实施的有《关于制定禁止在公共场所吸烟法规的提案》（1995年）、《关于建议逐步实施电采暖取代燃油燃煤等传统采暖方式的提案》（2000年）、《关于取消停车泊位证的提案》（2000年）……

在成为全国政协委员之后，五年间我提出了50多件提案。2009年的十一届二次会议期间，我提出的《关于建议人民网"中国共产党新闻"专网增加维吾尔、哈萨克文网页的提案》很快得到答复并落实，自2009年7月1日起维吾尔、哈萨克文网页正式推出。应当说，这是我在全国政协委员任期，包括此前在北京市政协委员三届任期内办复最迅速的一件提案。

2010年，我提出《关于建议人民网蒙古文、哈萨克文网页增加基里尔字母转换页的提案》，这一提案也很快得到回复和落实。因哈萨克文软件在由阿拉伯（加维）字母转换为基里尔字母方面相对成熟，得以率先落实。

十二届政协以来，我又提出了几十件提案，这些提案已经落实或正在落实过程中。

我想，作为一名政协委员，在人民政协成立65周年诞辰来临之际，应当积极参政议政，建言献策，为建设美丽中国，实现“中国梦”履职尽责。

几件提案经历的启示

作为政协委员，参与提案是参政议政的重要方式之一。我在作为北京市政协九届委员期间，先后提了五十多项提案。虽然不是提案最多的人，但现在回过头来看，提案内容涉及面比较广泛，也是自己作为政协委员履行职责的具体体现。这首先得感谢政协这个大家庭，为我们提供了参政议政、接触社会的广阔舞台，使我们的视野更加开阔，感受和考虑问题能够更加客观、冷静，所提出的问题更加准确，解决问题的建议更具有可操作性。

五年的时间就要过去了，现在回想起来，有很多事历历在目，的确使人难以忘怀。

说来有趣，我所提案关注的问题小到一个路口的井盖。

海淀区太平湖路口有一口井盖由于突出路面四十余厘米，冬天赶上下雪天，居然成了交通路障，一些驾车族新手手潮心慌，车轮一滑，车身横亘在井盖旁，道路一下为之堵死，长长的车龙阵便蜷伏于此。其实探根究底就是这么一个小小的井盖惹的祸。而这个被人们熟视无睹几近忘却的井盖，突兀于路面已躺了多年。接办我的这份提案的海淀区市政管理委员会的工作人员，在今年三月初不出三天就予以落实——查明那是一口电信井，由于前些年道路改造后形成突出路面的现状；而电信局也立即派人施工，削平了这个井盖。现在，这个路口少了突兀于路面的井盖，交通变得顺畅多了，自然人们的心情也会变得顺畅。

当然，作为政协委员，我们的目光不只是停留在这些看似琐碎的小事上，也从不同的角度关注着事关市民百姓日常生活和与北京市经济、文化、社会发展相关的宏观问题。由于在从社会主义计划经济向社会主义市场经济过渡的社会转型期，受利益驱动，在我市一度出现违章建筑蚕食绿地的现象；同样受利益驱动，房地产开发商随意加密楼座现象也时有发生。而在这时，我们原有的法律法规却显现出其相对的滞后性，对此类现象难以规范和约束。要根治这些现象的存在，除了行政命令，根本的是要有一套完善的社会机制：要完善原有的法律法规，适时推出新的法律法规，严格执法，不断加强法制建设。着眼于此，我曾先后提出“关于补充修改《北京市城市绿化条例》的提案”（市政协九届一次会议提案，1998年）、“关于城建部门应当监督开发商严格执行有关城市规划法规的提案”（市政协九届二次会议提案，1999年），引起有关部门的重视和好评。

北京作为正在欣欣向荣地发展着的国际大都市，充满蓬勃向上的朝气和生命力，对于每一位具有敬业和献身精神的人、对于每一位勤奋的劳动者，她都提供公平的发展机遇。但是，不可否认的是，城市交通、水资源问题和空气污染问题同样困扰这座古老而又年轻的城市。作为一名普通市民，我既为她所取得的每一步新的发展而自豪，同时又为她所面临的困扰而焦虑。于是，我便对这些问题自觉关注，这些年来提出一系列有关改进城市交通状况的提案和建议，还提出了“关于节水工作应从小处抓起的提案”（市政协九届二次会议提案，1999年）、“关于建议逐步实施电采暖取代燃油燃煤等传统采暖方式的提案”（市政协九届三次会议提案，2000年）。基本都被有关办案单位采纳。每当自己的一项提案被落实，一项建议被采纳，并由此在某一个路口交通状况有了细小的变化，我便感到一分由衷的喜悦——作为一名北京市民，我在为这个城市的今天和未来做了一件该做的事，作为一名市政协委员，尽了一分应尽的责任和义务。

不过有时也会遇到一些尴尬和无奈。有些问题以提案的方式提出后，办案单位非常重视，他们雷厉风行，提出了解决问题的一整套切实可行的措施和步骤，答复的结果非常令你满意。而且，至少在当时看来似乎问题也得到了初步的遏制和缓解。但随着时间的推移，你会发现，其实那个问题没有从根本上得到解决，你依然会随时随处都可以碰到此类问题正在继续发生。

比如我在市政协九届二次会议（1999）的提案，“关于解决公交车违章行驶的建议”所遇就是这样一种情况。即使在今天，仍然会常常遇到公交车违章行驶的问题存在。但这并不意味着办案单位不认真，或者他们的措施不得力，而的确是由一系列复杂的因素构成的。比如与我们的城市道路通行状况有关；与具体单位内部特定的量化管理制度有关（规定在单位时间内必须往返起始站——当然任何一个单位不能没有相应的制度——而道路状况又是瞬息万变的，公交车驾驶人员顾不得其他只有匆忙赶路）；与公交车驾驶人员的自身守法意识有关；还有，当一位交警在交通高峰期看到公交车违章行驶依然熟视无睹时，他是想让十字路口保持最大限度的畅通（公交车庞大的车身很容易堵住路口），另外，也许他最难面对的是满车急匆匆赶着要去上班、上学抑或赶回家里的乘客的情绪……

显然，公交车违章行驶问题的存在，并非不是大家不正视它，所需要的是耐心和新的探索。还有，需要全社会守法意识的普遍增强。到那时，这个看似简单而又复杂的问题自然会迎刃而解。

我在作为九届市政协委员期间，提案解决的最大一宗问题，是打通朝阳区东土城路南段瓶颈（这是一个自1976年以来遗留下来的老大难问题）。这个提案最早我提出来没能得到解决，后来，我和李小林委员一起再次提出，仍然没有得到解决。其实，一项提案的落实与否，从表象看，似乎与一个单位、一个部门的工作作风有关，乃至体现为那个具体单位和部门的党风建设问题。但从深层次去看，却有许许多多的不确定因素在左右着，有时甚至起决定性的作用。不过，作为政协委员，只要是认准了的问题，就有责任、有义务要反复提出，相信会促成最终解决。

于是，第三年我和李小林、高文杰委员又一次提案。最后陈广文主席亲自实地视察，才促成这个拖了多年的问题得到根本解决。据信，市政府为解决打通朝阳区东土城路南段瓶颈问题，用了1740万元。现在，这里已成为衔接二环路的一条干道，的确最大限度地方便了市民出行，造福一方百姓。

“闲事”不是小事

我在北京市政协当了15年委员，也做了两届全国政协委员，逐渐养成了一个好管“闲事”的习惯。平常人可能都觉得多一事不如少一事，但做政协委员不能这样。我好管的“闲事”里，比较多的是普通老百姓最苦恼的身边事，比如去年我关注的城市马路牙子太高造成群众停车难的问题；还有一些是大家通常不太关注或关注不到的事，比如在天安门广场国旗升旗台侧附国歌《义勇军进行曲》五线谱歌词铜牌的问题。

“管闲事”是能管出成果的。2015年6月1日起，被称为“史上最严”的《北京市控制吸烟条例》开始实施。这是1995年我在北京市政协八届三次会议提案《关于制定禁止在公共场所吸烟法规的提案》（第13-406号）延伸的结果。最近国家卫生计生委介绍，公共场所控制吸烟条例已列入国务院立法计划。20年前的提案终于从地方立法得到国家层面的支持，我感到很欣慰。虽然政协委员提案的落实有时可以立竿见影，有时需要假以时日，但无论如何，这些提案能对社会进步发挥一点作用就好。

“闲事”不是小事，要用提案的方式扩大它的影响，从而更好地推动问题的解决。2015年，我在十二届政协三次会议上提交了《关于在天安门国旗升旗台侧附国歌〈义勇军进行曲〉五线谱歌词铜牌的提案》《关于降低城市马路牙子，增加停车位的提案》《关于进一步加强知识产权保护的提案》《关于少数民族人名汉字规范问题的提案》等一系列提案。

其中有的提案很快得到了落实，并且引起社会反响。比如我在提案中关注的“琼瑶起诉于正侵权案”这件“闲事”，历时19个月，最终以琼瑶胜诉，“《宫锁连城》被处以禁播，于正赔偿琼瑶500万元，并在公开媒体刊登致歉声明”落下帷幕。那种一度在利益驱动下，剽窃者可以有恃无恐，出版者可以熟视无睹，播出者也可以装聋作哑——似乎形成某种亚链条，成本低廉、风险不大，常常可以不承担任何责任的侵权状况开始有效扭转。我想这是这份提案对我国创新事业健康发展起到的一点积极的促进作用。

老百姓身边的琐事是最值得关注的。随着我国进入汽车社会，在北京这样的大城市里，困扰每一位驾车者的是停车难问题。在汽车的发源地德国，城镇基本没有马路牙子，所以机动车停车十分方便，随时随地往马路边上一靠就可以停下来。而我们的马路牙子都在二十厘米以上，一般家用小轿车根本停靠不上去。一方面我们的马路牙子高耸着拒绝车辆停靠，一方面政府又在为缺少停车位而感到困扰，普通驾车者更是为停车位而烦扰。他山之石可以攻玉，其实，借鉴一下别人的成熟管理经验未尝不可。停车位问题看似琐事、闲事，但对老百姓来说却是一件大事。我最近几年连续在全国两会上提此提案，获得了不少关注，相信终归有一天会得到有关部门的重视，能够接纳我的建议，降低马路牙子，让城市平添N多车位，让市民获得停车便利。

国歌是一个国家的象征，《义勇军进行曲》是爱国主义的主旋律，是国家尊严的形象符号，但是为什么很多场合都缺少国歌的标示，特别是在天安门广场，有人民英雄纪念碑、有国旗杆、有每天的升国旗仪式，但是却没有国歌标示。于是我在2014年、2015年连续两年提了《关于在天安门国旗升旗台侧附国歌〈义勇军进行曲〉五线谱歌词铜牌的提案》。

这项提案得到了有关部门的高度重视。提案结办单位天安门管理局接到我的提案后，十分投入，做了大量细致的工作，试图落实我的提案。但是，最终还是遇到了一些具体障碍。比如，天安门管理局只是北京市政府的派出机构，天安门又属于特殊地区，在这里增设任何标志物，天安门管理局都无权决策，决策权在更高的中央一级机构。但更为重要的是，我们只有《国旗法》而无《国歌法》，因此又出现了法律掣肘的怪象。

即将到来的两会上，我会提交一份提案，这也是我去年就提过的《关于建议修订〈国旗法〉为〈国旗国歌法〉的提案》，因为只有将国歌纳入法律确保的地位，才能实现将国歌《义勇军进行曲》用铜匾（用五线谱做出，标明词曲作者姓名）镶在天安门国旗升旗台底座侧面，使其成为天安门地区一个新的景观和爱国主义教育的重要内涵之一。

过去有群众调侃政协委员“说了白说”，但从我这么多年当政协委员和管“闲事”的经验里，得到的一个感受就是“多说不白说”。我确信总有一天，《义勇军进行曲》的铜匾会树立在天安门广场最恰当的位置。

面对新形势，破解新课题

——我当委员这一年随感

2010年即将过去。我作为全国政协委员，回顾这一年来参政议政、履行政协委员职责，颇感欣慰。我提过一系列提案，得到落实和圆满答复；写过关于房价问题等文章，引起社会关注；对有关牧区生产发展中一些存在问题提出积极建议，引起媒体广泛关注。当然，令我印象最深的是，参加了由全国政协民宗委组织的关于加强对进城务工经商少数民族群众服务管理问题等专题调研，赴北京、天津、浙江、海南等地实地考察，使我开阔思路，收获颇丰。

我国作为最大的发展中国家，在经济获得腾飞、经济总量跃居世界第二位的同时，人均指数依然位于世界平均发展水平下限，我们同样面临在发展中国家遇到的一些问题，比如大量的流动人口涌向大中城市和经济发达地区。两亿农民工在全国各大、中城市流动，在沿海发达地区，甚至流动的步伐已经遍及乡镇。而其中进城务工经商少数民族群众已经达到两千万。他们在迈入城市，走进沿海经济发达地区的同时，也将各自的生活习俗、民族文化、特殊生活需求一同带入当地。由此，对流入地各级政府提出了新课题——人口流动正在带来一场深刻的社会变革。它对我们的上位法与下位法的衔接、财税体制、户籍制度、就业服务、劳动保障、宗教活动、子女入学、计划生育、医疗保障、经营场所、法律咨询、司法救助、帮危扶困、餐饮、丧葬等诸多方面带来新的需求和挑战。不作为或简单推责、花钱买平安已远不能适应新的需求。各地都在积极适应新形势，探索新的服务和管理方式和机制。

比如沿海发达地区之一的浙江省也是人口流入大省，特别是进入新世纪以来，流动人口总量持续攀升，年均增幅接近20%，流动人口与全省常住人口比例已接近1∶3，近两千万流动人口几近全国流动人口的十分之一。他们已经成为浙江省社会、经济、文化发展中一支不可或缺的重要力量。其中少数民族流动人口近二百万。他们相当一部分是自发或有组织的劳务输出，主要集中在制造、采掘、建筑等行业从业；还有一部分是经商人员，主要从事民族特色餐饮和小商品经营；第三类是无固定居所和职业的流动人员，主要是季节性流入的小商小贩。这个相对庞大的群体在远离家乡、流向这些经济发达地区的同时，也加速和提升了各民族文化的沟通与交流，开阔了视野，提升了劳动技能，增强了对伟大祖国、对中华民族、对中华文化、对中国特色社会主道路的认同，在增进互信、促进民族团结方面发挥了重要作用。

随着我国劳动力需求状况变化和工农业生产发展以及城市化进程加速，进城务工经商的少数民族群体规模将继续扩大。这是我国城市社会结构的新变化，民族关系的新情况，社会服务管理的新领域，也是维护和保持社会和谐稳定的新挑战、新课题。令人欣慰的是，流入地党委、政府高度重视民族工作，针对新形势、新情况，不断加强和完善对进城务工经商少数民族群众的服务管理工作。他们普遍站位高，主动加强引导，帮助务工经商少数民族群众融入城市。流入地城市通过降低办照门槛、简化手续、减免税费等方式，帮助少数民族群众在城市立足。与此同时，流入地城市在建立健全相关工作领导机制、协调机制、责任机制、矛盾纠纷预防处理机制等方面进行积极探索和实践，并不断完善工作网络，为做好相关工作提供组织和制度保障。流入地城市不断强化服务意识，注重服务，积极维护少数民族群众的合法权益，做了很多工作，创造了许多好经验。大力开展民族团结进步创建活动，积极化解矛盾纠纷，维护城市稳定与和谐。

当然，由于我们面对的是全新的形势，过去行之有效的属地管理机制正在面临新的挑战，在流动人口服务管理方面立法滞后不容忽视。面对新形势，亟待破解新课题。进一步加大经济发展方式转变和经济结构调整力度，提高经济发展的稳定性、协调性、可持续性，为深化户籍制度改革、改变城乡二元结构、提高城市社会保障水平和覆盖面、推进城市公共服务均等化奠定坚实基础。以人为本，对流动人口包括进城务工经商少数民族群体提供更多的生存与发展空间，进得来，留得住，做好人性化服务，让他们共享改革开放的成果。

对于特约监督员工作的几点感受

市政协通过选派政协委员作为特约监督员参与政府行政执法部门的民主监督工作，是一条十分有效的途径。对于促进社会主义民主建设，充分发挥政协委员参政议政作用，加强特约监督工作，起到良好的作用；对于加强廉政建设，改变政府行政执法部门窗口单位处在社会转型期一度下滑的工作作风，提高服务意识，树立政府总体形象，起到了积极的促进作用；对于及时反馈群众的呼声，增加政府与人民群众之间的沟通渠道，及时消解矛盾，促进社会稳定，起到了不可替代的作用；同时，对于提高政协委员自身综合素质，提高参政议政能力，也提供了一个很好的参与、学习、实践和锻炼的机会。实践证明，这一做法行之有效，应当继续坚持和完善。在今后的特约工作中如何发挥民主监督作用，我以为如下几点值得重视：

一、研究新情况，发现新问题，及时调整、确定民主监督重点

通过几年来的民主监督工作，我市行政执法部门窗口单位的行风有了明显转变，群众对此已有切身感受，舆论反映良好。

1995年，当我们第一次参加由市纪委、市监察局组织的市公安局行风评议工作时，听到的尽是对市公安局窗口单位的批评："门难进，脸难看，话难听，事难办。"应当说，这是对当时市公安局窗口单位行风的真实写照，群众对此很有意见。那时候，市民进派出所办理正常的户口迁移手续，会遇到很多意想不到的困难；企事业单位法人报案，有时可能还会遇到索要相关"办案费用"问题；办理因私出国手续繁杂，时间漫长，托人之风比较盛行。凡此种种，我们记忆犹新，也使各级领导深感压力，由此引发廉政隐患，也引来群众

的强烈不满。

在我作为特约警风监督员参与市公安局特约监督过程中（我还曾受聘于市政府纠风办行风评议监督员，现在还是市文化局文化市场监督员），亲眼目睹了市公安局几届班子在市委市政府的领导下，投入精力，真抓实干，狠抓廉政建设，硬件软件一起上，大力改进窗口单位行风建设，初见成效的过程。市公安局班子对特约警风监督员这支队伍和他们的意见十分重视，警风监督员对促进窗口单位行风建设发挥了积极作用。现在，市民办理户口已变得容易，法人报案不会再受索要所谓“办案费用”的困扰，因私办理出国手续也变得十分便捷等等。应当说，行风建设取得了阶段性成果，看得见，摸得着，群众对此满意。随着今后推行警务公开制度，窗口单位的工作还会上一个新的台阶。

但是，随着时代和社会经济、法制建设的进一步发展，原有的问题解决了，新的问题还会出现，人民群众也会不断提出更高的服务要求。因此政协在推进特约民主监督工作中，要适时会同有关部门，不断研究新情况，发现新问题，及时调整、确定民主监督重点。这样才既有利于巩固已经取得的阶段性成果，又能将民主监督工作进一步推进，使行政执法部门的行风建设有一个新的发展。

（新的热点之一：比如，随着我市机动车保有量的逐年增加，以及城市道路的快速发展，交通问题已成为社会关注的新热点。交警队伍的执法水平也随之自然而然地引起社会广泛关注。尽管公安交通管理部门做了很多深入细致的工作，拿出了很多新的措施，但如何科学地管理好这支队伍，仍显得日益突出和重要。）

二、特约监督员要不断学习，努力提高自身素质，才能更好地发挥民主监督作用

这些年来，在参与民主监督过程中，我切身感受到特约民主监督员们都十分辛苦，表现出高度的责任心和自觉性，他们都有各自的本职岗位和工作，参与民主监督工作，意味着一份额外的付出。同时，可能还要冒着得罪人的风险，从常人来看甚至可能是一件得不偿失的工作。但是他们都无怨无悔地热情参与了这项利党利国利民的崇高工作，奉献了他们的一份热情、一份智慧、一份责任，敢冒风险，知无不言，言无不尽，直言不讳。对于推进我市的民主建设付出了心血，做出了贡献。他们是一批可敬的人。

但是，从客观角度来看，特约监督员往往从不同行业、不同岗位上走到一起，共同参与民主监督工作，由于每个人自身阅历的不同，自然而然地带来各自的局限。比如对于一个问题，在表现出一种难能可贵的敏感性甚至是敏锐性的同时，有时难免附带着某种认识上的偏颇乃至偏狭，以致有时会影响准确地实施民主监督和正常发挥民主监督的权利。同时对于新的领域行业特点和有关政策法规不太熟悉，在相当一段时期内很难进入角色，有时甚至会陷于一种茫然和盲目。因此，不断关心和提高参与民主监督的特约监督员自身素质问题，日益显得重要。

首先，政协应当定期对参与特约民主监督工作的政协委员组织专题学习（有时可会同有关部门，适当扩大这个范围），使他们尽快熟悉相关政策法规，同时要及时总结经验，探讨如何充分发挥特约监督员在民主监督中的作用；党和政府有关部门也应不定期地向这些特约监督员吹风，使他们及时了解新的政策法规；接受监督部门，也要定期向特约监督员通报情况，使他们做到心中有数（市公安局在这方面做得很实在）。应当说，这是提高特约民主监督员自身素质的有效途径。

第二，特约民主监督员也要自觉加强学习，提高自身理论和政策法规水平，有利于提高自身综合素质，充实自我，有利于推进民主监督工作。

第三，要鼓励特约民主监督员保持一种锐气，以对人民根本利益高度负责的精神，敢于讲话、讲真话，尤其要敢于批评。只有这样，才能使受监督的一方听到批评，以利于克服缺点，减少错误，改进工作，真正发挥民主监督的作用。

第四，特约民主监督员也要保持一种警醒，要避免随着时间的推移，自身滋长某种特权意识；与此同时，要时刻提醒自己，在尽职尽责地参与民主监督的同时，切忌避免干预正常的行政司法程序，避免影响和干扰接受监督部门正常开展业务工作。也就是我们常说的："尽职而不越位，帮忙而不添乱，切实而不表面。"

第五，在保持特约监督员队伍的相对稳定的同时，应当有计划地逐步替换特约监督员，实行特约监督员轮岗制。这样，更有利于特约监督工作的健康发展，也有利于监督和接受监督双方的相互制约，更好地发挥市政协在民主监督工作中的作用。

促进社会主义民主建设，建立健全民主监督机制，这是党和政府的既定国策，也是时代的需要。政协委员参加特约监督员工作，是民主监督、参政议政的重要渠道之一，也是新时期人民政协工作的重要内容之一。相信会对进一步推进我市的民主监督和廉政建设，推动社会主义民主政治建设，发挥重要作用。

对政协新闻发布会的一点感想

这几年，我每年都关注全国政协的新闻发布会，在每年的新闻发布会上，国内外的媒体关注的事情不同，新闻发言人回答的内容也不同。举我印象较深的几次新闻发布会为例：

关于发挥我国民主党派的作用问题，一直是海内外都比较关注的事情。在十届政协的新闻发布会上，新闻发言人向中外记者说，民主党派的作用体现在政协的各项工作和全过程当中，全国政协在全委会、常委会、主席会和各项活动当中，都努力营造民主、和谐、合作共事的政治氛围，为各民主党派表达主张、提出意见创造良好的条件。他们提出的提案也非常受重视，有些还作为重点提案来办理。

“全国政协还组织各民主党派中的政协委员参加视察、专题调研等活动，这些活动在各个领域、各个方面为发挥民主党派的作用创造了条件。我作为全国政协机关工作人员，我深深感到，在政协这个领域内，合作共事的气氛很浓，民主党派的作用得到了比较好的发挥。”

当时我是北京市政协委员，对这次发言人的讲话印象很深。政协委员来自社会各界，了解和反映社情民意是政协委员的重要职责。作为北京市民，我也很高兴听到了有与老百姓生活息息相关的问题。

如发言人在答记者问时说，十届全国政协以来（截止到新闻发布会为止），先后有一百多位政协委员提出了数十件提案，呼吁加快城镇廉租住房制度建设，解决城市低收入家庭的住房问题。建设部与全国政协提案委员会、民建中央等单位多次协商座谈，广泛听取并积极采纳了政协委员的意见建议。建设部已提出要在国内所有市、县建立廉租住房制度。

今天我们回过头去看，现在的廉租房制度已经在推行了。

发言人还向记者说，全国政协社会和法制委员会通过调研认为，在全国农村建立最低生活保障制度的时机已经成熟。委员们算了一笔账，目前全国农村有2370万贫困人口，按照2005年低保试点地区年人均补差300元计算，财政每年支出60多亿元便可在广大农村建立低保制度。这个建议引起了国务院领导同志的重视和有关部门的采纳。民政部已经确定把全国农村最低生活保障建设由试点阶段转向全面推进阶段，中央财政将对困难地区给予适当补助。这件事情当时大家听了，确实都很受鼓舞。

新闻发言人在历年讲的每件事情，如果仅就某一件事情而言，当时听过不留心也许就过去了。但随着时间的推移，把发言人历年的答记者问一一摆到桌面上，认真过目，就会发现，每一年中国都在进步和发展。从这些不同时间的答记者问，可以清楚地看到中国民主政治发展的进程，也能够体会到中国政府进行和谐社会建设所付出的努力和辛劳。

文化的保护与被保护

今年，我随全国政协考察团赴甘肃东乡族自治县考察。全国政协还组织了蜀道文化考察，跨越川陕两省。我因工作需要两次到广元，亲历明月峡、剑门关等蜀道咽喉。与此同时，自北到南、从东到西去了许多省市县镇、乡村牧区、兵团团场。所到之处，有一个明显变化，从各地领导到普通群众，文化成了他们新的关注点，普遍在为如何通过进一步保护当地文化、扩大文化影响力、提升美誉度来寻求新的发展途径，从某种意义上说文化自觉已然形成。

我们知道，世界因为文化的多样性而显得丰富多彩。中国作为文明古国之一，在世界的历史文化地位不可替代。但是，随着历史的变迁，时代和科技的发展，世界经济一体化的加深，乃至天灾人祸和政绩观误区及短视行为，文化的趋同性日益凸显，文化生态日渐受到挤压和破坏，我国的传统文化面临严峻挑战，越来越成为需要保护的重点。我在剑门关看到经历“5.12”大地震后重建的剑门阁，在劲风斜雨中默立于“一夫当关，万夫莫开”的天下第一雄关两山之间的峡谷，似乎在追忆着被地震轰然震断的历史，极力衔接当年三国古战场。而在明月峡新开辟的一片小广场上，羽扇纶巾的诸葛孔明塑像兀立于此，被今人凭着臆想复制的“木牛流马”置于一旁，无一遗漏地展示着复制者的良苦用心和想象空间的武断与狭小。倒是在嘉陵江上沿着峭壁辟出的新的游览栈道与残存的四百余个古栈道石榫遥相呼应，而刻在崖壁上的七百余幅历代吟咏明月峡的文人墨客诗作，让人眼前一亮。显然，文化的保护与被保护的矛盾开始初露端倪。

就广义而言，文化是一种生产方式、一种生活方式、一种特定的族群行为方式、一种宗教信仰、一种社会形态等等；狭义的文化则是一种语言、一种文字、一种文学艺术、一种特定的民情风俗等等。然而，自文艺复兴以来，文化便成了革命的动因，成为促进历史变革的原动力之一，深刻影响着人类历史文明进程。今年是辛亥百年，辛亥革命也是一场文化革命。而在之后爆发的我国“五四”新文化运动，也同样引发了跨越世纪的深远的历史革命。当然，“文化大革命”又另有一番内容。所谓“破字当头，立在其中”；“不破不立”。一个“破”字，险些将婴儿与水一同泼出，把所有的一切当作“封资修”的糟粕破除殆尽。我在东乡族自治县县城山体滑坡现场，望着滑坡下方被土方吞噬了一角的坝底广场，听到国土资源部地调队一位资深专家在讲，这里原来是有天然泉眼的，但是，为了建起山下那块广场，这处泉眼没有处理好。从地质学上讲山体泉眼就像人体一个脓包，你处理不好它，它就会到处乱跑，寻求自身引流的途径。这不，终于引发了地质灾害。搞建设似乎同样是“破”字为先，但是一定要立足于保护文化，保护文化同样离不开科学发展观。而整个东乡族自治县地质地貌特征，让他们无法选择一块可以迁址的新地，从当地百姓心态来讲，这里是东乡族发祥地，他们不肯弃此而去。在座谈会上我曾建议，构建和谐社会应当尊重文化、尊重一个民族的风俗习惯，应当就地重建县城。我的建议得到相关部门的积极回应。作为政协委员我感到很欣慰。

随着新时期以来的发展，我们又亲历了另一种历史的局限，即将文化置于某种从属地位。于是，大江南北、从城市到乡村、从沿海到内陆边疆，盛行“文化搭台，经济唱戏”之风。所带来的负面效应，我们迄今还没有完全认识清楚。当然，随着旅游时代的来临，“伪文化”现象进一步泛滥，天下景点差不多演绎着同一个故事，而更多的是不能自圆其说的、由一些应景文人即时编纂的新的传说。更为突出的是，已经没有是非曲直和价值取向可言，只要稍有名声——哪怕是早已被钉在历史耻辱柱上臭名昭著的人，因了他生于本乡本土，便可毫无愧意地大加褒扬，供以高香，甚或顶礼膜拜——只要能够吸引眼球，花样百出在所不惜，更顾不上天下还有仁义廉耻。这样的文化保护恐怕可以摒弃和割舍。其实，诚信社会建设、公信力的提升严格意义上是一种文化建设，是塑造一个人的诚实心灵的系统工程。是要形成每一个人内心具有自律能力和自律底线，而不是一切都要靠他律来完成，这也是一个人、一个民族综合素质的体现。否则，触目惊心的造假现象不但屡禁不绝，还将泛滥成灾，严重影响我们的和谐社会建设。毫无疑问，以经济建设为中心，发展经济是基础。但是，经过三十年的经济和社会高速发展，我们清晰地看到经济效率的周期性毕竟有迹可寻，其影响是有限的、短期的；而文化的作用和影响力将是隐性的、持久的、深远的。出现全球性的经济危机、金融危机，我们可以从危机中傲然蹚出，其中便有文化底蕴潜在力量发挥的独特作用。试想如果发生文化危机，恐怕将要面临的是没顶之灾。一种文化如果伤及元气，要恢复它，其周期性要远远超出经济的恢复能力。因此，国家文化安全十分重要。

可喜的是，重视文化软实力建设已成为全党上下和全社会的共识。创新型社会的创新能力就包含了文化的保护与创新。九月里，我在辽宁盘锦参加一项文化活动，望着被精心保护利用的一望无际的湿地苇荡和海蟹出没的红海滩，心生感念：文化的最终力量，就是让人与人和谐相处，人与社会和谐相处，人与自然和谐相处。

关于政协信息工作一点随想

2006年3月，我被聘为本届政协信息工作顾问之一，今年3月，我又被评为2006年度北京市政协系统优秀信息工作者。我对这些荣誉十分珍惜。通过在市政协的工作，我体会到，政协委员参政议政有多种方式，而参与政协信息工作，也是其中一种十分有效的途径。

2003年，在那场突如其来的“非典”疫情面前，全社会都动员起来与疫魔抗争，以保障人民群众的生命健康。那时，我还在《民族文学》工作，作为单位的责任人，每天都要来到班上，统计、上报每一位职工及其家属的体温，及时传达上级要求，力求让每一位职工远离传染源。还要给每一位职工送达药品、营养品、消毒用品等等。单位就在后海南沿，此前这里一直是僻静的地方，偶尔会有乘三轮游北京的外国游客，随着丁零丁零的三轮车队铃声由此经过，除此之外没有人群聚集，没有喧哗之声。自从“非典”来了，这里更是人影寥寥，变得更加冷清了。

可是，突然有一天，这里开始热闹起来了，出现了一批露天酒吧，人来人往，很是繁华。与当时到处一片寂静形成鲜明的对照。我为这个城市充满的活力暗暗感动，在这样的时刻，还有这些热爱生活的人们前来聚会消费。不过，我的忧虑也自此而生，根据当时有限的防护知识，“非典”最容易在聚集的人群中传播。而后海这一带过去几乎无人关注，现在更似盲角，对这突然出现的新情况，如果没有政府职能部门的介入和管理，一旦在这样的流动人群中传染“非典”，那后果不堪设想。于是，作为政协委员的责任感驱使我写了一份题为《什刹海、后海一带酒吧应立即停止露天经营》的信息，于2003年5月6日传真给市政协信息处。很快，在市防非领导小组指挥部“非典”快报第172

期刊出，我曾细心看了一下，标明2003年5月8日14时05分刊出。随后，时任西城区委、区政府领导付建华、李伟、林铎等分别就此作了批示，并由什刹海管理处提出具体落实方案予以实施。

这些都是往事了，但是作为那场“非典”的亲历者，至今一切仍历历在目。后海一带今天已然成为北京新的人文景观“酒吧一条街”，可谓也是那场“非典”催生出来的。生活就是这样充满了辩证法，在这里，坏事变成了后来的好事。

2005年初，当我听到北京市民族大学学生反映该校存在清真灶与汉民灶混用问题后，及时写出《应尽快解决北京市民族大学学生食堂清真灶与汉民灶混用的问题》的信息，由市政协信息处上报后，孙安民副市长做出批示，使这一问题很快得到妥善解决。这条信息也被评为2005年度北京市政协系统优秀信息。

2005年底至2006年初，我参与对六里屯垃圾填埋场异味扰民问题的调研。我第一次如此真切地感受到，处理好生活垃圾问题对现代化大都市是何等的重要。人类在创造了城市文明，不断提高物质生活质量的同时，与之伴生的生活垃圾问题也在困扰着人类自身。而且，随着人均消费量的提升，人均生活垃圾的产生量也在与日俱增。人们在利用聪明才智发明创造，并充分享受发明创造成果的同时，居然对生活垃圾的处理还是相对缺少妥善的办法。我第一次看到，现代化的垃圾填埋场其实也是挖掘出一个巨大的坑，用推土机层层覆土碾压填埋生活垃圾。这样的处理方式，在草原上我曾不止一次见过，即将转场迁徙的哈萨克牧民，把旧营盘的生活垃圾挖一个坑填埋起来，方才悠然离去。来年回来，填埋之处已又是一片芳草萋萋，了无痕迹。但是，城市垃圾填埋恢复周期，并不像草原的“一岁一枯荣”那么简单。六里屯垃圾填埋场的使用周期设计为20年。自1999年9月25日投入运行，至2004年11月，一期工程地下部分已经填平。每年卫生填埋65万吨生活垃圾，运行5年间已消纳325万吨生活垃圾。由于填埋场消纳的是未经分类处理的生活垃圾，有机成分多，在填埋一段时间后，会产生大量的气体——沼气，其主要成分是甲烷。第一期工程地表以下填埋完成以后，开始产生大量的沼气，溢出地表，所产生的异味已然构成了扰民问题之源。据测算，每吨生活垃圾将产生200立方米沼气，每立方米沼气含甲烷60%，325万吨垃圾将产生6.5亿立方米沼气即3.9亿立方米甲烷。沼气有巨大的实用和经济价值。由韩国投资合建的对一期工程沼气收集和综合利用项目已进入实施阶段，可以源源不断地提供沼气。

而第二期工程已经启用，每天都有2500吨生活垃圾入场填埋。尽管垃圾填埋场想尽一切办法，采取一切科技手段，但异味扰民问题只能是在某种程度上得以缓解，无法根治。垃圾填埋场正在回收废水，净化处理，作场内灌溉绿地之用。目前，尚未利用的沼气，绝大部分直接排放到大气中，还有一小部分以点燃方式处理——在这里已经有一个小型火炬在日夜燃烧，仅是为了排除异味而已。现在需要尽快解决的是沼气安全储运问题。在过去储运液化气和现在储运天然气技术的基础上加以改进，这一问题应当可以解决。

针对垃圾填埋场异味扰民问题，我做了较为深入的调研，在重新认识城市生活垃圾问题的基础上，写出了系列提案和《关于解决海淀区六里屯垃圾填埋场异味扰民问题的几点思索和建议》一文，觉得言犹未尽。

当前，我们提倡深入贯彻落实科学发展观，努力实现全面协调可持续发展，以人为本，建设资源节约型、环境友好型社会。那么，处理好城市垃圾正是题中应有之义。回收可利用资源，变废为宝，这才是一种积极的出路。据说，生活垃圾在分类处理后可以沤肥，可以将焚烧后产生的炉渣用来做建材，用处很多。但是，目前北京的垃圾填埋场能做到的仅仅是无害化处理。当我在六里屯垃圾填埋场看到回收的沼气被点燃为一个火炬处理，还没有被真正利用起来，便联想到了即将在北京举行的2008年奥运会。点燃奥运会主会场火炬，标志着每届奥运会的顺利召开，也是历届奥运会开幕式上的一个亮点。之后，将伴随着奥运会的进行，熊熊燃烧的火炬作为奥运会的象征，就像每天的精彩竞技一样令人激动。在闭幕式上，主会场的火炬在最后一刻熄灭，引来万众瞩目。全世界的观众通过电视转播，聚精会神地注视着这一刻，吸引着世人的眼球。我问填埋场的一位科技人员，这个沼气拿去点燃奥运火炬是否可行？他说，完全可以，这个创意太好了。

的确，以往的奥运会主会场火炬均用天然气点燃。那么在2008年的北京奥运会上，用海淀区六里屯垃圾填埋场产生的沼气替代天然气点燃（其他几个垃圾填埋场如已实现沼气回收也可加入进来），既体现“绿色奥运”精神，又开了在奥运会历史上变废为宝、综合利用的先河，同时充分展示中华民族的伟大人文精神，对全世界也是一个极好的展示：中国对世界能源绝不是一个威胁，我们有能力有效地开发利用再生资源。于是，我又写了一篇《关于体现绿色奥运精神，用海淀区六里屯垃圾填埋场产生的沼气替代天然气点燃奥运会主会场火炬的建议》。

我在此建议中进一步写道："当然，前期的采集奥运火种、传递奥运火种等仪式，考虑到已有系统的成熟技术运用，仍可以采用手持天然气火炬棒来完成。仅是主会场火炬用沼气（甲烷）点燃。一定会成为2008年北京奥运会上的亮点，也成为全世界媒体关注的焦点。同时，在奥运会转播期间，反复穿插播出用沼气（甲烷）点燃的主会场火炬，并用一句话加以说明：'这个火炬是用北京郊区一个城市生活垃圾填埋场产生的沼气（甲烷）点燃的，在奥运会历史上开了先河！'以期达到强化的效果，使这一届奥运会也成为一次展示我国建设节约型社会，走可持续发展道路的崭新形象的最佳机遇。"

会后，这个建议被市政协《诤友》信息采用，报送市委市政府。与此同时，还报送了另一篇《关于解决海淀区六里屯垃圾场觅食飞禽问题的建议》的信息，得到市委主要领导的重视。领导做出批示：此创意很好，请有关职能部门做出论证。现在，我的这一创意在网上传播。我期待着有一天它能够最终变为现实。

回龙观应建立“以人为本”的便民服务设施

很高兴参加由昌平区商务局和回龙观地区办事处组织的关于回龙观区域商业研讨会，我是搞文化的人，参加研讨会是一个业外人。我参加这个研讨会的理由是我在今年政协会上提了八项提案——关于回龙观地区的系列提案，其中有的涉及回龙观地区的商业问题。我虽然不经商，但是作为一个人，作为一个消费的最小单元，每天都离不开商业，吃、住、行都是商业的元素，每一个活着的人都离不开，所以关注这一点是理所当然的。

回龙观地区号称亚洲最大的文化小区，最早的开发商，打出这个品牌，吸引了很多市民。回龙观这儿有很多特点：第一个特点，城里在拆老城，在这儿我们看到了在建新城；第二，县改区，过去叫昌平县，现在叫昌平区，对县改区，回龙观地区也做出了很大的贡献；第三，缩小或者是消减了城乡差别，过去这里是农村，现在变成了城区，这些特点吸引着商家。

这里有22万人口，34平方公里，42个小区，常住人口14万多。只要有人在，就有商业需求。过去也有商业布局，但是过去着眼的消费层面是层次比较低的，侧重于满足本地农民的消费需求。现在这里大量的是城市市民，甚至是外地人，因为现在取消了本市户口才有权买房的限制，我认识的很多外地人在这里买了房，这里居民的层次已经逐步上升。这里不光是年轻人的社区。而且北京现在进入了老年社会，60岁以上的老龄人口比例超过15%就是老年社会，北京现在60岁以上的老龄人已经超过了15%，回龙观的购房者中老龄人也会很多，这部分的需求也存在。我本人没有住在回龙观，我听到这里有一个称号叫“观友”，就是“观友”向我反映的情况——有些民主党派成员，还有我们集团下面的职工住在这里，他们向我反映的情况。我作为一个政协委员，提出了我的系列提案。

首先还是应该以人为本，有人在这里居住就有消费需求。想买一个什么东西，不可能跑回城里买回来。当然在市里上班时也可以买，但是不可能每天都考虑得那么周全，突然需要一个东西，打的或者坐城铁进城，成本就上去了。今天作为专业的研讨会，几位教授和行家们的讲解，很给人启发，他们关注商业问题。其实商业是一个大文化，巴黎除了凯旋门和卢浮宫以外，有香榭丽舍大街；北京除了故宫、天安门广场，有西单、大栅栏、王府井传统的消费区。回龙观是不是将来也可以成为带有新的与新城相适应的消费区呢？城里的商家，三环、四环以外很多东西是不送货的，要是送货要加运费。这里的老百姓都要买家具，有各种大件需求，冰箱或者是彩电，城里都不往这儿送，要加码。我们可不可以改过来，将来城里的人到这里采购，从这里往城里买，价格上搞得明显要比城里便宜。当然我们的立足点首先是满足这里的22万住户，将来要达到36万。

大家对节日经济也做了分析，“五一”长假期间，光餐饮业与去年同比增长26%。这不光是北京市民的消费，还有旅游者的消费。节日期间，王府井和西单、大栅栏，北京人不去，都是外地的旅游者。回龙观将来能不能达到这样的消费层次呢？刚才提出的有些设想非常好，但是有些设想我觉得和现在的理念有点相悖，比如旅游采购，除非导游强行把车拐进来，然后吃回扣，才能到这儿来。应该是自愿到这儿来消费，这才是先进的消费理念。

我为什么说商业首先是文化概念呢？这里住的20多万人，医院怎么样，晚上突然发病，能不能就近得到三甲医院的治疗，子女上学能不能在这里？早上九点以前能否看到早报？这里派出所和居住的人给我反映下午才能收到报纸。城市理念是综合的，今天政府出面开这个商业研讨会非常好，但是我们下一步应该综合把学校、医院、邮局等配套齐全；稳定社会治安，我听到更多的是对这里治安状况的抱怨。交通便捷，银行随时可以取款。双休日这里的银行都是关门的，为了取款再进城，那点利息折上20%的利息税，等于倒贴了。还有服务领域，包括餐饮业，如果把这些都搞好了，回龙观小区真正建成了亚洲地区最大的文化小区，那是非常了不起的事。到时候人人都愿意到这儿来买房、消费，地价、物价、房产价格、楼盘价格都上去了，这最终对昌平区的财政也是一个巨大的贡献。还有一点不能忽略，2008年奥运会，这里是离奥运村最近的。我们的消费眼光，一是首先满足本地居住在回龙观观友们的消费，第二是市民，第三是外地旅游者，还有一个国际游客。随着奥运会的逼近，消费肯定要上来，这里的商机是巨大的。第一点要解决的是本地的政府从过去管理农民的经验，过渡到管理市民的意识。过去回龙观是镇，是管理农民的，现在成为一个区，要管理市民，随着理念的转换，很多东西可以考虑到。过去满足的是消费能力比较低的普通百姓的消费。现在据我所知，有不同层次消费能力的人，应当能让这些人都在本地消费。当然我不主张搞保护主义，刚才有位专家提出“三一三”购物理念——出门三分钟到小店、十分钟到购物点、半个小时到购物中心。现在对公安提出了五分钟以内必须到发案现场，购物半个小时才能到达有点累，成本也高，三分钟以内、五分钟以内就可以就近找到最好。

还有一个，在最发达的城市，巴黎这种城市当然有很大的超级市场，但是也有很多个性化的小店，很多百姓以小店谋生，有的是为乐趣。不应该整齐划一，一刀切。关于消费，关于商业需求，市场的手要牵动，但是政府要出来协调。今天我很高兴昌平区政府，包括北京市商委的领导都到这里来，而且会议是由区政府出面组织召开的。以我有限的视野，好像在区里专门为百姓的商业消费开一个研讨会这是第一次，非常好。

总而言之，还是要“以人为本”，便民服务，这样才能最终实现和谐社会。让我们为构建和谐社会共同努力。

关注民生，为构建和谐社会服务

参政议政是政协委员职责所在，参与提案是政协委员参政议政的重要方式之一。我在作为北京市政协十届委员期间，先后提了近一百五十项提案（十届一次、三次、四次全会均有提案获奖）。提案内容涉及面比较广泛，也是自己作为政协委员履行职责的具体体现。不过，作为八届、九届、十届委员之一，在这一届参与提案过程中，还是有许多新的感受和体验。

首先，随着我国社会民主法制建设进程，政协委员的作用越来越突显。我在市政协十届三次会议所提的关于回龙观地区的八项系列提案，引起了昌平区政府的高度重视，由区政府出面在回龙观地区组织了研讨会，邀请我参加。并对系列提案所涉及的小区缺乏大型综合商场问题、小区居民节假日存储取款不便的问题、小区周围环境卫生问题、小区居民看病难的问题、小区居民出行难的问题、小区社会治安问题、横行小区的摩的问题、改革小区管理问题，分类得到落实、逐步实施和改善，方便了一方百姓的生活，得到回龙观“观友”们的好评。

在市政协十届四次会议所提的关于宣武区蝶翠花庭、荣丰2008、西豪逸景等小区的系列提案，同样得到宣武区政府的高度重视。为解决蝶翠花庭、荣丰2008、西豪逸景等小区社会治安问题，宣武区在这里专门设立了新的派出所，采取了一系列行之有效的治安措施，使这一带的社会治安有了明显好转。蝶翠花庭小区二期工程问题也得到妥善解决。关于解决海淀区西三旗原运输七场职工宿舍楼门牌号码等问题的系列提案，得到有关部门的高度重视，拖了12年之久的门牌号码问题迎刃而解，现已冠以“海淀区西三旗街道常秀家园1-5号楼”。在十届五次会议上，我就这里遗留的通邮问题和管道燃气问题继续提案，通邮问题已经得到解决，管道燃气问题也列入了市政规划，有望近期得到通盘解决。

第二，随着政协提案工作的进一步规范化、网络化、信息化，与市民联系的渠道进一步畅达，可以直接获得重要的第一手提案线索。市政协提案委自2005年开通网上征集提案线索以来，获得了大量的第一手信息。关于海淀区六里屯垃圾填埋场系列提案，就是由提案委提供的网上征集提案线索引出的。起初我对城市垃圾问题的认识几乎是模糊的，也可以说毫无准备。当提案委提出是否可以参加关于六里屯垃圾填埋场异味扰民问题视察，并进一步提出相关提案时，我欣然表示愿意参加。于是，我便开始搜集调阅大量的国内外关于城市垃圾无害化处理问题的资讯，这才开始意识到城市垃圾问题与任何一个城市的发展密不可分。垃圾问题解决的好与否，与这个城市的宜居程度直接相关。当我们前往六里屯垃圾填埋场视察时，我进一步发现，无害化处理城市垃圾，更是一项系统工程。首先它是一个独特的工业模式，有一个庞大的现代工业体系在为城市垃圾无害化处理服务——生产提供各种设备、器械、喷洒剂、覆膜，乃至流水线等等。现代化的垃圾填埋场有自己科学规范的操作规程和技术措施。这又使其成为城市生态链条上的重要一环。与此同时，它又是前沿学综合科跟进和发现、探索的崭新领域。诸如大气监测、地下水资源监测、沼气回收与利用，以及垃圾沤肥、垃圾焚烧场焚烧炉渣的回收利用——变为农用肥料、建筑材料、还原为土壤等等，带来城市垃圾分类回收利用的现实可能。形成由城市垃圾可再生资源的充分利用与全社会的节约风气。最终要使垃圾填埋场在设计建设使用期结束后，还原为城市公园。当然，不可否认，在上述所有环节中，同样充满了商机。但是，现在这里的异味扰民却体现为社会问题——影响了附近居民的正常生活，由此带来居民的不满。从中又隐隐透着法制建设问题。即我们的相关法律显现出其滞后性。但是，我还不能匆忙妄下结论，我还要进一步调查研究，要充分掌握第一手资料才有发言权。

于是，我利用休息日，自己再次来到六里屯垃圾填埋场调研，并且把周边地区都走访了一遍，实地感受异味扰民问题。对何处有村民点，何处有学校，何处有医院，何处有新开发的住宅小区和别墅区，何处有正在新建的其他项目，何处有河流，都做到心中有数。其实这里的小区建设，是借小城镇建设这个东风，打了一个擦边球，巧妙地钻了一个政策的空子。在先有国家大型规划项目六里屯垃圾填埋场前提下，开发商在附近建起了商品住宅小区。当业主们望着美丽的西山倩影带着对未来生活的梦想，付足了积蓄或贷款按揭终于获得了自己的住宅，精心装修入住后，这才发现还有未曾领略的异味扰民问题。于是，开始寻找异味污染源——所有的抱怨与不满都冲着六里屯垃圾填埋场而来，变得十分自然。而六里屯垃圾填埋场从业者们也满腹怨气，我们不也成天在异味里进出，与垃圾为伴生活工作在这里吗？更何况在这里填埋的也有你们的生活垃圾。又一个社会转型期典型的开发商赚钱、政府来擦屁股的案例活生生展现在眼前。但是，成片的小区已经开发售出并已入住，不可能推倒重来，而垃圾填埋场又先建在前，也是海淀区几百万人正常生活之必需。这就是现实。要面对现实寻求切实可行的解决办法。于是，我提出了《关于切实解决海淀区六里屯垃圾场臭味扰民问题的建议》《关于建立健全解决北京市垃圾问题法律体系的建议》《关于切实落实垃圾分类问题的建议》《关于进一步完善垃圾填埋场监控体系及相关指数的建议》《关于应当定期公布垃圾填埋场对于城市空气污染度指数的建议》《关于进一步宣传建立节约型社会的建议》《关于建立综合课题组跟踪六里屯垃圾填埋场综合指数的建议》《关于海淀区六里屯垃圾场就异味扰民问题应当定期与周边小区业主沟通信息取得谅解的建议》《关于在垃圾填埋场周围划定住宅小区开发的最小半径的建议》九项系列提案和《关于解决海淀区六里屯垃圾填埋场异味扰民问题的几点思索和建议》的综合性调研报告型的提案。得到市、区有关部门的高度重视，得到网民首肯，并获得该年度优秀提案。会后我还提出《关于体现绿色奥运精神，用海淀区六里屯垃圾填埋场产生的沼气替代天然气点燃奥运会主会场火炬的建议》，市委领导还作出了批示。

今年4月19日，我受聘六里屯垃圾填埋场运行管理特邀代表。在座谈会上得知，我所提出的系列提案已被他们采纳。并推出了相应的新举措，比如定期邀请周边居民来垃圾填埋场参观，定期公布大气监测、地下水资源监测指数，并向社会公布监督电话。在原来的污水处理基础上，又采取了雨污分流措施，洒水降尘，喷洒除臭剂、灭蝇药剂，投加鼠药，每天黄土覆盖，垃圾不露天存放。对于居民反映的问题，10天之内件件要有回音，等等。在垃圾填埋场入口处，设立电子宣传牌，向前来参观的居民介绍垃圾填埋场情况。我建议在电子宣传牌增加关于建立节约型社会的宣传内容——如果节约成为每一个社会成员的自觉行为，生活垃圾的产生量就会降低，对垃圾填埋场的压力也会相应减少，当然，由此而衍生的各类问题也会相应得到缓解。海淀区环卫局、环卫中心和六里屯垃圾填埋场的领导们愉快地接受了我的这项建议。

第三，要保持韧劲，看准了问题的提案，要不断提，反复提，直到最终获得解决。我在十届四次会议提出了《关于拆除杏坛路北口十字路口东段大门打通该路的建议》，承办单位是北京市规划委。他们最终查清这是当年海淀区工商局为管理当地的临时市场而建的临时办公用房。后来市场取消了，但是临时办公用房没有拆除，变为现状旅馆。办复单位承诺，在2006年底前拆除此临建，恢复道口。十届五次会议之前我特地到此地看了一下，不知何故，办复单位的承诺并未兑现。那座占据道口的临建依然存在，现状旅馆照常营业不误。于是，我继续提出《关于建议政府承办部门应当落实承诺拆除杏坛路北口十字路口东段大门临建用房——“现状旅馆”的提案》。有趣的是，这一次办复单位为海淀区工商局，办复人员前来告知，他们的临建用房——“现状旅馆”是有正式的批复手续的，不宜拆除。我问是何时的批复。答曰是1993年的。问题一目了然——显然，他指的是当年临建用房批复手续。随着北京市政府清理过期文件，这些文件自应失效。何况北京市政府大规模拆除过临时建筑，现在一概称之为违法建设。何况市政府权威部门北京市规划委去年办复时确认该建筑为临时建筑，承诺在2006年底前拆除，恢复道口。那么现在的答复意见理应不能成立。我问办复人员，你的这些意见主要领导是否过目？回答还没有给他看过，想先得到您的意见后一起汇报。我建议他回去向主要领导汇报。过了十来天，那位办复人员打来电话，称局领导班子已经研究过了，他们坚决按照市规划委的办复意见办理，在2007年内一定拆除此临建。我对这个答复表示满意。当然，我还会关注这个道口临建，看是否在新的承诺期内如期拆除。

也是在十届四次会议上，我提出了《关于取消积水潭桥下西南辅道斑马线处隔离岛的建议》，承办单位西城区交管中队作了大量工作以后告知，那是过去的地铁通风口，道口扩建时，留在了道路中间。为了避免交通事故，西城交管中队在通风口管道外侧画上了红白相间的交通标示，看上去像一座隔离岛。如果要拆除此岛，得先由地铁公司迁移通风管道。于是，我在会后立即提出了《关于取消积水潭桥下西南辅道斑马线处隔离岛的建议》（修改稿），促成地铁公司迁移通风管道。自此，积水潭桥下西南辅道斑马线处隔离岛最终取消了，这里的交通获得畅行。

第四，“以人为本”，关注民生，为构建和谐社会服务，是政协委员的职责。这几年来，我一直关注与市民日常生活密切相关的问题，提出了《关于建议调整北京地区个人所得税纳税起征点的提案》《关于解决油价问题的建议》《关于在全市进行“路德”教育的建议》《关于在北京市取消自行车牌照的建议》《关于应当调整解决同一条街道公交线路过密的建议》《关于迅速出台古都风貌保护区临街民居改作店面装修规范的建议》《关于调整北京地区供暖期的建议》《关于加快治理朝阳区通惠河支流的建议》，在地方立法、地方政府决策和市民日常生活中，不同程度地发挥了积极作用。

第五，要联系市民，保持信息畅通。在日常生活中，也许是出于作家的职业习惯，我始终做一个“有心人”，注意观察社会生活，敏感地捕捉最新信息。许多关于交通、道路、环境等问题的提案就是这样提出来的。同时，注意与普通市民建立联系，保持信息畅通。我所提的关于回龙观地区系列提案，关于宣武区蝶翠花庭、荣丰2008、西豪逸景等小区的系列提案，关于解决海淀区西三旗原运输七场职工宿舍楼门牌号码等问题的系列提案，均来自于普通市民给我提供的线索。办复提案人员以为我住在那里，其实不然。通常我在得到信息后，都要实地察看，以确保提案的准确性。

我作为北京市政协委员，生命中的又一个五年就要过去了。我自37岁进入北京市政协委员的行列，转眼已经年过五旬。但是，我觉得，在政协这个大家庭中，在参与提案参政议政过程中，依然有许多新的知识和经验需要去学。只有活到老学到老，才能跟上这个飞速发展的时代步伐。

委员印象

作为文人的赛福鼎·艾则孜

当然，人们熟悉的是作为国家领导人的赛福鼎·艾则孜。了解作为文人的赛福鼎·艾则孜的人也许还不太多。不过对于这一点，在维吾尔语文化圈里人人早已熟知，并且倍感亲切。迄今为止，他已出版了长篇历史小说《苏图克·布格拉汗》（1987），并获第三届（1985—1987）全国少数民族文学创作奖；音乐历史剧《阿曼尼萨汗》（1980），以此作改编拍摄的同名电影，荣获1994年“五个一工程”优秀电影奖；传记小说《天山雄鹰》（1988）；小说散文集《神仙老人》（1987）；回忆录《生命的史诗》第1、2部（1991），第3部待出；话剧剧本《血的教训》（1990）；剧本选《战斗的历程》（1959）；散文随笔集《博格达峰的回声》（1973）；诗集《风暴之歌》（1975）等十多部作品。这些作品在维吾尔文学界获得广泛好评，并产生了重大影响。其中部分作品已被译成汉文，颇受读者欢迎，有的作品正在译成汉文，以飨读者。

赛福鼎·艾则孜，维吾尔人，1915年3月12日生于新疆阿图什。少年时代在阿图什一所伊斯兰宗教小学诵读《古兰经》文，1932年参加新疆南疆农民武装暴动，当过战士、秘书。1934年在阿图什担任小学教员、校长。1935年赴苏联乌孜别克斯坦塔什干中亚大学学习，1937年毕业返回新疆，在盛世才办的迪化（乌鲁木齐）政治训练班学习。1938年起在塔城报社工作，也正是从这时起，他开始了自己漫长的文人生涯。

1938年开始，赛福鼎·艾则孜连续发表了六篇短篇小说——《孤儿托合提》《两种景色》《当代奴隶》《痛苦的记忆》《遗物》《光荣的牺牲》等。《孤儿托合提》是他的处女作，描写了一位名叫托合提的孤儿，在当地河堤决口时，被人们活活埋进河堤以堵决口的悲惨故事，读来令人振聋发聩。《遗物》《光荣的牺牲》则是两篇以反对日本侵略者为题的作品，作品透出一种强烈的爱国主义色彩。应当说，赛福鼎·艾则孜这一系列发轫之作，也是给历来以诗歌和口传民间文学为主的古老的维吾尔文学注入了新的文学生机，奠定了现代维吾尔小说创作的基础。关于这一点，则是以往的文学史家们在关注维吾尔现代文学时往往忽略的史实。

在这一时期，除了小说创作，他开始了在当时历史条件下对人民群众有着最直接和最迅速影响力的戏剧创作，用他的作品揭露日本帝国主义的侵略本质，鼓动人民奋起抗日，颂扬抗日军民取得的胜利。《辉煌的胜利》《9·18》《不速之客》等，便是他在这一时期的戏剧代表作。这些剧本以新疆省“维吾尔协会”的名义印发各地，在新疆各地竞相上演。与此同时，他还翻译介绍国外优秀剧作，如意大利剧作家卡尔洛·哥尔多尼的《一仆二主》、乌兹别克斯坦剧作家哈姆扎·伊克姆·扎达的《地主和仆人》等，并自导、自演，亲自搬上舞台。

在塔城报工作期间，赛福鼎·艾则孜已经开始积极投身于革命活动。1944年随着新疆伊犁、塔城、阿勒泰三区反对国民党反动统治革命爆发，他来到三区革命的中心伊宁市担任三区革命临时政府要职。后来三区革命临时政府与国民党政府在迪化（乌鲁木齐）成立了联合政府（不久宣告破裂），他亦代表三区革命政府出任要职。直到1949年10月新疆和平解放，他任新疆特区特邀代表团团长，赴北京出席中国人民政治协商会议第一届全体会议，当选为第一届全国政协委员，中央人民政府委员、法律委员会委员、中央民族事务委员会副主任。同时，经毛主席亲自批准加入中国共产党。

赛福鼎·艾则孜一生热爱木卡姆艺术，正是在他来到伊宁市后，开始接触木卡姆艺术，进一步加深了对木卡姆音乐的认识。1946年联合政府时期他前往喀什工作，在这里有幸与他久已仰慕的木卡姆艺术大师——唯一能够全部演唱十二个木卡姆的吐尔迪阿洪相逢。多次聆听吐尔迪阿洪演奏木卡姆，介绍木卡姆艺术的精髓，使他获益匪浅。他被木卡姆艺术精气牢牢吸引。虽然短暂的联合政府宣告破裂，他又返回三区革命中心伊宁市，但从此只要一想起木卡姆便要念及吐尔迪阿洪大师。他一直试图将吐尔迪阿洪大师接到伊宁市，但终未能如愿。这一夙愿直到新中国成立后才得以实现。

1951年，已经担任新疆省（自治区于1955年成立）人民政府副主席、新疆军区副司令员、中共中央新疆分局委员、常委、民族部长、统战部长的赛福鼎·艾则孜，将吐尔迪阿洪接到乌鲁木齐，准备把这位民间艺术大师的所有财富录下音来。然而，来自各方面的阻力和干扰也不小，他力排众议，从伊宁市接来肉孜弹布尔、麦提塔伊尔等民间艺术家协助吐尔迪阿洪大师演奏十二木卡姆。在新中国建立伊始，在短短四五年内完成了十二木卡姆的录音工作。与此同时，请来汉族音乐家万桐书对十二木卡姆进行记谱工作，最终整理成二卷本的《十二木卡姆》。十二木卡姆由七十二支套曲组成，每演奏一个木卡姆，费时两个小时，奏完全套十二个木卡姆需二十四小时。如果不是赛福鼎·艾则孜独具慧眼深谋远虑，在吐尔迪阿洪大师有生之年完成了这项具有深远意义的发掘整理工作，拯救了十二木卡姆艺术，很难想见后人将如何全面继承、研究、发展这门独特艺术。赛福鼎·艾则孜曾为此专赋柔巴依[①]一首：

迷恋木卡姆的人别无奢望，
木卡姆令君心驰神往，
先辈的功德为你襄助，
攀登险峰给你胆魄力量[②]。

赛福鼎·艾则孜已步入耄耋之年。1989年春在美国夏威夷接受心脏手术治疗，安装了一个心脏起搏器。他的三卷本回忆录正是此后完成的。他还完成了一部关于整理木卡姆歌词的专著付梓出版。在这部著作里收录了经典木卡姆歌词、民间歌词、当代歌词，还有他自己创作的几首歌词。可以说这是一种新的大胆尝试。

---

① 柔巴依为阿拉伯语，此处意为四行诗。四行诗是伊朗传统诗体，第一、二、四行谐尾韵，类似中国的绝句。欧玛尔·海亚姆（1048—1122）是伊朗四行诗代表诗人，郭沫若于1928年从英文转译过他的四行诗，题名《鲁拜集》，伊朗这种诗体传入我国新疆，在维吾尔诗歌中较常见。

② 此诗见赛福鼎·艾则孜著《论维吾尔十二木卡姆》，人民音乐出版社1992年1版。

问及今后，赛福鼎·艾则孜还有更为宏大的创作计划：他准备着手写一部关于驰名世界的《突厥语大辞典》的作者麻合木提·喀什噶尔的长篇传记小说；再写一部关于著名史诗《福乐智慧》的作者玉素甫·哈斯·哈吉的长篇传记小说；还准备将他自己的长篇历史小说《苏图克·布格拉汗》搬上屏幕；再把三区革命历史搬上银幕……

瞧，这就是作为文人的赛福鼎·艾则孜。

巴金先生的一封回信

1987年7月中旬，我收到了巴金先生的一封亲笔回信。

艾·米吉提同志：

来信读悉。我长期生病，写字困难，实在无法为《寒夜》译本写序，请原谅。还请您告诉译者我谢谢他的好意，并希望他的译本得到成功。

祝

好！

巴金

七月十四日

捧读了信我十分感动。当时巴金先生已是83岁的老人，竟是这样地认真和执著，且平易近人和豁达，因为自己长期生病，写字困难，实在无法为自己作品的新译本写序而向一个晚辈亲笔回信请求原谅。令我难为难当。的确应了我们家乡的一句古训——果实累累的树，枝头是低垂的。时下里有些远比他年轻，拿得起笔、敲得动键盘的人们，在作序这样的“小事”上，往往都不是亲自动笔，而是在由他人操刀，序写成了，毫无愧色地往题下大名一签，文章便成自己的了。我对先生的敬仰与缅怀，除了他的巨著和思想，他的勇气和人格力量，更为他这样的点滴细节而感念。

巴老的信是用杭州市作家协会的稿纸写的，是20×15=300字格的，赭红色方格。巴老把稿纸横过来作竖写体书写而成。用的是碳素墨水（当时一次性碳素笔似尚未引进）。信封是当时通用的红、蓝、白边的航空信封，邮票是“云南民居”图案，面值一角。当时平信为8分，航空信件为10分——一角。邮戳是上海31（支），时间为1987年7月15日11时。没有北京落地邮戳。当时大概就是这样的。信封寄出地址只写了“上海”二字。这也许是工作人员疏忽没有写全。

此事缘起于时任中央民族翻译局副局长、哈萨克语室主任、翻译家阿布都马纳夫·阿别吾先生正在翻译巴老的长篇小说《寒夜》，他迫切希望哈萨克文版《寒夜》出版时，能有巴老亲自撰写的新序文，请求我向巴老转达他的意愿。我也觉得他的这个想法很好，如果《寒夜》哈萨克文版出版时，读者能一并领略巴老新作的序文，当然是件幸事。所以，通过原中国现代文学馆工作人员、团支部书记、时任巴老身边工作人员魏帆带去一封信，恳求巴老能为哈萨克文版《寒夜》作序。才有了巴老的这封回信。

《寒夜》的哈萨克文译文版于1989年9月由新疆人民出版社出版。对于哈萨克语读者来说，这是一件大事。巴金先生的作品译成哈萨克文版的还有《家》（别克译，伊犁人民出版社，1983年4月出版）、《巴金小说散文选》（阿合别尔迪译，伊犁人民出版社，1984年2月出版）、《海的梦——巴金中短篇小说选》（吾孜木汉译，新疆人民出版社，1984年3月出版）等。显然，像巴金先生这样的文学大师的作品尚没有全部译成哈萨克语（甚至“激流三部曲”都未能译全），这不能不说是一件憾事。相信也没有系统地译为国内其他少数民族文字。现在国家确立了百部文学名著译介工程——是向国外翻译介绍中国文学；少数民族文学汉译工程——是把用母语创作的少数民族文学佳作翻译成汉语，提供给广大汉语读者世界。我以为，国家应当在文学翻译方面进一步加强专项支持与投入，作为一项系统工程来实施，把我国现代文学史上的文学大师们的著作系统译成国内少数民族文字。这也是文化建设的一项重要举措。

我一直认为，民族与民族之间的沟通与交流，最重要的是心灵的交流，而在这一点上，文学艺术的作用是独具的。尤其是文学大师们的作品，既有独特的民族文化心理的烙印，让不同民族、不同国度的读者可以窥见和理解一个民族最隐秘、最美好的心灵世界，又有超然于其上的人类文化意义的精神价值，不仅能够温暖人心，沟通心灵，更能够鼓舞人心，给人以感动，给人以激情和力量。因此，古往今来文学翻译都具有其重要的意义。它不仅是一个民族的艺术语言转换为另一个民族的艺术语言，体现译者的语言功底、文化修养、艺术心智和翻译风格，更重要的是，不同民族、不同国度的人们，通过文学翻译这座桥梁，可以畅达彼岸心灵世界，并在那里获得理解与沟通、感动和升华。

我想，和谐社会建设，需要这些。

附：

魏帆的来信（原中国现代文学馆工作人员、团支部书记，时任巴老身边工作人员）。

艾克拜尔同志：

您好！来信收到了。您所嘱托的事情我未能办到。因巴老近来身体一直不好，我来沪后他先跌过一跤，后又因腹泻住医（院）。前些日子为三联书店《随想录》合订本写后记，写了三千字左右，累得至今没休息（缓）过来。见了您的信，他很高兴，但力气不足，只给您写了一封短信，现给您寄上，写序的事只好请原谅了。

我想有巴老给您的短信，您借此为头再写个序不也很好吗？这是我的想法。

知您爱人很忙，那资料的事到十月份我回京后再说吧，不用着急。谢谢。

您现在又出什么大作了，我可希望得到您和您爱人赠的签名本书呢，别忘了，我也是少数民族呢！不过不用寄，我回京后会向您要的，谢谢了！

不多写了。

祝您和您爱人

夏安！

魏帆

7月15日

王蒙师剪影

这是长城。

在古老长城的脊梁上，一行人正在攀援而上。“不到长城非好汉”。是的，哪怕为了硬撑着充当一名“好汉”，诸君理应“到此一游”，一了壮志才是。然而，适值早春季节——确切地说，正是1980年3月底光景，这里仍是草木灰灰，游人稀疏。倘是盛夏旅游旺季，那自然又是另一番情景了。不过，眼下这一行人倒显得个个游兴正浓，看上去他们是非要登上八达岭上高峰不可的。

他们是1979年全国优秀短篇小说获奖作者。这天正好是发奖大会最后一天，会议组织他们游览长城。

犹带几许早春寒意的山风，不住地从长城锯齿形箭孔间呜呜地滑过。不过，这一行人当中有人已经开始脱下了毛衣和背心——他们已经登上了长城延伸的半山腰的一座古哨楼。

“喂，哈萨克，你看，你的马被牵到这儿来了！”

走在我前面的那个人——王蒙老师——回首对我用维吾尔语说道。他正扶着夫人崔瑞芳老师登上哨楼。

我抢上几步。原来，古哨楼后面有一块不大的平场，有人牵着一匹马正在那里为游人收费照相（不远处城墙根下还有人拴着一峰骆驼，看来那骆驼是无法跻身这块平场的）。我这是生平头一回看到马也会有这样一种商品价值，不免有点猝不及防，只是怔怔地望着它：那马瘦骨嶙峋，浑身的寒毛尚没有褪尽，迷瞪着一双暗淡无光的眼睛勉强支撑在那里，任那些游客骑上翻下。我丝毫也觉不出这匹马会有什么上相之处，忍不住喃喃道：

“瞧，那匹可怜的马，瘦成了这般模样，更显出它的头脸的长来。”

“嗳，马脸本来就是长的，你可知道汉语有句话叫‘牛头马面’吗？”这是王蒙老师在说。

“当然，当然。”我回答说。

“你瞧我这副长相就叫‘牛头马面’——我的头虽说不上有牛头般大，但我这副长脸的确可以和这匹马脸相媲美。”接着他又用维吾尔语补充了一句：“satqiray”，说罢哈哈大笑起来。

崔瑞芳老师也在一旁会心地微笑着。

我惊呆了。自嘲，这是真正的自嘲！只有勇敢的人才会这般自嘲，而善于自嘲的人永远是快乐的（不过，我们哈萨克人形容一条真正的汉子的轮廓时，便也是常常喜欢这样说——那汉子脸上的线条，就和骏马脸上的线条一样分明）。

在此之前，我对他的“新疆式”幽默有所闻知，但断然未曾料到他竟敢于这般自嘲。当然，我早就应该清楚，幽默者往往也善于自嘲……

也许，对于他的崇敬之情，正是从这一刻起在我心头油然而生?

也是个春天。我第一次见到他，是在1973年4月底光景。

那是在遥远的吐鲁番圩孜。

这里曾经有过一棵“血泪树”。要不是这棵“血泪树”，我想我和他绝然不会在那样的年头，在那样的去处相遇。

他们是一个“三结合”的创作组。他们的任务是要创作有关“血泪树”的连环画脚本。

他就在他们中间。

那时的他，看得出是个内向、深沉、坚定的人。但他的眼神依然掩饰不住潜藏在内心深处的隐隐的抑郁和痛苦。在平时的言谈举止中，却显得有几分拘谨和小心。

是的，他也是个活生生的人——有他的欢乐，也有他的痛苦……

人的一生过于一帆风顺，未必是件幸事。

他曾经被命运之舟摇荡到天边的巴彦岱小镇上来。

这里是维吾尔人村落。

不同的民族，不同的语言，不同的风俗。起初，他只能和“梁上作巢的新婚的一对燕子”[①]默默对语。然而，人民是相通的。不论哪一种肤色，哪一个民族，哪一国度，只要是人民，便具有共同的美德。心灵的桥梁沟通了。于是，在那荒唐的岁月，在那风雨飘摇的日子里，他与这里的土地同呼吸，他与这里的人民共命运，平安而又充实地度过了那不可思议的难挨的日日夜夜。

他学会了维吾尔语。然而，他的收获不止于此——他接触到了一个不同的文化。他获得了一个全新的视角。作为一个作家，这是他的福分。他可以从不同于他人的更为广阔的角度来仰视和俯视人、人生、社会、自然，乃至宇宙。他在那里思索着，积蓄着，犹如一泓天然而成的冰川湖泊。

于是，一旦当盛夏的骄阳将某一道冰坝融化，他终于无羁无绊地抒发着长久压抑的激情，汹涌澎湃，一泻千里，宛若天山的雪水，给那山外的世界带来一片新绿。

评论家阎纲同志在去年宁夏的一次发言中谈到他的创作时说：“王蒙的创作，可以说给我国文学带来了一种崭新的文思，从而活跃了我们的思想……”评论家毕竟是评论家，他的此番高论，确是深中肯綮的。而我以为，这一切与王蒙老师在新疆这块土地上长达十六年之久的生活是密不可分的。

是的，遥想当年，诗仙李白也曾在西域这块土地上生，在这块土地上长，从而给中原文化带去了空前绝后的一代清新豪迈诗风。这块土地同样赋予了王蒙。而今，他也正在把他自己独特的艺术奉献给祖国、人民。

每见到他，我便要不由自主地联想起鹰来。

他是个具有鹰的气质的人。

是的，他的迅疾，他的机警，他的敏锐，他的自信，完完全全像一只鹰。

一篇《组织部新来的年轻人》就使他蜚声文坛。

一篇《当代作家的非学者化倾向》又震动了整个学术界、文化界。

一篇关于专业作家体制改革的设想，在全国各地引起一系列改革措施。

一次尼勒克之行，初次接触哈萨克生活的他，竟然写出了《最后的陶》。此作译成哈萨克文，还引来一批效仿者的新作。

……

① 参见王蒙散文集《桔黄色的梦》一书中《萨拉姆，新疆》一文，百花文艺出版社1984年8月第1版。

还是尼勒克。

这是他自从调回北京，第一次返回新疆。对于尼勒克来说，当然更是第一次涉足。

尼勒克的秋天是美丽的。奔腾的喀什河水有如她的芳名一般，活像一条蓝色的玉带蜿蜒在河谷丛林之间。雪线已经低垂下来，落叶乔木开始镶上了金边，唯有背阳坡上和河谷里的针叶林，依旧绿色如故。

我们正是在这美丽的秋天，来到了接近喀什河源头的阿尔斯朗草原。我们已经在道地的牧人家里住了一夜。这会儿正在县委书记刘澄同志陪同下来到一个畜栏边，听取牧人们对刚刚开始实行的责任制的意见。正在这里收购活畜的县食品公司的几个人，也加入了这场有趣的讨论。几个牧人轮番用他们精巧的手工艺品——木碗，为我们在座的各位倒着皮囊里的马奶酒。秋天的马奶酒醇香爽口。他没有回绝，倒是捧起木碗连饮几碗。牧人们有点刮目相看了。是的，一个来自北京的客人，居然能够如此豪饮马奶酒，当然是一件令他们感到新奇和稍稍费解的事。然而，当他们得知这位戴着金边眼镜的汉人，曾经就在伊犁河谷安过家，而且和最底层的劳动人民生活在一起的时候，凝聚在他们眉宇间的疑团不觉释然……

讨论小憩片刻，他站了起来。这是一片茂密的灌木林，在不远的那边，便是一望无尽的松林了。他在灌木林里转了一圈，望着那边的几匹马，不觉有点出神了。

“我们能不能骑上马，朝这河谷尽头走上一遭。”他说。

“可以。”我走了过去，向我的同胞——那几位牧人要了两匹马。一个汉子甘愿为我们引路，于是，我们三人上马向山里进发了。

牧人们给我们挑选的都是绝好的走马。我至今记得王蒙老师骑的是一匹雪青马。那马走起来就像常言所说的，即使您端上一碗满溢的水，也绝然不会泼出一滴来的。我骑的是一匹黑骏马，那汉子骑的则是一匹跃跃欲试的枣红马，就和他自己一样地神气活现。起初，我们三人并驾齐驱。不一会儿，王蒙老师便任马驰骋，让那匹雪青马尽情地施展着自己的花走艺术。我们被远远地抛在了后边。陪同我们的汉子开始担忧起来，生怕他会从马背上跌落或者有个闪失。坦率地说，我也有点担心，因为在此之前我对他的骑术毫不摸底。但是，看着他挺有兴致，我又不忍心去败他的兴，也就没有跟上前去护驾。好在那匹雪青马的确也没有什么怪毛病，是一匹地地道道的良骥，因此我们也就放心了。

他在一处岔道口上等着我们。

涉过一片小沼泽地，我们进入了茂密的森林边缘。这里枯木横躺，蛛网交错，幽静而又深邃，透着某种让人难以揣摸的神秘气氛。看来这河谷是无法走到尽头的，这森林也难以走出它的另一边。

我们在隐匿在密林深处的一家牧羊人帐篷里作了客。

在回来的路上，我们时而让马儿疾行，时而又勒缰缓缓并辔而行。

王蒙老师显得异常兴奋。他突然从马背上侧转身来对我说：

“这下我回北京有的吹了。”

我笑了。

“真的，邓友梅、张洁他们能有我这样的福分跑到草原上来骑马吗？我非得馋馋他们不可。我要向他们说，我是怎样骑着马儿，在草原上任意驰骋来着……”

我看着他，忽然觉得他简直就像一个快乐的大孩子，且又有点顽皮。是的，他的心地太像个孩童了——既像孩童般天真，又像孩童般狡黠。其实，骑这么一小会儿马，在草原上又算得了什么——这他也清楚。可是你听，他就要回北京去，向还没有领略过草原风光的朋友们吹嘘炫耀呢！哦哦，一个作家要是没有这样的孩子气，很难想象他会从生活和自然中真正获得艺术的启示。

夕阳已经开始西垂。天空是那样地晴朗，在柔和的夕照下，四周的山野披上了一层迷人的色彩。当我们走出松林来到那片灌木林的时候，这里的座谈会还没有散呢。

“你看了我的《逍遥游》吗？”他在电话里这样问我。

“我刚从新疆回来。我已经在报上看到目录了，但刊物还没到手，我打算这几天就找来看看。”

“那你看完有空咱们聊聊。”

“好的。”我说。

我很快看完了《逍遥游》。准确地说，通篇小说写得有如行云流水，那样地舒展、那样地挥洒自如。然而，我看着小说中的人物，尤其是景物氛围的描写，总觉着这一切就像是发生在我小时候，我们家所在的伊宁中心一个古老的宗教学校附近的人和事……

我的感觉得到了印证。在动乱岁月最初的两年里，原来王蒙老师一家住得离我们家很近，甚至可以说我们就住在只有一墙之隔的两家大院里。而这一切是我前所不知的。难怪《逍遥游》里的那些人物，以及那些环境让我感到如此熟悉、亲切。

这天我们谈得很投机。我们谈起了作品中所有人物原型，以及未能进入作品却又生活在那一带的、和这些作品中人物有着密切联系和毫无干系的邻里街坊。王蒙老师还提到一位嗓音十分动听的卡里——颂经师，他听他颂经宛若听唱一般。但我怎么也想不起这个人来。也许那会儿我太小了，还轮不上和这些卡里们打交道呢。谈话间崔瑞芳老师偶尔也会插进一两句来，以提醒被我们遗漏的某些细节。每当这时，王蒙老师便会不由自主地看她一眼，那眼神里分明洋溢着一种兴奋、自豪和幸福的光彩……

瞧，他把我找去，和我谈论这篇作品，并不是为了像个学究似地研讨作品的开篇、布局与结尾，以及作者在结构作品方面所费的苦心；也不像评论家那样要评判作品的主题所在，以及预测其即将产生的社会效果；更不像我们原有的关系那样——先生运用自己的成功之作，来开导和教诲他不敏的学生。他找我，就是想和我像个老朋友那样谈谈这篇倾注了他自己特殊情感的作品而已，除此没有任何别的什么。

一个作家，有时在心绪良好的时候，是希望和别人谈谈自己喜欢的作品的。如果这人熟悉自己的作品背景当然更好。这样，也许你还能获得作品本身以外的更多的享受，包括一种对岁月的回顾，一种对往事的追思。更何况这篇作品产生在一个特殊的、让人值得缅怀的时刻……

当然，他是个作家，所以他才对任何一种语言都充满了兴趣。但是问题不在这里。让人吃惊的是，他对语言的接受能力。

一场落难，他学会了维吾尔语——在他结集出版的小说集之一《冬雨》中，甚至还有一篇他从维吾尔文翻译过来的小说译文。当然，为此他用去了十六年光景。

但是，他去了一趟衣阿华，仅仅四个月时间，他就已经初步掌握了英语，而现在越发地熟练了。这莫非是一个奇迹不成？还是造物主对他过于偏心——倘若世上真有造物主存在的话。

他从塔什干回来，一边给我翻阅着从那儿带回的那瓦依作品插图集，一边向我叙说着乌孜别克日常用语与维吾尔、哈萨克语之间的近似之处，与不同之处。

他从西德回来，又兴致勃勃地谈起在那边遇见一位美丽的土耳其小姑娘，在和她的交谈中，他发现在土耳其语有许多词根完全与维吾尔语和哈萨克语一样。以至于那位土耳其小姑娘问他是不是土耳其人。

……

当他被埋没了二十多年后，他的名字重新出现在文坛时，他和他的同辈人仍旧被誉为“青年作家”。当然，这都是特定时代的产物——在粉碎“四人帮”后的那段时间里，除了这一批人，似乎再没有更年轻的作家了。我记得他曾对此状苦笑着摇过头。不过，到后来，当真正的青年作家成批涌现，他是用一腔的热情给予了支持的。

我想，关于张承志作品的第一篇正式评论，正是出自他的笔下。

关于《北方的河》，也是他作出了最为迅速的反应。

关于梁晓声和他的《今夜有暴风雪》，还是他首先发表了中肯的评论。

笔者本人当然更是备受关怀、扶持。

哈萨克有一句话：“有所见者才有所行，无所见者又何以行。”是的，王蒙老师曾经亲眼目睹过那些令人景仰的前辈文学大师们的举止所为，聆听过他们的教诲；并且，在自身处境最为困难的时候，受到过他们的热情关心与爱护。因此，当今天他也开始成为长者的时候，也能以这样宽厚、热忱、平易近人的师长风度来关怀我们这些年轻人。我以为，这是一种人类美德的延续。每一代人都有继承、发扬人类美德的使命，师长们已经做到了，那么我们呢，我们是否能够胜任自己所肩负的道德使命！

我和王蒙老师的民族文学情缘

我是17岁第一次见到王蒙老师，当时我16岁初中毕业下乡，是一名知青，后来让我到伊宁县一个公社（红星公社，现在的吐鲁番芋孜乡）去当新闻干事。那时候王蒙老师是自治区文化厅一个“三结合”创作组的成员，只有执笔权，没有署名权。创作组成员中也有画家。他们准备以我们公社所在地阶级斗争的活教材“血泪树”为题材，创作一本《血泪树》连环画。公社党委吴元生书记让我给这个创作组当翻译。当时王蒙老师不需要我翻译，他自己直接就和这里的维吾尔族贫下中农老乡们交流。我就奇怪了，问和他一起来的都幸福：“这个人是什么人，他怎么懂维吾尔语？”都幸福回答说：“这个人是作家，当年写过《组织部新来的年轻人》，受到了毛主席点名批评，所以把他打成了‘右派’，后来把他发放到新疆，在伊犁巴彦岱待了六年，后来又回到了乌鲁木齐。”我一听到他是被毛主席点过名的人，立即肃然起敬，因为当时在我看来被毛主席点过的人，无论是好人坏人都不得了，只要是上了他老人家的口，肯定是了不起的人物。在这之前，我读过很多长篇小说，很多都是国外大胡子的故去作家的作品，或者是国内那些离我很遥远的老作家的作品，突然看到一个活生生的作家站在面前的时候，我是既感动又激动，突然就萌生了一个念想：我为什么不可以做一个作家？我的作家梦就是17岁那年，王蒙老师在我心里种下的，然后就这么一路走来。

后来，我的作品获得1979年全国优秀短篇小说奖，到北京领奖时见到王蒙老师，他说：“人民文学出版社编辑出版获奖作品集，让我看了你那个短篇，格言民谚多了一点，我给你删了一些，你不会介意吧？”我说：“这怎么可能？我怎么会介意呢？我感激不尽！”他告诉我说，写小说民间格言不要用太多。这是对我智慧的一个启迪。在这之前，我觉得写少数民族生活题材小说，可能大量地用民间俚语、格言会更有民族特色，但是王蒙老师这一下就把天窗打开了，我就明白了。

得奖以后，第五期文学讲习所（鲁迅文学院的前身）就把我留下来让我学习。记得那会儿拿来了十五个老前辈的名字，让我们自己选择导师。我一看，里头有著名的作家，特别是爷爷辈的作家，我就说我选王蒙老师。选他的理由是因为他在新疆生活过，在伊犁这片土地上学会了维吾尔语。而伊犁河谷是非常典型的地区，这里既有高山草原，又有森林、雪山，一眼望去，从雪线到平原看不到头。伊犁土地肥沃，气候适宜。他熟悉这一块土地，如果和他交流文学创作，他能点化我。别的老师他们虽然都是大家，但他们对新疆这块土地是陌生的，所以我就选择了王蒙老师。还有陈世旭和瞿小平、刘淑华两位也选择了他。

我们第一次见王蒙老师的时候，他非常谦虚地说："你们怎么能成我学生呢？你们也是得过全国奖的人，我是'摘桃派'，我摘了你们这些桃子。"其实这是一种非常谦虚的说法，他这么一说，我就更加尊敬他了。

1981年，王蒙老师又去新疆，我就跟着王蒙老师去了伊犁的尼勒克县，和他当年在巴彦岱公社当副大队长时候的公社党委书记、时任尼克勒县委书记刘成同志，一起到九月的天山草原走一圈，回来他就写了表现哈萨克生活的短篇小说《最后的陶》，和著名的中篇小说《杂色》。我觉得，伊犁的生活对于王蒙老师掌握维吾尔语和对新疆少数民族文化的了解和学习至关重要。真正让王蒙老师了解维吾尔文化、其他少数民族文化和新疆地域风光，应该是从伊犁开始的。李白也应该在这一带生活过，实际上根据郭沫若的考证，李白诞生地是在中亚现今吉尔吉斯斯坦境内的碎叶城，也就是西域，四岁的时候才回到四川。

那么到现在为止，我认为中国历史上有两个作家在语言上是不可模仿的，一个是唐代李白这种浪漫主义的诗，一千多年了，现在还没有人能按他的这种模式来写，因为他四岁以前就会西域那边的语言，而这种语言给他一种心理文化的参照系。第二个就是王蒙老师的小说，王蒙老师的小说从文本学意义上研究，很多人说他是意识流，也有人说他是黑色幽默，其实我读了以后，觉得他语言的那种排山倒海的气势，是一种典型的中亚叙述方式。也包含了维吾尔语和哈萨克语的机智、幽默。

咱们内地的很多作家懂英语、懂德语、懂法语、懂日语，很多语言都懂，但是维吾尔语和哈萨克语他不懂！王蒙老师的语言的精妙之处就来自这里。反过来又对中国当代的文学创作做出了巨大贡献。我觉得用古老汉语中的成语来形容王蒙老师，就是“塞翁失马，焉知非福”！当时他被打成“右派”，被发配到新疆（尽管他是主动要求去的），他作为一个有主见、有追求的文化人，学习了当地语言和文化之后，他成为了中国顶天立地的作家。

现在大家研究王蒙老师的思想，崔建飞说到他作品体现了当代政治史，我觉得还要加一点，就是与少数民族的交往史。王蒙老师与新疆维吾尔族、哈萨克族普通百姓都是朋友，这些朋友甚至找到北京来。好多次他给我打电话，说当年的某某某来了，甚至某某某的孩子来了，你替我接待一下。在北京我们多次和维吾尔族领袖级的人物在一起聚会，他们对王蒙老师非常尊敬，我觉着王蒙老师促进了民族之间的文化和谐，他是一个真正的文化使者！

“七·五”事件以后，我觉得有一种冰凉的事情发生，这个时候正好王蒙老师的新疆题材作品集出来，由我们《中国作家》出面组织，在中国作家协会举办了一个他的新疆题材作品集研讨会，在北京的几位维吾尔族领导人都参加了，然后我们在新疆又搞了个首发式。王蒙老师那些作品，维吾尔族人民由衷喜爱。他们一般都把王蒙老师称呼为“王蒙阿卡（大哥）”。所以，我觉得在研究王蒙老师文艺思想的时候，不要忘记他在民族间的亲和力，这是他的独特贡献。

他写维吾尔族也好，写哈萨克族也好，那些都已经成为当地文学史的名篇，是维吾尔族生活的集大成者。发表长篇小说《这边风景》时，王蒙老师对我说：“我离开新疆三十多年了，年岁也大了，有些事也记不太清了，你给我做个特邀编辑，把把关。”然后让我把书从头到尾全部看了。我感觉他把伊犁的生活写得非常美好，而且还原了当时伊犁的生活。因为经过几十年的发展，那种风光，那种自然的人文的环境，那种地质地貌，都会发生变化，那些活着的人都已经故去了，当时的语言形态与今天的语言形态都会发生变化。这本书的重大意义就是还原了当时社会那种真实的状况，而这种还原，不光是对文学的还原，实际上是对人文社会的还原，对历史的还原，对参照物的还原，对人心的还原。在这点上王蒙老师这些作品不光是对我们中文读者，而且是对少数民族读者都是不可或缺的范本。

王蒙老师的重要性，新疆领导们也都认识到了，2013年聘请他为新疆维吾尔自治区人民政府的文化顾问。其实他的作用还远不止于此，有些现象正是因为王蒙老师直接向中央反映，才得到修正或者是重新定位的，这些东西都值得我们认真地研究和探讨，然后再来阅读王蒙的作品，你会有新的收获、新的理解。

学术研究，我们不能是简单地从文本到文本研究，从文本到文本的研究只是冰山浮在海面上我们能看到的一部分，真正支撑冰山的海底部分，我们却没有看到。像他这样有深厚政治资历和睿智眼光的大作家，才有这种洞察力，才能对社会从整体上进行把握。《中国作家》杂志1989年第2期发表王蒙老师的小说《坚硬的稀粥》，它不但是文学作品，而且是一个真正透彻地剖析社会的作品。这样的作品体现了只有他这样做过部长的人，真正达到过政治高层的人，才能有这样的眼光，才能有这样超拔的视野。

因为他了解新疆，在那里真正和老百姓摸爬滚打十六年，后来又在乌鲁木齐工作，又到五·七干校，又到这里那里的，去了很多地方，到重新执笔写作的时候，真的是一发而不可收止！那时候我也刚刚开始写小说，他发的每一篇作品，无论发在哪里，我都要设法找来第一时间阅读，阅读完以后，那种畅快淋漓，那种欢畅，那种喜悦，那种心灵的收获是难以表达的。正是他这种睿智的释放，对新时期的中国文学发挥了革命性的作用！

我们怎么笑……

那天上午，我和李东东、黄友义、唐宁几位委员来到什刹海旁的南官房胡同，看望98岁的全国政协委员、著名美裔翻译家沙博理先生。

这是一个老北京僻静的小四合院，进门便是一个照壁，照壁上写着一个端庄饱满的“福”字。绕过照壁，便是一个精巧的院落，有几株植物在小小的院落里迎风摇曳，期待着春天的来临，我想，稍待几日，便会鲜花怒放，把这个院落点缀得春意盎然。而靠近屋门台阶前有一棵古柏，无声地叙说着它所目睹的无数寒暑。

进得屋来，在正屋里已经有几位记者和客人等待。沙博理先生却深坐于沙发，放大了声音在看电视新闻。虽然由于身体原因，他没有到大会现场，但是每天通过电视密切关注着两会。

“沙老，我们又来看望您了！”李东东委员是沙博理先生的老朋友了，她大声说着，走向沙发中的老人。我隐隐有些担忧，耄耋老人能否站立。显然，我的担忧是多余的，老人站了起来，与李东东委员相拥相见。老人家面色白里透红，精神矍铄。“今年是政协换届大会，新闻出版界别新委员很多，我给您带来了几位新朋友。”李东东委员说着，将我们几位一一介绍给沙博理先生。

从2011年起，每年两会期间利用休息时间看望沙老，已成为新闻出版界别的固定活动。他说，自己很想去参加会议，但是医生不让出门。他现在视力不太好，很想看些东西，但是不行。前不久在协和医院已经做了两次手术了，过几天还要做。我们都由衷地祝福他老人家长命百岁。他说，对我来说，已经活到98岁了，生命可能还有几年，几个月，几天，或者几个小时。但是这不要紧，要紧的是，还能和你们这些新老朋友们相见。我注意到他胸前佩戴着政协会徽，此刻，工作人员又为他戴上了本次会议出席证。他高兴地说：“我非常想和你们一起学习、研究和讨论”，“我保证，只要能活一天，我就做一天的‘螺丝钉’”。“螺丝钉”精神，其实也是雷锋精神，从那个年代走过来的人，对这种精神记忆犹新。多么可爱的老人。

沙博理先生1915年12月23日出生于美国纽约一个犹太人家庭，毕业于圣约翰大学法律系。他参加过第二次世界大战，成为美国陆军一名高射炮士兵。后来由于时局的需要，美国决定培养一批军人学习世界语言，沙博理被派去学中文和中国的历史文化。由此他的一生与中文和中国文化结下不解之缘。退伍后沙博理用退伍津贴进入哥伦比亚大学学习中文和中国历史文化，又转到耶鲁大学继续学习，前后持续9个月时间。

1947年春天，沙博理抱着“到中国看看”的初衷，带着仅有的200美元只身来到上海，令他始料不及的是，从此便在中国扎下了根，一晃过去了66个年头。沙博理刚来中国就结识了上海著名演员凤子，第二年两人结为夫妇。在她的帮助下，沙博理汉语水平迅速提升，而且对中国文化有了更加深入的了解。沙博理曾经说过：“因为凤子，我才能适应并且心满意足地生活在中国。她已成为我的中国。凤子、Phoenix、我的中国的凤凰。我爱上了凤凰，也爱上了中国龙。”沙博理决定留在中国，投身于中国的发展和一种新的生活。1951年他在对外文化联络局工作，1954年后便在外文出版局人民画报社任职。沙博理先生1952年开始发表译作，1956年第一本译著出版，迄今翻译了《家》《春蚕》《小城春秋》《我的父亲邓小平》等20多部中国文学作品。其中享有盛誉的是他翻译的中国古典名著《水浒传》，这部英译本被认为达到了“信、达、雅”佳境的精妙之作。他曾说：“翻译中国文学是我的职业，也是我的乐趣。它使我有机会去‘认识’更多的中国人，到更多的地方去‘旅行’，比我几辈子可能做到的还要多。”通过他的译笔，向世界展示了丰厚的中国形象。

1963年沙博理先生由周恩来总理批准加入中国国籍。自1983年离休后担任第六届全国政协委员以来连任至今。他始终积极参政议政，常到全国各地考察，对一些问题提出提案，履行政协委员职责。沙博理被誉为“陪伴中国人民走过半个多世纪的真诚朋友”。

这是一位爽朗健谈而又快乐的老人。李东东委员提议我们与沙老合影时，老人不无俏皮地说，我们是中国式照相，还是外国式照相？如果是中国式，就不要笑，严肃一点，如果是外国式，就要“傻”笑。大家为老人家的幽默诙谐的话语逗乐了，大笑起来。只听得记者们举起的相机快门在咔咔作响，镁光灯也一闪一闪欢快地明灭，那欢乐的一瞬已经被永远地定格。

临别时他对我说，他也是中国作家协会会员。我听到他几次说到视力不行，靠助手给他朗读一些文字。他手握着助听器，耳机连着耳朵。握别他老人家时，我说您别着急，您的眼睛会治好的，我先给您送些有声读物来，您需要什么文学书，告诉我一声，我会给您送来。我从老人家紧握着的手中，感受到了他的力量，那是一个小伙子的力量！什么是生命的活力，这才是！

老人家一定要送我们出来，我一再说，您别出来了，天气冷，外面有风，您别着凉了。就此在正屋门口告别。

目览两个世纪的人

2014年10月18日，最后一位现任外裔全国政协委员沙博理先生走了。99岁的他，其实目览了两个世纪。他深邃的目光洞察着这个世界。也许，他这一走就带走了一个时代，不知何时会有新的外裔政协委员走进政协。

沙博理先生1915年12月23日出生在美国纽约一个犹太人家庭，青年时期毕业于圣约翰大学法律系。他参加过第二次世界大战，成为美国陆军一名高射炮士兵。后来由于时局的需要，美国决定培养一批军人学习世界语言，沙博理被派去学中文和中国的历史文化。由此他的一生与中文和中国文化结下不解之缘，甚至预示着他的生命将在中国大地上生根、开花、结果，最终回归这一片土地。但在当时，这一切对沙博理本人来说，都是一个浑然不知的未卜未来。“二战”结束了，退伍后沙博理用退伍津贴进入哥伦比亚大学继续学习中文和中国历史文化，又转到耶鲁大学继续学习，前后持续9个月时间。

1947年4月，32岁的沙博理抱着“到中国看看”的初衷，带着仅有的200美元孤自一身来到上海，令他始料不及的是，从此便在中国扎下了根，一晃过去了67个年头，竟然走到了生命的尽头。当年，沙博理刚来中国就结识了上海著名演员、进步作家凤子，由同情进步活动转而投身中国革命，第二年两人结为夫妇。在她的帮助下，沙博理汉语水平迅速提升，而且对中国文化有了更加深入的了解。沙博理曾经说过：“因为凤子，我才能适应并且心满意足地生活在中国。她已成为我的中国。凤子、Phoenix、我的中国的凤凰。我爱上了凤凰，也爱上了中国龙。”1949年10月1日，夫妇两人应邀在天安门前观礼台参加开国大典。从此沙博理决定留在中国，投身于中国的发展和一种新的生活。1951年他在对外文化联络局工作，1954年后便在外文出版局人民画报社任职。沙博理先生1952年开始发表译作，1956年第一本译著出版，迄今翻译了《家》《春蚕》《小城春秋》《铜墙铁壁》《平原烈火》《新儿女英雄传》《保卫延安》《林海雪原》《李有才板话及其他故事》《柳堡的故事》《创业史》《我的父亲邓小平》等20多部1000多万字中国文学作品。他先后出版和发表了《一个美国人在中国》《四川的经济改革》《马海德：美国医生乔治·哈特姆在中国的传奇》《我的中国》等作品。另外，整理编译《中国古代犹太人：中国学者研究文集点评》《中国古代刑法与案例传说》《中国文学集锦：从明代到毛泽东时代》等著作。其中享有盛誉的是他翻译的中国古典名著《水浒传》，这部英译本被认为达到了“信、达、雅”佳境的精妙之作。他曾说：“翻译中国文学是我的职业，也是我的乐趣。它使我有机会去‘认识’更多的中国人，到更多的地方去‘旅行’，比我几辈子可能做到的还要多。”通过他的译笔，向世界展示了丰厚的中国形象。也由此获得了“彩虹翻译奖”“国际传播终身荣誉奖”“中国翻译文化终身成就奖”“影响世界华人终身成就奖”等诸多奖项。

1963年沙博理先生由周恩来总理批准加入中国国籍。自1983年离休后担任第六届全国政协委员以来至第十二届连任六届。他始终积极参政议政，常到全国各地考察，对一些问题提出提案，在全国政协大会上代表外裔委员发言，履行政协委员职责。应当说，沙博理先生是中国人民跨世纪的朋友。

我第一次、也是最后一次见到沙博理先生，是在2013年两会期间，几位委员代表新闻出版界前去看望因身体原因未能到会的他老人家。那一天，他见到我们很高兴，爽朗地笑着说，对我来说，已经活到98岁了，生命可能还有几年，几个月，几天，或者几个小时。但是这不要紧，要紧的是，还能和你们这些新老朋友们相见。豁达的心境，坦荡的胸怀，让我们肃然起敬。相隔一年半之后，老人家走完了99岁生命的历程，将毕生的智慧、情感和爱无私地奉献给了这片大地，也由于他译著和作品的影响力，成为了中国文化和中国文学对外宣传的标志性人物。

智者已逝，风骨永存，我们怀念可亲可敬的沙博理先生。

拥有自己读者的作家

我第一次看到张贤亮的名字，是在读到他的小说《邢老汉和狗的故事》。巧的是，我是在此之前以处女作《努尔曼老汉和猎狗巴力斯》获得1979年全国短篇小说奖，所以，对他写到狗的故事很感亲切，遂找来作品一睹为快。

那时候，十一届三中全会刚刚开过，党的“一个中心，两个基本点”基本路线得以确立和贯彻执行，政治上拨乱反正，深入揭批“四人帮”的倒行逆施，百废待举，百业待兴；与此同时，国门开始打开，实行改革开放，以经济建设为中心，国民经济从濒临崩溃的边缘开始走向复苏，新时期的帷幕徐徐拉开。而这一时期的文学，迎来了又一个春天，自觉担当起揭批“四人帮”、清算“极左”路线的历史重任，将人人意中所有、语中所无的郁结以艺术的形式表达出来，深受人民群众欢迎，呈现出一时“洛阳纸贵”的奇观。那些作品可谓是惊世骇俗，振聋发聩，为解放思想、历史的进步与发展做出了不可替代的贡献。张贤亮正是这一伟大历史洪流中涌现的一位作家。《邢老汉和狗的故事》正是一篇直面人生，直面社会，以真实的故事，灼人的细节，犀利的语言写出一个卑微者命运的小说。作品通过邢老汉与讨饭女、狗的故事交织的命运，揭露了文革“极左”时期令人发指的荒诞行径和所酿成的人间悲剧。作品极具艺术张力和思想内涵，成为新时期之初不可多得的佳作之一。

当然，张贤亮是一位命运多舛、饱经沧桑的作家。1955年中学毕业后，19岁的他因家庭出身问题，从北京迁到甘肃省宁夏专区贺兰县（宁夏回族自治区于1957年成立），在甘肃省干部文化学校（宁夏自治区党校前身）任教。1957年因在《延河》文学月刊上发表长诗《大风歌》而被划成右派（后来又戴上现行反革命帽子），被判过刑，遭受22年的劳改、劳教、管制、监禁，直到1979年9月获得平反落实政策（《邢老汉和狗的故事》便创作于1979年10月在他重新任教的南梁农场）。但是，从他后来80年代井喷式发表的一系列作品中我们可以看出，他始终没有放弃信念。一边读着仅允许他带入劳改农场的《资本论》，一边忍受着饥饿，一边思索着国家的命运。他从最初的惶恐到在心底得出自己的结论，这些又支撑着他心灵的天空没有灰暗下来，更没有绝望，他最终亲眼目睹了那些历史错误的矫正。而在他创作的系列作品中，我们从几位主人公章永麟、许灵均"右派"知识分子身上，可以清晰地看到张贤亮自己的影子。

在那一时期，张贤亮先后发表了短篇小说《邢老汉和狗的故事》《灵与肉》《肖尔布拉克》《初吻》等；中篇小说《土牢情话》《龙种》《河的子孙》《无法苏醒》《早安朋友》《浪漫的黑炮》《绿化树》《男人的一半是女人》《青春期》《一亿六》等；长篇小说《男人的风格》《习惯死亡》《我的菩提树》。先后结集出版的选集有中短篇小说集《灵与肉》《感情的历程》（又称"唯物论者的启示录"）、《张贤亮集》以及长篇文学性政论随笔《小说中国》、随笔集《中国文人的另一种思路》等。其中《灵与肉》《肖尔布拉克》分别获1980年及1983年全国优秀短篇小说奖，《绿化树》获第三届全国优秀中篇小说奖。他是当时"伤痕""反思"文学浪潮中的重要作家之一。按张贤亮自己的话说，他是中国（当代文学）第一个写性的，第一个写饥饿的，第一个写城市改革的，第一个写中学生早恋的，第一个写劳改队的……他的每一部作品问世，几乎都是闯文学"禁区"，在文坛要带来某种骚动和争议，而他忠实的读者会即刻对他追捧。应当说，他是一位拥有自己读者的作家。

张贤亮的小说及时改编为电影搬上银幕，进一步扩大了他作品的影响力。像《牧马人》《黑炮事件》《异想天开》《我们是世界》等影片，一经问世一炮走红。与电影一起走红的，当然有那些明星和导演们。从另一种意义上说，张贤亮由此与中国影视界奠定了良好基础，结下善缘。这也是一种伏笔。所以，当张贤亮在自觉创作井喷期已经过去，需要来一个华丽转身的时候，建一座影视城便顺理成章。1992年12月，张贤亮以自己作品外文版版权获得的外汇存折（折合人民币70多万元）用来作抵押，借贷创办宁夏华夏西部影视城公司。如今，公司所属的镇北堡西部影视城，已然成为中国西部最著名的影视城，《大话西游》《新龙门客栈》《大红灯笼高高挂》等100余部影视作品曾在这里拍摄。

今年8月间，我到镇北堡西部影城走了一圈。讲解员在津津乐道地讲述着张贤亮创办影视城的每一个细节，对张贤亮的景仰之情溢于言表。一群群来自天南地北的游客，在这个始建于600多年前的古城堡间穿梭如织，似乎人人都知晓给予这个古城堡以全新生命活力的人，便是作家张贤亮。那些一个个影视作品摄制时留下的场景和道具，更是无言地诉说和印证着这一切。一个作家，除了写作，还能给一方百姓带来福祉，让这么多的人就业，让这么多的人分享快乐，已经是一种奇迹。我感觉得到，张贤亮已成为宁夏的一张名片和骄傲。坊间的故事也在自然流传。

人生苦短，生命有其规律。张贤亮曾说过到了90岁时，他还会写作，会告诉读者更多的故事。然而今天，他带着自己更多的故事已驾鹤西去。但是，他留下的作品，具有特殊的生命力，将继续伴随读者走下去。这便是文学作品的魅力和活力所在。

目远今古　心容天地

——浅读高延青先生诗文

我和高延青先生是在第十一届全国政协会议上相识的——我们同在民族49组、同是民族宗教委员会委员，每年两会期间在一起开会交流，便成了朋友。

在我看来，高延青先生不仅仅是一位官员，更是一位富有激情的诗人。他擅长金石书画，多才多艺，古诗词造诣颇深，写的古体诗吟古颂今，直抒胸臆。“目远及今古/心宽容天地/为人当豁达/身健少问医。”（《豁达篇》）表达了他对世事人生明澈通达的心境。

高延青先生韵文体写作体裁广泛，诗、词、曲、赋、联语、俳句、三字经、爬山调等均有涉猎。无论遣兴纪事，触景抒怀，抑或真情讴歌，无情鞭挞，尽在其中。当然，作为书画方家，亦有题画酬赠之句不乏其间。

高延青先生更是一位真诚的人，他不但赤诚于党和人民的事业，更是面对读者的忠诚，令人感动。他将“文革”中所写的质朴篇章亦辑录于此，意在让更多的后来者了解那段非常的历史，从那些留有清晰时代烙痕的字里行间，我们足以听闻那个遥逝年代的回音。

高延青先生出生于革命家庭，可谓书香门第。而他所交往的群贤尤勋，师长挚友，“大家在一起谈诗论句，拜读书作已成为生活中的一大乐事。”从中给他带来的不仅仅是韵语之缘，更是由此不断提升个人文化底蕴，修身养性，正气浩然，做人为文，忠孝侠义，肝胆相照，令人感佩。在当今时代，无论身处官场或驰骋商海者，或可应当静下心来，挤出些许时间读一点书，沾一点文气，时间久了，必将得益匪浅，终身受用。

谨愿高延青先生诗书画作有新的收获！

媒体报道

政协委员建议红色经典回归中小学语文课本

王斯敏

“还记得《朱德的扁担》吗？这曾经是我小时候很喜欢的课文；曾经教育了很多人的《星火燎原》丛书，曾经有36篇文章被选入中小学课本，但目前只留有《飞夺泸定桥》一篇在教辅教材里……”哈萨克族委员艾克拜尔·米吉提言语间充满忧虑。

艾克拜尔·米吉提委员说，中小学语文课本是培育民族精神的重要环节之一，担负着对未成年人进行语言文字、思想品德、审美情趣、意志情操等综合教育的重任。红色经典作品作为中小学语文课本的重要内容，曾经发挥不可替代的作用，“但是，我们正在面临一个令人忧虑的现实。”

“目前，北京市中小学语文课本仅有《黄继光》《狼牙山五壮士》两篇红色经典作品。而在全国各地，中小学语文教材鲜见红色经典作品。许多孩子已经不知道曾经为几代人耳熟能详的红色英雄人物。”艾克拜尔·米吉提委员说。

“现在，一些教育教学单位为变而变，新教材变化幅度之大、变化之频繁令人目不暇接。一本教材使用时间还不到两年，使用效果还未来得及评估，新的教材就又被推出。有的地方教材，哪些内容进入教材、哪些内容应该剔除，几乎就是由几个参编者决定，这是对孩子的不负责任。”艾克拜尔·米吉提委员说。

为此，他在提案里建议：修改《中小学教材编写审定管理暂行办法》和《语文课程标准》，加强红色经典作品在语文教学中的分量，让孩子们通过学习红色经典课文去认识那段历史，把革命传统一代代传承下去。

（原载于《光明日报》2009年3月12日）

名利淡如水　事业重如山

努尔巴合提·阿不都克力木

长长的作品名录，长长的写作艺术人生，提起艾克拜尔·米吉提（Akbar Majit），那可是在哈萨克人心中响当当的作家。当我通宵达旦读他的一部部小说时，当我掩卷体味着他的作品带给我的启迪时，却不曾想到有一天我会采访他，面对面地听他谈文学，谈创作，谈人生。

艾克拜尔·米吉提是哈萨克民族文化精神的探索者，致力于在平凡的日常生活和情感生活中表现出带有本民族特殊印记的流动的文化传统，他笔下的人物更具有文化色彩和性质。他的创作揭示了轰轰烈烈的社会政治运动固然改变了或者遮蔽了某些传统风习，但民族文化传统的内在生命力依然生生不息，充满活力。

艾克拜尔·米吉提用汉语创作，是我国改革开放以来最早涌现的一批有影响的作家之一，他的处女作《努尔曼老汉和猎狗巴力斯》，早在1979年就获得全国优秀短篇小说奖。他的代表作有《哦，十五岁的哈丽黛哟》《瘸腿野马》《存留在夫人箱底的名单》《蓝鸽、蓝鸽……》、传记文学《穆罕默德》、译著《论维吾尔十二木卡姆》《阿拜箴言录》等，并有大量的散文、随笔、评论、纪实文学、翻译作品、学术论文，还主编过一系列中国少数民族文学丛书，作品被译为多种外文，以及国内蒙古、藏、维吾尔、哈萨克、朝鲜等少数民族文字。

著名作家王蒙评价他的作品时说："他从来不根据现成的套子去填充一点生活或者编造许多情节以敷衍成篇。相反地，他注视着和思索着生活的各个侧面，努力从生活中捕捉人物的情感、纠葛、画面、冲突，向小说创作做出自己的独特的提供。"他的散文被《读者》选为卷首语，《意林》《作家文摘》等报刊经常选载。他的学术研究文章引起学界的重视。由于他多年从事少数民族文学编辑和组织工作，对我国民族作家作品撰文评介，受到读者欢迎。这些均已收入出版的《艾克拜尔·米吉提作品集》中。

作为《中国作家》的主编，他常说，文学期刊引领文学创作，引导读者，要靠两条腿走路。一是靠发作品。发作品要严把导向关和艺术质量关。导向是刊物的生命线，通过把握导向，积极引领创作，把优秀作家的优秀作品源源不断地吸引到刊物上来。二是靠评奖。要建立刊物自己的评奖机制和评奖品牌。文学评奖历来具有褒扬作家创作成就、激励作家潜心创作、引导读者阅读选择的作用。《中国作家》2007年与内蒙古鄂尔多斯市共同创立了"中国作家鄂尔多斯文学奖"，专门评选《中国作家》发表的年度优秀文学作品。旨在繁荣发展社会主义文学，推出精品力作，奖掖文学新人，为构建社会主义核心价值体系、构建和谐社会服务。迄今已经评选出2007年、2008年、2009年、2010年度四届获奖作品，充分体现了公开、公平、公正原则，文学界和社会反响良好，已初步确立其权威性。叶广芩的长篇小说《青木川》、蒋子龙的长篇小说《农民帝国》、张炜获本届茅盾文学奖作品《你在高原》等力作由《中国作家》推出并获奖，引来社会关注和读者青睐。

作为全国政协委员，艾克拜尔·米吉提提出了很多议案，如开设人民网维吾尔文、哈萨克文网页，增加蒙古文、哈萨克文基里尔字母转换页的提案，已经被采纳。人民网自2009年7月1日增设维吾尔文、哈萨克文、壮文、彝文网页以来，即时宣传党和国家大政方针，传送权威信息，很受国内这几种文字的网民欢迎，成为在举国欢庆新中国建立60周年大庆系列活动中，人民网一个新的亮点。

艾克拜尔·米吉提说，今年是辛亥革命一百周年。伟大的革命先行者孙中山先生领导人民由此翻开了中国历史新的一页。百年中国天翻地覆，由积贫积弱走向了繁荣富强的今天。为纪念辛亥革命百年，《中国作家》杂志社与孙中山先生的家乡中山市市委、市政府携手，共同举办"纪念辛亥革命百年征文"活动。2011年9月25日经过为期一年面向海内外作家征集作品，"《中国作家》百年辛亥'中山杯'华人华侨文学奖"已揭晓，共有20篇（部）作品获奖。其中王朝柱的电视连续剧文学剧本《辛亥革命》和王兴东、陈宝光的电影文学剧本《辛亥革命》获得特别大奖；陈河的长篇小说《沙捞越战事》获得主体最佳作品奖；匡满的诗歌《比回归线还温暖的地方 —— 辛亥百年怀中山先生》、黄传会的长篇报告文学《龙旗舰队的抉择》获原创优秀作品奖。侨居美国的赵俊迈、苏炜，日本的陈舜臣、郁乃，加拿大的孙博、曾晓文和网络作家赫连勃勃大王的作品分别获奖，群众反响热烈。

党的十七大提出“建设和谐文化”“让人民共享文化发展成果”。《中国作家》同样肩负着提高公共文化产品供给能力，更好地保障人民群众基本文化权益的重任。艾克拜尔·米吉提强调，要努力推出具有中国特色、中国风格、中国气派、深受群众喜爱的优秀文学作品，为繁荣发展社会主义文学事业服务。与此同时，充分发挥国家级文学期刊品牌优势，为着力推出代表国家形象、具有民族特色的文学精品和体现国家文化水准、具有国际影响力的文学名人服务，为文化创新服务。他每每讲到这些，目光如炬，字字落地有声，让人感到他的那份视名利淡如水、事业重如山的责任。

（原载于《当代中国》2011年11月）

把百姓心声及时反映出来

梁若冰

艾克拜尔·米吉提是著名哈萨克族作家、中国作家出版集团管委会副主任和《中国作家》主编。但在分组讨论会上听委员发言，才看到他作为委员对参政议政的似火的热情和独到的能力。今年，他一口气提了《关于文学艺术创作稿酬不应作为一次性收入纳税的提案》等七个扎扎实实的提案，内容除文学本行外，还涉及文化、经济、社会、民族、环保等多方面。在他成为全国政协委员的4年里，他的发言和提案往往是少数民族界别里的“大户”。特别是2009年，他的提案《提议人民网增设哈萨克族、维吾尔族文字》被很快立项并当年解决，这让艾克拜尔·米吉提很兴奋。

去年一年里，艾克拜尔·米吉提在搞出版集团改制、编刊等日常工作之余，还创作了多部被收入年度精选本的短篇小说和散文《母亲与鲜花》等，为了参加全国政协关于“少数民族进城务工经商状况”等多项调研，在有关自治区及省市县蹲点时间长达半年以上。他说：“我们有幸成为有文化有知识、在首都北京工作的民族干部和委员，我们的职责是什么？不能辜负人民的信任，不能忘本忘根，一定要把我眼睛能看到、耳朵能听到的百姓心声及时反映出来！”这样的理念使他的创作和提案有思想、有感情、有扎实的生活内容。

（原载于《光明日报》2011年3月15日5版）

人民网的维吾尔文和哈萨克文网页是每天必看的

王新玲

8日，在少数民族界别小组讨论会上，记者采访了人民网的老朋友、哈萨克族全国政协委员、中国作家出版集团党委副书记、《中国作家》主编艾克拜尔·米吉提。

2009年，艾克拜尔·米吉提委员提案建议人民网开通维吾尔文、哈萨克文、彝文、壮文网页，如今，提案全部得到落实，人民网已成为全国互联网站中首家实现党代会、人代会七种主要少数民族语言全覆盖的网站。2010年，艾克拜尔·米吉提委员再次提交了建议在现有蒙古文、哈萨克文网页内容增加基里尔字母转换页的提案，今年，提案也已得到落实。

艾克拜尔·米吉提委员对人民网少数民族网页非常关注并寄予厚望，他说，人民网的维吾尔文和哈萨克文网页是他每天必看的。当记者问他今年有没有关于人民网少数民族网页建设的提案，艾克拜尔·米吉提委员微笑着表示，今年没有这方面的提案，“你们已经做得相当不错了，我非常满意。”他说。听到这样的表扬，记者在兴奋之余，还是忍不住追问，“您对我们的工作还有什么建议吗？”艾克拜尔·米吉提委员肯定地说，“这两年我经常去人民网做访谈，你们那两位编辑我都熟悉，他们真的非常努力，人手有限，能做成这样已经相当不容易了。”说着，他打开了随身携带的笔记本电脑，登陆到人民网首页，指着导航上的几个字符对记者说，“你看，这就是哈萨克网页入口，我每天必看的。”随即登陆页面，给完全看不懂哈萨克文的记者详细地做了介绍，最后又打开一段视频，对记者说，“这是很难听到的一种哈萨克族民族乐曲，你感受一下。”在记者的再三要求下，艾克拜尔·米吉提委员建议，人民网哈萨克网页今后能在时效性和丰富性方面进一步提高，将会更加完美。之后，他热情邀请人民网去报道11日晚在中国现代文学馆举行的哈萨克族“纳吾热孜节”活动。

除了经常上网看新闻外，艾克拜尔·米吉提委员还喜欢发博客和微博，并且“粉丝”众多。在3月5日的人大开幕式上，他及时把用手机拍摄的现场照片发布到博客上与网友分享。此外，博客和微博还是他征集提案的一个重要渠道和方式，他告诉记者，今年他的一份《关于提高残疾人相关待遇的提案》就是微博上他的残疾人朋友建议的，说着他打开了自己的博客，对记者说，“瞧，这几天我的‘粉丝’就增加了1000多个。”记者发现，艾克拜尔·米吉提委员的文章经常是被网站重点推荐的博文，关注度很高，所以“粉丝”众多。除了提案外，作为知名作家的艾克拜尔·米吉提委员在博客中还经常发些散文和随笔，内容非常丰富。

艾克拜尔·米吉提委员在担任北京市政协委员时曾提出过280多个提案，不少提案被评为优秀提案。担任全国政协委员以来，艾克拜尔·米吉提委员同样提交了不少重要提案，开通人民网维吾尔文、哈萨克文版的提案就是其中之一。对于提案内容丰富、涉及面广，他表示，这些都是我关注的视野范围内的、也是作为一名政协委员应有的责任。

今年的两会上，他同样带来了多个提案。在国家倡导文化大发展大繁荣之际，他提交了建议对民族院校教授少数民族语言艺术教师晋升职称免考外语的提案，他说，一些民族院校专门教授少数民族语言、艺术的特殊岗位的师资，由于要求必须参加外语考试，一直以来不能晋升职称，形成了事实上的不公平待遇。同样资历的语言、艺术人才，由于在民族出版单位、艺术院团工作，已经顺利晋升高级职称系列。因此，建议对这些民族院校教授少数民族语言、艺术的特殊岗位师资，免予外语考试，给予他们正常晋升职称的通道。

（原载于人民网2012年3月9日）

整治食品安全问题要从源头抓起

白国宁

内容提要：全国政协委员、中国作家出版集团党委副书记、管委会副主任、《中国作家》主编艾克拜尔·米吉提委员在看过小花的来信后，表达出自己对食品安全问题的看法。

"食品安全问题要从源头治起！"

全国政协委员、中国作家出版集团党委副书记、管委会副主任、《中国作家》主编艾克拜尔·米吉提委员在看过小花的来信后，表达出自己对食品安全问题的看法。

随着人们对待食品安全的关注度提高，食品安全问题已经不是一种孤立的社会现象，艾克拜尔·米吉提委员认为"这是社会链条中很重要的，吃得安全关系到祖国未来的成长健康，整治食品安全问题就要从源头治起，从种子、种植、运输等等，这些环节不错漏，食品安全才会有保障，当然政府，相关部门的监管也要伴随这些过程中"。

"我们这样的泱泱大国一定会把食品安全问题整治好，让人们都吃上放心食品。希望这一过程不要拖得太长。"全国政协委员艾克拜尔·米吉提说。

（原载于未来网2013年3月16日）

保持一颗初心

谢　靓

在讲述自己的文学之路以及作为政协委员的履职感受时，艾克拜尔的语气神态坦率而热情。于他而言，文学创作和履职尽责是有共通之处的，那就是需要保持一颗初心。

艾克拜尔·米吉提，哈萨克族，新疆维吾尔自治区霍城人，全国政协委员，中国作协全委会委员，中国作协影视文学委员会副主任、中国电影文学学会常务副会长，中国作家出版集团党委副书记、《中国作家》主编，二级编审、享受国务院特殊津贴专家、新闻出版领军人物。著有中短篇小说集《哦，十五岁的哈丽黛哟……》《瘸腿野马》《存留在夫人箱底的名单》等，出版传记文学《穆罕默德》，出版《艾克拜尔·米吉提作品集》《艾克拜尔·米吉提小说精选》《艾克拜尔·米吉提散文精选》《艾克拜尔·米吉提传记文学集》等，还有大量的散文、随笔、评论、纪实文学及翻译作品。

在艾克拜尔·米吉提的众多文学作品中，古朴动人的少数民族风韵总能给读者留下深刻印象，这位作家似乎应该是一个骑着骏马在草原上自由驰骋的游牧民形象。事实上，当记者在中国作家出版集团的办公室采访艾克拜尔时，看到的是一位文质彬彬、沉稳老练地处理各种事务的出版集团负责人。不过，随着采访的深入，哈萨克族人率真豪放的气质也在艾克拜尔的言谈中流露出来。“年轻的时候，我以为作家都是活在古代、已经故世的神仙般的人物，没想到也有活生生的。”“要让世界上越来越多的人都喜欢中国人！”……在讲述自己的文学之路以及政协委员的履职感受时，艾克拜尔的语气神态坦率而热情。其实，于他而言，文学创作和履职尽责是有共通之处的，就是都需要保持一颗初心。

“写出最美好的中国人形象”

7岁以前，艾克拜尔·米吉提一直和爷爷奶奶生活在自治区霍城县乌拉斯台的牧场上。1961年，艾克拜尔该上小学了，父亲为他该去哪里上学踌躇了很久。艾克拜尔的父亲认为儿子应该掌握一门大语种，果断决定送儿子去汉语小学。

1971年，十来岁的艾克拜尔随着“上山下乡”的浪潮，来到了伊宁县红星公社插队，每天面朝黄土背朝天。有一天，新疆生产建设兵团宣传队来给“三反五反”落实政策，公社书记需要给大家做动员，但这位书记只懂简单的维吾尔语，不知道怎么表达那些充满政治色彩的词汇。书记知道艾克拜尔懂维吾尔语和汉语，就临时拉上艾克拜尔给他做翻译。“我到今天都记得当时的情景：书记站在一个马粪堆上，慷慨激昂地给大家动员了一个小时，他说一句，我翻译一句。”艾克拜尔说，至今，他还能回忆起那个春天的马粪的气息。

有了这次流畅的翻译，书记决定留下艾克拜尔在公社工作。艾克拜尔则一边工作一边复习，等待着上大学的机会。有一天，公社突然来了一拨人体验生活，“我看见一个穿卡其服、戴眼镜的男人，别人告诉我，他叫王蒙。”艾克拜尔说，他那时候根本不知道王蒙是谁？直到别人告诉他，王蒙是作家，写了《组织部新来的年轻人》，被毛主席点评过，这让艾克拜尔眼前一亮。在他单纯的幻想中，作家都是活在古代、已经故世的神仙般的人物，没想到也有“活生生的”。“王蒙是我见过的第一个活着的作家。”艾克拜尔笑着说，正因为此，他萌生了一个想法：“我也要当作家。”

后来，艾克拜尔进入兰州大学中文系就读。在学校里，他经常泡在图书馆，广泛阅读各国名著，文学、美学、哲学及文艺评论，打下了扎实的文学功底。1976年大学毕业后，艾克拜尔被分配到伊犁哈萨克自治州党委宣传部工作。为此，他有机会走遍伊犁哈萨克自治州，对新疆各族人民的生活有了更为深刻的了解。1979年3月，他的第一篇短篇小说《努尔曼老汉和猎狗巴力斯》发表，并荣获第二届全国优秀短篇小说奖。此后，他文思泉涌，接连发表了多篇文学作品。

在《努尔曼老汉和猎狗巴力斯》中，朴实、善良的努尔曼老汉只是因为书记的一句客气话，就忍痛把相依为伴的猎狗让出去。在《天鹅》中，6岁的哈丽曼茜近乎痴迷地追踪与寻觅着象征美丽纯洁的天鹅……在艾克拜尔的很多作品中，至真至纯的人性之美是不变的主题，他的写作不仅仅局限于少数民族的生活，还把笔触延伸到社会各个角落，捕捉美、记录美。现在，作为中国作家出版集团管委会副主任和《中国作家》主编，艾克拜尔每天都要处理大量事务性工作，但他从没有放下手中的笔。艾克拜尔告诉记者，他一直在酝酿自己的长篇小说。在艾克拜尔的办公室挂了一幅字，写的是他为《中国作家》确立的办刊宗旨——用最优美的中文写最美好的中国人形象，为全世界热爱中文的读者服务。

“现在世界需要什么？世界需要一种优美的、能对中国文化产生认同感的作品。这需要借助文学的力量，中文写作无疑对提升我国软实力发挥着历史性的作用。”艾克拜尔说，他近年来一直致力于扶持少数民族文学，以及发现和推举文学新人。他领导下的《中国作家》推出了多个文学奖项来鼓励文学新人，现在又创办刊物鼓励原创剧本的写作：“我们需要美好的文化形象，而不是一些文学作品和影视剧中尔虞我诈、相互斗恶形象，要让世界上越来越多的人都喜欢中国人！”

“提案大户”

1993年，成为北京市政协委员后，艾克拜尔觉得视野更开阔了一些，因为通过履职活动可以更全面地了解这个社会：“我发现社会是一部精密的仪器，我们生活中的每个细节都牵涉着各种各样的‘零件’，哪怕是你喝水、吃饭这种小事，都牵涉到很多管理和服务机构，只不过很多人不知道而已。所以，我们每个人细微的举动也可能会影响整个社会的运转。”

作家敏锐的感受力和勤于思索的习惯，给艾克拜尔履职找到了大量提案线索。多年前，艾克拜尔就开始关注空气污染问题：“20世纪80年代末有一次在北京过春节，隆隆鞭炮声中，我突然觉得这种空气再也无法忍受。改革开放给社会经济注入了巨大活力，人们手中有点儿闲钱了，铆足了劲儿去买鞭炮。除夕之夜，整个城市被巨大的响声和浓烈的硫黄味笼罩，几乎令人窒息，还有满街的纸屑堆积，而且一年胜过一年。”艾克拜尔对此充满忧虑，于是，1993年，刚成为北京市政协委员的艾克拜尔就递交了《关于北京市城区禁止燃放烟花爆竹的提案》，当年也有其他委员发出了同样的呼吁。是年10月，北京市人大通过了《北京市关于禁止燃放烟花爆竹的规定》。“古老的北京1994年过了一个十分安静祥和的春节，我以为这是一件很好的节日礼物。”艾克拜尔说。

尽管北京春节的空气大有好转，但艾克拜尔发现，冬日里依然摆脱不了煤烟的困扰，因为三环以内老城区绝大多数市民靠蜂窝煤取暖。家家户户的烟筒释放出的煤烟在城市上空凝聚，严重影响空气质量。2000年，艾克拜尔又提出了《关于建议逐步实施电采暖取代燃油燃煤等传统采暖方式的提案》，这一提案对于北京市政府实施“煤改电”起到了积极推动作用。

艾克拜尔在北京市政协提出过280多个提案，有不少被评为优秀提案，被称作“提案大户”。作为十一届、十二届全国政协委员，他依然保持着这种写提案的热乎劲儿。“在地方政协，我提了很多涉及具体问题的提案，在全国政协，我需要站得更高一些，多关注涉及宏观性、全局性的问题。”艾克拜尔告诉记者。

2009年全国两会期间，艾克拜尔提出了《关于建议人民网“中国共产党新闻”专网增加维吾尔文、哈萨克文网页的提案》，并很快得到答复。自2009年7月起，人民网维吾尔文、哈萨克文网页就正式推出。目前，在艾克拜尔积极呼吁下，人民网已成为全国互联网站中首家实现党代会、人代会上7种主要少数民族语言全覆盖的网站，为少数民族群众了解国家大事提供了重要渠道。

从小在牧场长大，艾克拜尔对草原有着深厚的感情，作为全国政协委员，他一直在研究草原生态问题。艾克拜尔注意到，每年夏季，农区和城镇畜群大量进入草原夏牧场，与牧民的畜群夺食草原，是草原植被严重退化的重要原因。为此，他在2008年提出了《关于禁止农区城镇畜群进入草原放牧减少草原载畜量的提案》，引起了农业部等部门对草畜平衡制度的进一步关注。如今，许多地方在牲畜转场到夏牧场的途中设置路卡，严格按照核定的载畜量清查上山牲畜数量。在2010年全国两会期间，艾克拜尔提交了《关于对足以影响环境、气候大型项目上马前要充分听取跨学科专家意见的提案》。环保部不仅积极采纳其建议，还表示将进一步规范大型项目上马前的公众参与。目前，公众参与暂行办法的修订工作已经启动。

今年的全国两会期间，艾克拜尔把关注点放在了“文学走出去”的大课题上，并从大处着眼、小处落笔，递交了多份具有可操作性的提案，包括《关于建议设立外国翻译家奖项的提案》《关于对周边地区中小国家翻译介绍中文作品、配音影视产品设立配套补偿资金的提案》，以及《关于建议孔子学院应配置国内版现当代中文文学书籍和国家级文学期刊的提案》等。在艾克拜尔看来，由于历史原因，西方不少人对中国存在刻板印象，用文学消解这种成见无疑是最好的方式。“过去，翻译是自觉的，翻译者用自己的文化眼光去遴选、甄别。如今，中国作为文化大国，应当设立专门的奖项去奖励那些专门翻译中国文学的翻译家，以及利用已有的平台更好地推广中国文学，为文学走出去带来更多可能性。”在谈及这个话题时，艾克拜尔的眼里闪着光芒，一如他谈起家乡、草原和少年时的记忆，语气充满真诚。

（原载于人民政协网2014年7月15日）

中为洋用先从翻译开始

张黎姣

中国文化走出去，首先要中国文学走出去。如何让更多的汉学家、翻译家把中文作品翻译成精妙的外文，是今年两会政协委员、哈萨克族作家艾克拜尔·米吉提所思考的问题。

今年两会提出16项提案——这是连任两届全国政协委员的艾克拜尔·米吉提提出提案最多的一年。作为作家出版集团管委会副主任、《中国作家》主编，中国作协少数民族文学委员会委员，多年来他一直关注“中国文学如何走出去”问题。因此，今年提案有多项是关注这一话题的。其中包括：《关于建议设立外国翻译家奖项的提案》《关于对周边地区中小国家翻译介绍中文作品、配音影视产品设立配套补偿资金的提案》，以及《关于建议孔子学院应配置国内版现当代中文文学书籍和国家级文学期刊的提案》。日前，他接受本报记者专访，解说他所期待的“中为洋用”的具体构想。

“由于历史原因，西方不少人对中国存在刻板印象。”他认为，用文学消解这种成见无疑是最好的方式。“过去我接触的汉学家都是翻译《论语》《道德经》、唐诗宋词等，他们对中国的现当代文学基本不译。20世纪80年代即如此。后来有些翻译家开始翻译现当代作品，但都凸显其信息性、资料性。翻译家及翻译家们背后的读者，似乎都希望了解中国改革开放后是如何发展的。20世纪90年代中后期，翻译家们开始对中国某几个作家的作品进行系统翻译，如，王蒙等一批老作家，或莫言、毕飞宇、苏童等中青年作家。其作品基本上都被系统地翻译过去。”

艾克拜尔·米吉提强调，文学翻译是金桥，只有翻译能让彼此隔膜着的世界沟通；才能使中国文学、中国出版受益；才能让世界了解中国。莫言获得诺贝尔文学奖，不能忽略翻译者的作用。甚至，由莫言可见，中国文学获得了外国读者的认知，翻译的作用是决定性的。

如今，中国文化走出去，中文热在世界范围内形成。艾克拜尔·米吉提记得自己同中国作家协会主席铁凝一同去越南访问交流时，竟发现铁凝有多部作品已被翻译出版，而她自己对此并不知晓。他说："在我国出版的最新长篇小说，3个月内就可以翻译为越南文出版。但是，他们没有购进版权，也不会支付作者稿酬。"

"我以为，与其向其索要稿费，不如任由他们翻译。我们需要做的是设立一个专门的'翻译文学奖'，奖励那些翻译中文作品的外国出版社、翻译家。此举非常重要。"他提出，甚至可以将这一奖项纳入中国作家协会举办的鲁迅文学奖。

"过去，翻译是自觉的，翻译者用自己的文化眼光去遴选、甄别。如今，中国作为文化大国，要提升文化软实力，文学是其核心，文学是一切艺术之母。在这样的背景下，应当设立专门的奖项以奖励那些专门翻译中国文学的翻译家。当然，他所翻译的作品应在该国出版发行。"艾克拜尔·米吉提认为，除了奖励译者，还应该设立对著作权人、版权人的专项补偿资金，不要让著作权人、版权人为追索著作权费、版权费而苦恼。他强调，不仅是文学，中国电影、电视剧走出去都应如此，即，要有配套资金支持，这就是"中为洋用"的具体措施之一。目前许多国家都有这样的配套资金，包括以色列、韩国等。

艾克拜尔·米吉提注意到，在中国文化走出去的过程中，文学被忽视的情况并不少见，中国文化对外传播的力量不足。"孔子学院现已在世界各地落地生根，为介绍中国文化发挥了不可替代的作用。但是，随着时代的发展，孔子学院现有经验应该更加丰富、创新。"

他曾走进一些孔子学院，却发现其图书配置中，竟鲜有现当代文学书籍、期刊，大多是烹饪、裁缝、中医针灸等生活类杂书和传统医学书籍。这对于所在国介绍中国文化、所在国学习中文者提供中文读本，显得薄弱和落伍。

这样的现状让艾克拜尔·米吉提感到意外，同时他意识到，作为传播中国文化的重要平台，现当代文学不该被忽视。因此，他建议，孔子学院应该配置国内版现当代中文文学书籍和国家级文学期刊，以进一步丰富孔子学院的教学与交流内容，也为学习中文的人提供更丰富的阅读选择。

有了专门的奖项带动翻译，利用已有的平台更好地推广中国文学，这就为中国文化走出去带来更多可能性。

到底应该让什么样的文学作品走出去？艾克拜尔·米吉提有着自己的见解。

他认为，当代中文作品被翻译到国外的规模不够大，这和我们的原创力相关，在文学上能超然写作的作家并不多。他所说的“超然”是指：能让不同意识形态的读者也能读下去、接受的作品，即人性层面上的作品。“作家需要超越文化鸿沟，需要高度的人文精神，需要提供给国外读者真正有中国精神的作品——让国外读者不再误读中国，而是重新解读中国！”艾克拜尔·米吉提认为，这才是需要“走出去”的文学。

（原载于《中国青年报》2014年3月18日10版）

“小圆点”的烦恼

汪俞佳

“昨天俞主席的工作报告中提到了提案质量，这让我想到了发生在自己身上的一个小故事。”4日下午，新闻出版界小组讨论上，艾克拜尔·米吉提委员的一句话引起委员们的注意。

“我的名字中间有个小圆点，当时办理二代身份证的时候工作人员一疏忽，把上面的小圆点弄到下面了，但芯片里面的小圆点还在中间，起初我也不在意，没想到后来发生了很多意想不到的事情。”艾克拜尔·米吉提稍微顿了顿。

“发生什么事情了？”委员们满脸疑惑，有些委员开始“催促”。

“我每年差不多飞30万公里，从来没出问题，结果去年在南苑机场被卡了，就因为这个小圆点位置不对。没过多久，我又去工商银行升级银行卡，还是被卡住了，依然是因为这个小圆点。我哭笑不得，最后没办法，只好跑去派出所，前前后后花了两周时间办理了一张新身份证。”艾克拜尔·米吉提苦笑着，把一旁的委员都逗乐了。

“你们说，这算大事还是小事？能不能写成提案？这样的提案难道就没有质量？”艾克拜尔一口气提了三个问题。

“民生无小事，政协委员的提案本来就是要解决民生问题，应该提。”“可以做个调研，看看社会上还存在多少类似问题。”“一事一议，这算是高质量的提案啊。”……

一个“小圆点”的烦恼，引发现场委员对如何写提案这个话题的热议，时钟已指向五点，委员们的发言热情依旧不减……

（原载于《人民政协报》2015年3月5日）

“中山杯”成海外华文作品的家

赵　伟

昨日，全国政协委员、中国作家出版集团党委副书记、《中国作家》原主编艾克拜尔·米吉提接受本报记者采访时表示，已成功举办三届的“中山杯”华侨华人文学奖已经成为中文创作世界的一大品牌奖项，海内外中文创作作家均以获此奖为殊荣。

因华侨华人文学奖结缘中山

艾克拜尔·米吉提，哈萨克族著名作家，现任全国政协委员、中国作家出版集团党委副书记、二级编审。说起中山，话题自然离不开“中山杯”华侨华人文学奖。

2010年，作为第二届“中山杯”华侨华人文学奖主办方之一，时任《中国作家》主编的他近距离接触中山，在评选过程中亲力亲为，为确保文学奖的成功举办做了大量工作。随后，他又全程参与了第三届“中山杯”华侨华人文学奖作品征集、评选工作，虽然彼时他已卸任《中国作家》主编职务。

“现在去中山，到处都是朋友，中山非常漂亮，很舒服，很温馨，也很温暖。去到中山就像回到了家乡那样亲切。”艾克拜尔说，自己已和中山结下了不解之缘。

今年他关注知识产权保护

艾克拜尔认为，关注民生，为构建和谐社会服务，是政协委员的职责所在。每年两会，他都会提交多个提案，内容涉及交通、环保、社保和文化产业等。当然，作为少数民族委员，提案中肯定也有与少数民族有关的话题。这次两会，他一共带来了《关于进一步加强知识产权保护的建议》《关于少数民族人名汉字规范问题的提案》等6个提案和建议。

在《关于进一步加强知识产权保护的建议》中，艾克拜尔说，琼瑶起诉于正侵权案一审结果出来，引起舆论广泛关注，说明尊重原创是社会的共识和良知。但透过这一诉讼案，可以看到我国仍存在着诸多保护原创不力，影响甚至是扼杀人们创新积极性的不良现象。这些现象的存在，从某种意义上阻碍了我国创新事业的健康发展。这是我国由计划经济向社会主义市场经济转型期，法制建设尤其知识产权保护法律法规相对滞后所造成的。在利益驱动下，剽窃者可以有恃无恐，出版者可以熟视无睹，播出者也可以装聋作哑。其成本低廉、风险不大，常常可以不承担任何责任。而我们又缺少相应的法律法规约束和制裁，加之作者维权意识不强，用行政手段解决又十分掣肘。由此形成学术文艺界剽窃成风，产业界假冒伪劣猖獗，市场上有毒食品难以杜绝……

他认为，文学艺术唯一的生命力，就在于创新，没有创新的文学艺术作品是没有活力的。因此，要形成一个尊重原创、保护原创的社会舆论环境和法律法规体系，加大对侵犯知识产权案件的执行力度，大幅提高侵犯知识产权的违法成本。在文学艺术界，让剽窃者难以立足，在全社会让其为人所不齿。同时，加大对侵权连带责任人、责任单位、媒体和销售者的处罚力度，这样才能形成风清气正、不敢侵权、抵制假冒伪劣的社会环境。

让“中山杯”成海外华文作品的家

艾克拜尔说，“中山杯”华侨文学奖是首个面向华侨开展的文学奖，现在他会经常接到来自全球各地华文作家的电话或者信函，其中很多都是咨询“中山杯”华侨华人文学奖有关事宜的。可以肯定地说，历经三届之后，现在全球最有影响力的华文作家都参与到这项奖项中来了，“中山杯”已成为海外华文作品在国内的“家”。

他说，虽然海外不乏优秀的作家和作品，但许多作品却因“国籍”原因而无缘国内奖项，“中山杯”华侨华人文学奖的举办破解了这一难题。今后要在中国，甚至全球进一步推广，用文学的样式关注世界各地华人华侨的生存及思想，促进文化上的认同感。

他说，“中山杯”华侨华人文学奖已经成为中文创作世界的一大品牌奖项，海内外中文创作作家以获此奖为殊荣，同时对进一步繁荣中文创作，提升中山市的知名度、美誉度和文化影响力，起到不可替代的作用，《中国作家》杂志社和中山市将继续合办这一奖项，为海内外中文创作作家服务，扩大中文写作在全球的魅力。

（原载于《中山日报》2015年3月11日A2版）

精准扶贫的终极目标是城乡零差距

荆　锐

昨天上午全国政协委员、全国政协民族宗教委员会委员艾克拜尔·米吉提在接受记者采访时表示，精准扶贫要改变过去“大水漫灌”的方式，各个地区必须结合自身特点，因时因地制宜。精准扶贫的终极目标是做到城市和乡村没有差距、边疆和发达地区没有差距。

国家十三五规划强调，确保2020年实现贫困人口全部脱贫。就如何把“精准扶贫”落实到实处，艾委员表示，精准扶贫要严防“一刀切”，每个地方风俗人情不同，扶贫办法也要精准定位、因地制宜。

艾委员说，对于西南西北一些土地贫瘠、缺水、自然环境恶劣的山区，帮助居民搬迁到黄河岸边，换一种生产生活方式是必要的脱贫方法。但是对于那些不愿搬离家乡 “靠山吃山、靠水吃水”的人来说，强制搬迁未必是对的。比如，新疆的哈萨克族他们就愿意生活在山脚下，他们养殖的牛、羊一出门就能吃到山上的草，搬迁出来，牛羊的养殖就会遇到问题。

因此，精准扶贫还要遵循当地的传统文化和生活方式，艾委员说，“精准扶贫不是简单地让所有人都成为城市市民。没有健全的社会保障制度、医疗体系、教育服务体系等，农民工涌入城市不仅不能解决贫困问题，还会带来城市问题。”

他强调，精准扶贫关键是要做到城市和乡村没有差距、边疆和发达地区没有差距，让老百姓在乡村依然能够享受到和大城市一样的服务待遇，“那个时候他们就不愿主动来大城市了，也不愿来回奔波了”。

谈到贫富差距问题，艾委员讲，任何时候、任何国家和地区都会有贫富差距，有些人凭借自己的才能办了自己的大企业，富了自己的同时也能给更多人带来就业机会。 党和国家允许一部分人先富起来，先富带后富。处理财富不均的关键是做好二次分配，把社会保障、服务机制做好，精准扶贫到位，让那些生存不下去的人能够生存。这样他们对富裕人群也就没有太多的抵触情绪了，“让每个个体都能实现精神的解放，获得真正的生存价值和生存角度”。

“过去是三百六十行行行出状元，现在是三千六百行、三万六千行，行行都需要在岗人员。”艾委员说，教育方面国家要普及普通劳动者概念和职业教育概念。对于“那些做不了高精深学问但又有力气的青年人，教他们一项技能让他们靠自己诚实劳动致富”，只有人人都树立了尊重劳动的理念，社会才会更加和谐。

（原载于华讯网2016年3月7日）

艾克拜尔·米吉提：“提案大户”说提案

李士杰

人物简介：艾克拜尔·米吉提简介：哈萨克族，中共党员。《中国作家》主编，第十二届全国政协委员，全国政协民族宗教委委员，中国作家出版集团管委会副主任、编审，享受政府特殊津贴。著有中短篇小说集《瘸腿野马》《存留在夫人箱底的名单》、传记文学《穆罕默德》、电视文化专题片《歌者》，译著《阿拜箴言录》等。处女作《努尔曼老汉和猎狗巴力斯》荣获1979年第二届全国优秀短篇小说奖。他的作品三次荣获全国少数民族文学奖，多次获全国及省区其他文学奖。八次获北京市政协优秀提案奖，两次获北京市政协系统优秀信息奖，被评为2006年度北京市政协系统优秀信息工作者。

著名作家、哈萨克族全国政协委员艾克拜尔·米吉提是我多年的好友。我们曾同时担任北京市政协委员，又同是北京市民族联谊会的理事，在感情上自然是亲近的。按政协的常规我称呼他为“艾委员”。

无论担任北京市政协委员，还是担任全国政协委员，艾委员和我的友谊从未间断。我时时刻刻关注他，喜欢听他讲起他的“提案故事”。这些提案，无论是否落实，都会给我带来新的惊喜，使我产生新的感动。

说了不“白说”

艾委员的办公室里摆满了“优秀提案”的奖牌。这些奖牌记录了他23载履职之路。

在履职上，艾委员的执着劲令我敬佩。在艾委员心里，履职已不仅仅是一种责任，而是融入骨血的习惯。“有幸成为民族的干部和政协委员，不仅是一种职责，更是人民的信任。不能忘本忘根，我一定要把看到、听到的百姓心声及时反映出来！所以即使平时工作再繁忙，我也要抽时间关注社会热点问题。”

履职23载，艾委员的感慨同提案一样多。

“说了也白说，不说白不说，白说也要说，多说不白说。”这是一届届老委员们在不同时期的体验。而23年中，艾委员却感受到政协委员的“言官”力量——“说了不白说”。

说了不白说，不是句空话，而是扎扎实实地体现在他的履职成绩单中：

艾委员到草原地区进行实地考察。看到草原生态方面的问题，他就要写写草原上的事儿。调研归来后的《关于禁止农区城镇畜群进入草原放牧减少草原载畜量的提案》，引起了农业部等部门对草畜平衡制度的关注。如今，许多地方在牲畜转场到夏牧场的途中设置路卡，严格按照核定的载畜量清查上山牲畜数量。

艾委员路过北京积水潭桥发现在拥挤不堪的路口中，一个长方形的地铁出风口挡在路中央，车辆都要从两边绕着走，使本就拥挤的道路更加狭窄。他又在《建议改迁积水潭桥下西南辅道斑马线处地铁换气孔》的提案中积极呼吁。北京市交通委接到提案后，立即组织市基础设施投资公司、地铁运营公司和城建设计院进行了现场实地考察。经过调查发现，积水潭桥下西南辅路斑马线处的隔离岛确实是地铁积水潭车站厕所通风井出入口。为缓解该路口交通现状，地铁公司将出风口挪走了，这一路段的交通顺畅了。

艾委员发现人民网的“中国共产党新闻”只有汉语网页，没有少数民族网页。他又坐不住了。两会上他提交了《关于建议人民网“中国共产党新闻”专网增加维吾尔、哈萨克文网页的提案》。很快得到答复，人民日报社于当年4月5日发来办复函称，自2009年6月起维吾尔、哈萨克文网页将开始试运行。

艾委员看到北京部分居民冬日里依靠蜂窝煤取暖，家家户户的烟囱释放出的煤烟在城市上空凝聚，严重影响空气质量。艾委员提出了《关于建议逐步实施电采暖取代燃油燃煤传统采暖方式的提案》，这一提案对北京市政府实施“煤改电”起到了积极推动作用……

从“禁止公共场所吸烟”到“调整个人所得税纳税起征点”……许多公共政策出台的背后，都有艾委员不辍的建言与努力。

勤奋是高产的不二法则

艾委员爱政协，也爱提案。每次与艾委员聊天，只要聊起他的提案，艾委员的话匣子便关不上。

我曾经问艾委员：“你写了这么多高质量的提案，是否会影响你的本职工作？”艾委员回答得很干脆：“不仅不会影响本职工作，反而会促进本职工作做得更好。因为履职活动可以促使我更全面地观察社会、了解社会。视野也变得更加开阔了。”

在提案工作上，别人看到了一个高产的艾委员，而我却看到了一个勤奋的艾委员。

除了工作，还是工作。艾委员像一根上满了的发条，永远充满动力。“别人称我是‘提案大户’，并且问我撰写提案有什么诀窍。我说，我的提案线索全部由生活小事中来，别人聊天的时候，我在思考；别人睡觉的时候，我在工作。”艾委员讲起话来，坦诚直率，并时时伴着爽朗的笑声。

作家敏锐的感受力和勤于思索的习惯，给艾委员履职提供了扎实厚重的基础。然而仅有扎实的基础还远远不够，撰写提案更需要倾听来自基层各界的呼声和联系本届别的行动。

在艾委员看来，提案除了反映本届别的问题外，也要关注其他领域亟待解决的问题。社会正处在转型期，需要改革的地方不少，需要完善的方面更多，看到社会问题、听到的牢骚议论都属于委员们反映的社情民意的范畴。

勤奋是艾委员多年的工作写照。他曾对我讲：“没有调查便没有发言权。许多提案都是我观察思考和深入调查的结果。”

为了了解社情民意，艾委员总是不遗余力地深入基层。

去年6月2日，我在北京市朝阳区朝外地区社会建设协调委员会的成立大会上见到了新当选的协调委员会副会长——艾克拜尔。

散会时，有人打趣地问他，“您这样一位身兼数职的全国政协委员为什么‘屈尊’到这个小小的民族街道来兼职当副会长？”

艾委员风趣地笑着说："我没有觉得'屈尊'，反觉得很'至尊'，这是北京成立的首家社会建设协调委员会，我感到很荣幸。这里是我了解社会的一扇窗。大到地区某个行业的发展，小到社区治安、养犬问题，都可以在协调委员会商议解决。在这里我可以了解百姓的所思所想所盼。"

艾委员的勤奋不仅体现在不断地深入一线，更体现在他对问题的深入研究与持续推动。

一个偶然的机会，艾委员以"垃圾清理专家"的身份出席北京亦庄经济技术开发区筹建垃圾楼的研讨。从此开启了他对垃圾清理的关注之路。

为了找出垃圾处理场所存在的问题，并提出切实可行的建议，艾委员开始了艰苦的调研。他了解到北京市六里屯垃圾填埋场是政府投资建成的一座现代化垃圾处理场所，每天可以处理1800吨生活垃圾。但夏天，这里不时散发出垃圾异味，影响了周围居民的正常生活，让居民意见颇多。为了了解其中的症结，他分别深入到垃圾填埋场和居民区，以求全面了解问题和意见。

在调查中他发现，北京城市规模的扩展导致生活垃圾问题凸显。现在，北京每年产生生活垃圾530万吨。目前的13座垃圾填埋场无害化处理率只有78%，仍有100多万吨垃圾未经处理填埋或堆放。即便是已经建成的如海淀区六里屯这样的现代化垃圾填埋场，也遇到了新问题的困扰。在对周边社区的走访中，艾委员也听到了居民的怨言，"离垃圾填埋场这么近距离的住宅区开发立项为什么能通过审查？"

调研历时数月，艾委员对六里屯垃圾填埋场实地考察和对周边小区的情况有了详尽了解。他在调研后形成的提案中提出六点建议：以法律形式明确垃圾填埋场与新建小区之间科学合理的控制距离；在垃圾填埋场附近建设住宅小区，有关部门应举行听证会，广泛征求市民意见，在法律规定的范围内予以决策；完善现有垃圾填埋场监控指数标准，提高监控能力，确保垃圾无害化处理，同时建立科学的垃圾填埋场对于城市空气异味污染度指数标准，并定期向社会公布；采用先进的科技手段，解决异味扰民问题；给予积极的财政支持，以解决六里屯垃圾填埋场后续项目建设尽快到位，从而最大限度地降低异味污染带来的扰民问题。

在北京市政协，及艾委员等一批有识之士的呼吁和多年推动下，垃圾异味扰民问题已被妥善解决。"这件提案的办复让我深切体会到，'只要功夫深铁杵磨成针'。只要委员进行深入调研，持之以恒地推动，就会促进问题妥善解决。政协委员就应成为群众和政府的连心桥。"艾委员如是说。

尽管《切实解决海淀区六里屯垃圾场臭味扰民问题》的提案被评为当年年度政协优秀提案，其实，艾委员的心中还是不满意。

艾委员紧锁双眉对我讲，解决好北京的城市垃圾问题，不仅仅是解决环境污染问题，它维系着千家万户，每一个市民的切身利益。事实上是全面贯彻落实党的十八大精神，为全面建成小康社会、实现中华民族伟大复兴"中国梦"的重大问题。我们政协委员有义务为化解点滴矛盾履职尽责。

提案要打"组合拳"

担任政协委员以来，艾委员总是将工作和生活中发现的问题形成提案。

去年艾委员参加了建国65周年的升旗仪式，在升旗仪式现场，他聆听着庄严肃穆的国歌，脑海中又有了新想法。"中华人民共和国国歌《义勇军进行曲》，是爱国主义的主旋律，它是国家尊严的形象符号，其地位与国旗一样。但是，现在很多场合缺少国歌标示，特别是在天安门广场，有人民英雄纪念碑、有国旗杆、有每天的升国旗仪式，但是没有国歌标示。"

这个想法在他心中挥之不去，今年两会上，艾委员提交了《关于在天安门国旗升旗台侧附〈义勇军进行曲〉五线谱歌词铜牌的提案》，他在提案中建议：在国旗杆升旗台侧壁，附上一块刻有《义勇军进行曲》五线谱配词铜牌，并刻有词作者田汉、曲作者聂耳之名。一是有利于进一步弘扬爱国主义精神，提高中华民族凝聚力；二是成为天安门广场新的一景，成为社会主义核心价值观教育的重要内容之一；三是成本低廉，符合当前中央推行的简朴精神。

两会结束后不久，艾委员便得到了北京市政府天安门地区管委会的积极答复。这个提案能否办复仍未可知。但对于如何促成提案，艾委员却有着自己的体悟。

他认为，撰写提案要学会打"组合拳"，以减少和杜绝提案无法落地的窘境。

过去政协委员们提交的提案存在"重答复、轻办理，重表态、轻落实"

的现象。他认为，要在原有主席督办、专委会督办提案的基础上，拓宽思路、创新举措，打出界别督办、委员督办、现场督办、群众督办的“组合拳”。让全体政协委员参与提案督办，进一步扩大协商范围、加大督办力度。建立办理、督促、反馈、答复分离体制，集聚党派团体、专委会、界别、委员、群众合力，采取“回头看”、民主评议、追踪曝光等举措，做到在管理中强化质量、过程中加强协商、督办中增强实效，促进提案落实转化，提高提案办理落实率。

从1993年到2015年。23年间，艾委员提交了数百件提案。翻阅艾委员的提案，文如其人，从字里行间我看到了一位文质彬彬、沉稳老练的哈萨克族人的率真与豪放。“不忘初心，方得始终。”或许这就是23年来艾委员履职热情不泯的原因。

（原载于中国政协传媒网2015年6月10日）

中国作家的骄傲

——专访全国政协委员、中国作家出版集团党委副书记艾克拜尔·米吉提

香　玉

艾克拜尔·米吉提，哈萨克族人，善良、和蔼、低调、谦逊，从不懂汉语开始，成了今日值得尊敬的著名作家，还是中国作家出版集团的领导人之一。他不仅为中国少数民族文学的发展、也为中国纯文学和影视文学的发展，开辟了一个个新的领域和天地。也可以说，他是中国作家的骄傲。曾与著名作家蒋子龙、张抗抗、王安忆同为鲁院同学的他，其作品、思想、观点，无不烙上了时代印记。

在许多人眼里，作家只不过是写写文章罢了。其实，不然。于艾克拜尔·米吉提（以下简称“艾克拜尔”）来说，他不仅仅是一位国内外知名的大作家，还是翻译家、评论家，上知天文，下知地理，知识渊博。在我所接触到的诸多名作家当中，艾克拜尔先生是受人尊敬和爱戴的。

提起艾克拜尔·米吉提老师的名字，文坛尽人皆知。我于鲁院熟识艾克拜尔老师，当时由于院校实施导师对学员抓阄制，故无缘成为师生。而今，亦有幸归其门下，说来亦是缘分所至。当然，关于艾克拜尔先生的故事，是非常值得阅读的。

那年，他从不懂汉语开始

艾克拜尔是哈萨克族，是我国55个少数民族之一。哈萨克族有着自己的母语，在当地，他们用母语交流，而对于汉语，用他的话说，那就是一个“旱鸭子”。我们不难想象，他当初接触汉语，是花了多少苦功的。

他的父母都是医生。父亲对哈萨克语、俄语、维吾尔语、柯尔克孜语、乌兹别克语、塔塔尔语等样样精通，又是医科毕业，对拉丁文也有研究。当时，在父亲看来，汉语不仅笔画多而复杂，读音也奇异，所以，也只能说上几句罢了。母亲则不同了，在她17岁时，作为新疆牧区代表团成员，到内地参观了一年多时间，期间学会了汉语，还有幸受到毛主席、朱德、刘少奇、周总理等老一辈领袖们的亲切接见。

艾克拜尔慢慢长大了，用父亲的话说，要带他学一种大语言，那就是父亲认为的俄语。而由于他们不是前苏联侨民，而是中国公民，故没有所谓的苏侨证，于是，俄语学校就不招收他了。至此，父母带他到第十五小学，也就是当年伊宁市仅有的几所汉语学校之一，况且学校就在他们家所住的卫生学校后面。

到汉语学校学习，校方有所规定，首先孩子要懂汉语。当时，他对汉语一窍不通，待父母请求校方对其进行口试时，除了认得墙上挂的毛主席像，哪怕从“一”数到“十”，也是茫然。无奈之下，家长表示回去就教孩子汉语，第二天过来接受考试。最后，终得校方点头。艾克拜尔对汉语的学习，也正从这一天开始了。那是1961年的9月初。

掌握一门语言，从听不懂到熟练交流，一般而言，没有个一年半载，是很难的。所以，最初的三个月里，他除了用眼神交流，几乎什么也听不懂，就这样在班里度过了三个月的“哑巴期”。他置身一种语境之中，之后的日子里，用心听，用心记，用心学，最终搞清楚了自己所在的班级（一年级乙班），更令人欣喜的是，也可以开口与同学们交流了。自此，他认识到，汉语真的是博大精深，而且非常有韵味。

直到有一日，一位班主任去家访，通知他的父母，说六年级一毕业，就会将艾克拜尔送到北京中央民族学院附中上学，让家里人有所准备，勉励他要好好学习，不要辜负学校和组织的期望，同时，要求暂且保密，不透露出去此消息。

艾克拜尔还记得小学语文课《北京的秋天》，那时，他对北京秋日的蓝天、飞翔的鸽群、悦耳的鸽哨留下了刻骨铭心的印象，且充满了无限遐思，再加上从母亲的叙述里，也了解了北京。自此，北京成了他心中的一个梦想。遗憾的是，“文化大革命”爆发了。时代的动荡，让他的梦暂时破灭了。

1969年8月，某日他到十五小学校园去转时，从八中招生海报上看到自己的名字。之后，便由小学六年级直升初三。在艾克拜尔的记忆里，随着珍宝岛事件和铁列克奇事件的发生，为了落实“深挖洞，广积粮，不称霸”的“最高指示”，学校开始组织挖防空洞了，正常的教学秩序再次被打乱。

知青时期，全国要实行下乡。在他16岁那年，来到了伊宁县红星公社绿洲大队第三生产队，开始了下乡生活。干各种农活，包括种、收小麦，当过木匠，放过羊，学过兽医、当过翻译。农活干了大半年，他被调到“一打三反”落实政策“兵宣队”作翻译，也就在此时，恰遇公社书记到大队检查春耕生产，由于没带翻译，艾克拜尔被“赶鸭子上架”，临时做了公社书记的同期声翻译，巧的是书记懂维吾尔语，只不过是口语表达受限而已，他很欣赏艾克拜尔这个小伙子。不久，就指派艾克拜尔参加县委宣传部举办的通讯员的学习班，在学习班为期一个月的学习结束后，便被安排为公社党委通讯干事。

他从新闻写作开始，且研究《人民日报》《解放日报》《新疆日报》《伊犁日报》的头版，琢磨提法和报道特色，由此开始了新闻报道工作。其实，艾克拜尔小时候受了父母和语文老师的影响，非常喜欢阅读，几乎每周都读一个长篇，尽管之前不太喜欢写作，自此时起，便与写作结了缘。也可以说，曾经的阅读给他而今的写作带来了益处。

1973年的4月间，王蒙先生在内的“三结合”创作组来到艾克拜尔所在的公社，创作连环画《血泪树》，由王蒙执笔写脚本。艾克拜尔负责接待他们并为他们作翻译。其他人都需要翻译，王蒙则不需要翻译。对此，他感到有些意外。经打听，得知此人是一位作家，听说还被毛主席点过名，他便觉得此人很了不起。正值青春好年华的艾克拜尔觉得，眼前这个活生生的人是作家，才感到作家也是一个普通的人。所以，他自己也就萌生了想当作家的梦想。

在“文革”那个年代，图书馆被砸了，同学们手上拿到了不少书，大家也就互相传着看。就在那个时期，艾克拜尔至少看了不下一百部的长篇。

1973年恢复高考，他参加了高考，有幸被兰州大学中文系录取。按照父亲的意思，想让他继承家业，当一名医生，并劝说“搞写作容易犯错误”。自从艾克拜尔经历了许多事之后，也明白很多道理。他说，“医学院也不一定是为我开的，我选择它，它也不一定选择我。若是今年机会错失，那么来年还有没有这样的机会呢？很难说。再说上中文系搞写作的人，不一定都犯错误。”最终他说服了父亲。

文学之路从“中央文学讲习所”开始

毕业后，艾克拜尔到了伊犁哈萨克自治州党委宣传部工作。期间，下乡、调研、参加“普及大寨县工作团”的工作，几乎走了二十多个县，一路走下来，不仅视野开阔了，也有了生活。由于粉碎“四人帮”，各种作品开始重新出版。艾克拜尔也开始买书阅读，1978年，他创作了处女作短篇小说《努尔曼老汉和猎狗巴力斯》，刊发于《新疆文艺》杂志1979年第3期，且荣获了1979年全国优秀短篇小说奖。

1980年3月初，他得到赴北京领奖的通知，途经乌鲁木齐时他去《新疆文艺》编辑部拜访，在这里获知他已被第五期“中央文学讲习所”（鲁迅文学院前身）录取。“确切地说，我当时觉得一片茫然。我不知道‘文学讲习所’是干什么的，更不知道它的历史。”他显得很疑惑。他说：“我不知道我被录取，还没跟单位请假呢。”编辑部领导说，“你是新疆唯一一个被录取的人，机会难得，这不是你一个人的事，也是我们新疆文艺界的光荣，我们会请有关部门向你单位打招呼的，你放心去吧，要珍惜这个机会。”

“文革”后第一期，也就是中央文学讲习所第五期，艾克拜尔与蒋子龙、王安忆、张抗抗等，共同来到了这里，开始了他们四个月的学习与交流。期间，讲习所聘请的导师之中，只因先前与王蒙先生认识，打心眼里认可他，而且对新疆生活王蒙先生很熟悉，交流起来很方便，故选了王蒙先生为导师，也算是缘分。

讲习所学习结业之后，中国作协有关领导就想把他留在北京，说是要创办《民族文学》，但是，他一心只想回到新疆伊犁州搞他的创作。最初，他是想走柳青式的道路，深入基层，哪怕写好一个乡、一个村，但他发现，现实并非如此。

艾克拜尔发现，纵观文学史，很多国家的作家成名后，都会到该国的首都——政治、文化中心去。比如，英国作家到伦敦，法国作家到巴黎，俄罗斯的作家，也到莫斯科。1981年，艾克拜尔来到了北京，担任《民族文学》的编辑，一直就留在了中国作协。接下来，1985年中国作协创联部设立民旅文学处，艾克拜尔任首任副处长、处长一职，一干就是十年；后来在《民族文学》担任了八年的副主编、常务副主编，接着又到了中国作家出版集团担任党委副书记、管委会副主任，与大家携手组织起了相关机构工作，其间，兼任过《作家文摘·典藏》主编，2008年又兼任《中国作家》主编。

艾克拜尔是一个比较正统、严肃的作家，他从不瞎写，也不滥写，对于学术研究，更是严谨。从1989年到2009年二十年间，艾克拜尔中断了小说创作，在繁忙的工作之余致力于历史研究和文学翻译，著述颇丰，撰有《穆罕默德》《木华黎》《关于〈蒙古秘史〉的成书、传播、以及哈萨克译文版对照》《关于木华黎归附铁木真年代考》《匈奴历史人物传记及族群迁徙流变考》《关于少数民族文学翻译问题》等。译有《阿拜箴言录》《论维吾尔木卡姆》等译著。

国家主席习近平访问哈萨克斯坦时所引用的阿拜名言，“世界有如海洋，时代有如劲风，前浪如兄长，后浪是兄弟，风拥后浪推前浪，亘古及今皆如此。”正是出自艾克拜尔译著《阿拜箴言录》。另外，在阿克塞哈萨克自治县县庆50周年之际，由艾克拜尔作词，与著名作曲家徐沛东先生谱曲，合作了一首县歌《阿克塞》。

迄今为止，艾克拜尔出版包括小说、传记、学术研究、纪实文学、译著，已达二十八本之多。

他说，“这些年来，中国发生了很大变化，许多事需要重新认识，若匆匆忙忙地写，我也不愿意。我当了多年主编，一年要出一千五百八十万字的作品，为此还要阅读几千万字的作品。”

然而，自从艾克拜尔当了《中国作家》主编之后，他说，“我发现，大量的作品……”

此时，我随着他的话，扯了回来，反问，“是要去读吗？”

他迟疑了一下，说，“大量的作品……”

我又问，“是没有想象中的那么好吗？”

这一问，艾克拜尔笑了起来，他的回答，令我也觉得十分有意思。说，“我干吗要荒废呢？”噢，原来是受刺激了。

他说，“小说嘛，像水银一样，是游离的，富有张力的，若像钢珠一样能拿到手，就不叫小说了。”从此，他又拿起了笔，开始了小说创作。

他的小说，涉及少数民族、大都市、小人物等。他认为，“最新的东西不一定最好，速生的东西也容易速朽。经过时间考验，存留下来的东西才是好的。比方速食，给大家带来的是营养缺乏。还有，网络文学和有些畅销书，速生速灭。现在，每年出版三千多部长篇小说，一个读者哪能读得过来啊？”有的作品质量不一定很高。所以，他借用了高尔基的一句话，“制造语言的垃圾。”

对于语言的垃圾，他还用了个比喻，好比某些物件的豪华包装，拆开一看，里面的东西就那一点。那么包装呢，自然是被扔掉的“垃圾”。

自从艾克拜尔接手《中国作家》，便提出了一个理念，“用最优美的中文，写最美好的中国人形象，为全世界热爱中文的读者服务。”艾克拜尔有着自己的价值尺度，他尊重每个作者，对于刊发的作品，首先要充满正能量，积极向上。尽管当主编，但从没有过排他性，也不是说喜欢谁就发谁的作品。2010年，他把半月刊《中国作家》改成了旬刊，为《中国作家·文学》《中国作家·纪实》《中国作家·影视》。

2012年开始，《中国作家》开始转企，进行企业化经营和运作，自负盈亏。《中国作家》打造出了真正的文学期刊品牌。令人疑虑的是，纯文学也需要经营吗？

艾克拜尔说，文学是这样的：当作家写作时，它是个人艺术创作；一旦发表后，它就是社会的财富。作为期刊、图书一旦进入市场流通领域，它就是商品。所以，文学有其商品属性。任何一本文学书籍和刊物，都有几重价值。当你阅读时，它是精神食粮；从书店用人民币购回时，它就是商品；送给别人时，它就是礼品。

据了解，2014年10月21日，《人民日报》刊发了关于《时代精神创新意识——也谈“〈中国作家〉现象”》一文，并指出《中国作家》于国际国内打造了中国作家的形象。同时，也是文坛和党报对艾克拜尔所作贡献的认可和称赞。并认为，《中国作家》不仅引领中国的纯文学潮流，也引领了中国影视文学的潮流。

当然，艾克拜尔时刻关注着现实生活，其间，他跟几个城市合作，推出一批文学奖项，比如“《中国作家》鄂尔多斯文学奖”“《中国作家》剑门关文学奖”“《中国作家》郭沫若诗歌奖”“《中国作家》‘中山杯’华侨华人文学奖”“《中国作家》‘舟山群岛新区杯’短篇小说奖”等。在这些获奖项作品中，有一批作品分别获得茅盾文学奖、鲁迅文学奖、全国“五个一工程奖”。

艾克拜尔一直勤于写作，认为作家的黄金期是很短的，有的在青年、有的在中年、有的则在老年阶段。那么，对于艾克拜尔而言，他的创作高峰或许才刚刚开始。

自从他卸任《中国作家》主编之后，觉得自己轻松了许多，不再承担几十位员工的工资，以及退休人员的工资的压力。对于他自己呢，也就有了更多的创作空间。他说，创作是安静的，快乐的，是精神享受，而非孤独。哪怕他坐在飞机上，也是要打开电脑写点东西。

“文学永远是人学”

近几年，关于“60后”“70后”“80后”的说法，越来越受到文学界评论家们的关注。当然，作家的同质化也是一个值得关注的问题，对于代际关系的现象，许多时候会令人迷茫。

艾克拜尔认为，那只是年代划分的方法，并非写作划分的方法。有时，甚至是一些慵懒的评论家省力的表述方法而已。文学若按这种规律划分，岂不是太简单了？当然，文学应该按流派、按风格区别划分。

在他看来，现在一说到按年龄段划分，就拿“50后”来说，噢，意识里会认为这些人老去了。这一代人，曾上过山，下过乡，插过队，甚至当过红卫兵、写过大字报，属于奋斗型，吃苦耐劳型。而“60后”，眼下正是挑大梁的一代。那么“70后”，开始是奋起的一代，自家里上有老、下有小之后，也开始变得沉默了。“80后”呢，大多都是独生子女。应该说，真正任性的是“90后”。然而，“00后”也在成长。如果从社会学角度去看，能讲得过去，若从文学的角度去说，似乎讲不过去。

是作品中关注的角度不一样？他表示，应该是这样。其创作经历、创作风格方面，也各不相同。关于“鲁、郭、茅，巴、老、曹”的现象，我读鲁院时，也是提得最多的。或许，每个时期的文学作品，都有它所存在的价值。

再比如，想了解人民公社是怎样的，要读浩然的《艳阳天》。虽然人民公社撤销了，但那毕竟是中国的一段历史。1958年，三面红旗之一就是人民公社，若说了不利于人民公社的话，那就会打成为右派或现行反革命。1982年，国家取消了“人民公社”，改为“乡”。几十年过去了，人民公社到底是什么呢？想要搞明白，就要读当时的文学作品。这时，文学作品就起了一定的作用，自身也有了文化学价值、社会学价值、历史学价值。

谈到知青文学，艾克拜尔认为，知青文学有它本身的价值所在，但是有一点，某些时候，它只知道去诉苦、诉冤。从某种意义上讲，那些农民依然面朝黄土背朝天生活在农村，知青文学在倾诉时，似乎忽略了同样作为人的这些农民大众的存在。

他说，关于寻根文学，实际上是美国黑人在寻找他们的《根》。我们的寻根文学是把根寻到农村。比如现在城里的北京人，三代之前，多数人的祖上差不多都是农民。而今，2亿农民工的根在哪儿呢？还不是在原地？我国跨入新世纪之后，那些西方的文艺理论和中国的现实之间，毕竟是有些差距的，不能照搬。

目前，关于网络文学的大肆兴起，捧红了一些人。比如脑瘫诗人余秀华。我们先撇开余秀华诗的内容不说，其标题“穿过大半个中国去睡你”，明显具有爆炸性。然而，她的诗句的确很有个性和张力，有些诗写得确实很好。他说。

艾克拜尔认为，现在是眼球经济、注意力经济时代，那些文商们，那些传媒、网络、经纪人，花样翻新想吸引消费者的眼球以获得利润最大化。它表明艺术的多重身份。艺术就是一个多棱镜。作品写出来，要放到社会上去，当读者心一热，就买下了，经销商们需要的是这个。比如手机网络，你这边点的是拇指，那边硬币就流到经营者的腰包了。

习主席去年在文艺工作座谈会上的讲话振奋人心，我们要巩固高原，再造高峰。所以，传统文化是决不能颠覆的，要继承，要发扬。正如艾克拜尔说，“文学永远是人学，写活生生的人，写人的情感，写人的精神状态，写人的内心，写出正能量。若把今天的‘人’写好了，就是对这个时代的贡献。”

（原载于《神州》2015年第3期）

艾克拜尔·米吉提注目“一带一路”倾情文化交流

丹·琨

他是精通8种语言的哈萨克族作家，他是第一个作品被翻译到哈萨克斯坦的中国当代作家。习近平主席2013年9月出访哈萨克斯坦时，在纳扎尔巴耶夫大学发表题为“弘扬人民友谊共创美好未来”的演讲，盛赞中哈传统友好，倡议采用创新的合作模式，共同建设“丝绸之路经济带”。习主席在演讲中引用了哈萨克斯坦伟大诗人、思想家阿拜·库南巴耶夫的话：“世界有如海洋，时代有如劲风，前浪如兄长，后浪是兄弟，风拥后浪推前浪，亘古及今皆如此。”这句话出自《阿拜箴言录》，中文译本的翻译也是他——艾克拜尔·米吉提。

1954年，艾克拜尔·米吉提出生在新疆伊犁霍城县，从小跟爷爷奶奶生活在乌拉斯台的牧场上。他的父亲是一个医生，精通哈萨克语、俄语、维吾尔语、柯尔克孜语、乌兹别克语、塔塔尔语，就是不懂汉语。艾克拜尔·米吉提读小学的时候，父亲决心让儿子到汉语小学读书。所以，艾克拜尔之所以能在今天精通汉语、哈萨克语、维吾尔语等8种语言，和他父亲当年具有前瞻性的决定密不可分。而他，凭借这些特别的本领，为各国文化交流做了许多工作。也正因此，他拥有了属于自己的人生经历和独特的思想。

在《阿拜箴言录》（哈、维、汉）诵读版首发仪式上，艾克拜尔用汉语发言：“我是《阿拜箴言录》的汉译者。1994年的10月，我用一个月的时间，把《阿拜箴言录》译成中文。2013年9月，习近平总书记出访哈萨克斯坦，在纳扎尔巴耶夫大学演讲时引用了我的译文。习近平总书记在纳扎尔巴耶夫大学演讲时引用了《阿拜箴言录》第三十七章其中的一段。在这次演讲中，习近平总书记提出要振兴新丝绸之路的一个概念，现在延伸为“一带一路”这样一个方略。我觉得在古老的丝绸之路上，像阿拜这样伟大的哲人，是起到了一个思想启迪者的作用。阿拜是一个什么人呢？简单地说，他是一个文化名人，他既是哲学家，又是思想家，又是诗人，又是作曲家。《阿拜箴言录》被我译成中文以后，很多读者从外地赶到北京找到我，要我给他们签名。”

在应邀到哈萨克斯坦国家图书馆演讲时，艾克拜尔·米吉提用哈萨克语演讲。据发回的消息说，听众们被感动了。一些当地的学者们也对这个从中国来的、拥有一口纯正哈萨克语的作家钦佩不已。他们眼中的艾克拜尔·米吉提不仅是一位获过全国大奖的作家，一位担任大型文学期刊《中国作家》的主编，还是一位热衷中外文化交流的使者。

他做文学总编审的电视连续剧《丝绸之路传奇》、他担任顾问的纪录片《我在中国》《丝路上的我们》系列，他的短篇小说集《瘸腿野马》，他的传记文学作品《木华黎》《艾克拜尔·米吉提作品集》（1—4卷）……有朋友推荐说，他知道有一个公益宣传片也是艾克拜尔·米吉提参与拍摄的。是一个国家预防灾害的宣传片《珍惜》系列。该片以纪实的手法，拍摄了各行各业注目“一带一路”，倾情文化交流。艾克拜尔·米吉提从容直面明天。

（原载于《中国国门时报》2016年2月19日第4版）

我手写我心

郑玉婷

全国政协委员艾克拜尔·米吉提是著名的哈萨克族作家，听他解释说，在哈萨克语中，这个名字的意思是“至高无上的光荣”。但是，艾克拜尔很少提起自己在文学方面所获得的荣誉。他更喜欢谈文学创作和提案写作，一说到这些，他的“话匣子”就被打开了。

当记者接过他的名片时，发现上面足足印着七个头衔，他工作的忙碌程度可想而知。他是哈萨克族人，却成为了一名汉族文学的主编；他是个“文化人”，却十分关心社会上的热点事件，并成为爱提意见的“提案大户”。带着好奇和敬仰，记者走进了艾克拜尔的生活。

用笔写出与民族文学的缘分

伊犁是艾克拜尔的故乡，那里独特的人文环境和自然景观已经深深地刻在了他的脑海里，并形成了一种独特的文化积淀。“当我离开伊犁，回过头再看它时，这片充满热情的土地让我有一种全新的认识。如果没有离开这个地方，这种感觉是根本感受不到的，而我创作的激情就来源于此。”

艾克拜尔7岁之前一直和爷爷奶奶生活在新疆霍城县乌拉斯台的牧场上，直到后来上学才被在城里工作的父母接到伊宁市。“我小学就读于伊宁市第十五小学，教师授课和同学交流全用汉语。入学考试时，我连用汉语从一数到十都不会，汉语有点基础的父母当晚给我补了一晚上，临时抱佛脚，第二天我才能从一数到五，被学校勉强收下。”如今，他是全国为数不多的哈萨克语、中文“双语”作家之一。

1967年，艾克拜尔小学毕业时，由于正值“文革”，学校准备送他去中央民族大学附中读书的计划泡汤了。那个夏天，父亲就把他送到草原上的牧业村里放羊，就这样他当了整整一年的羊倌，之后又返回伊宁市跟一个回族木匠学了一年的手艺。后来，他的很多作品都与这段生活有关。

“下乡不久，正好赶上伊宁县落实政策工作组下乡，他们需要一名翻译，而当时我的哈萨克语和汉语都非常精通，维吾尔语也懂，自然而然就被选中了。”接着，他又参加了“新闻通讯员学习班”。作为双语和多语人才，他随即被调到红星公社从事新闻宣传工作。也就是在这里，他接待了几批来深入生活的作家，其中包括王蒙这样的大家。这让他对文学的兴趣更加浓厚，也坚定了走文学道路的信心。

艾克拜尔一边从事新闻工作，一边复习。最终，他以优异的成绩考上了兰州大学中文系。整个大学期间，学校图书馆和中文系资料室是他最常去的地方。1976年大学毕业后，他被分配到伊犁哈萨克自治州党委宣传部工作。趁跟随各个工作组下乡的机会，他走遍了伊犁州各县市，对包括哈萨克族在内的新疆各族人民的生活有了更为深刻的体会。

“丰富的草原生活经历，是我写作的源泉和主要素材之一。”经过大量的阅读体验和生活积累后，创作的欲望已经在艾克拜尔心中潜伏着，等着某一天的爆发。

1979年3月，他的第一篇短篇小说《努尔曼老汉和猎狗巴力斯》在《伊犁河》《新疆文艺》上刊登，并于次年3月荣获全国优秀短篇小说奖。这篇以草原生活为背景的短篇小说，成功地塑造了努尔曼老汉等几个典型的草原人物形象，成了当代哈萨克族作家永载史册的作品。这之后他便一发不可收拾，当年就接连写了三四篇小说，其中一篇还在《人民文学》上发表。而这一系列小说作品，书写的都是他所熟悉的家乡伊犁人的生活。

“我跟民族文学有着不解之缘。”1980年，艾克拜尔被中国作家协会第五期文学讲习所录取。1981年10月，他来京从事新创刊的《民族文学》的编辑工作。2003年底，他进入中国作家出版集团，并工作至今。在这期间，他著有中短篇小说集《哦，十五岁的哈丽黛哟》《存留在夫人箱底的名单》《蓝鸽、蓝鸽……》、传记文学《穆罕默德》、译著《论维吾尔十二木卡姆》（维译汉）、《阿拜箴言录》（哈译汉）等，以及大量的散文、随笔、评论、纪实文学及翻译作品，其作品被译为多种外文以及国内几种少数民族文字。他还主编过一系列中国少数民族文学丛书，以便让人们更多地了解少数民族文学。

作为哈萨克族的第一代作家，艾克拜尔多年来积极扶持一些有志于文学创作的少数民族青年用汉语写作，或者将本民族文学精品翻译成汉语，他还担任过好几届全国少数民族文学“骏马奖”的评委，为繁荣发展我国少数民族文学艺术、发现扶持少数民族文学人才做出了贡献。

同时，艾克拜尔也是一位非常出色的翻译家，在谈到哈萨克文学目前的创作与翻译以及双语作家的创作时他说：“用汉语等其他语言写作或翻译少数民族文学作品，可以让更多的人了解少数民族。”

把百姓心声及时反映出来

2008年，艾克拜尔当选为全国政协委员。其实他与政协的缘分由来已久，从1992年开始，他就开始担任第八届北京市政协委员，并连任三届。

“我们有幸成为有文化有知识、在首都北京工作的民族干部和委员，我们的职责是什么？不能辜负人民的信任,不能忘本忘根，一定要把我眼睛能看到、耳朵能听到的百姓心声及时反映出来！”这样的理念使艾克拜尔的创作和提案更有思想、有感情、有扎实的生活内容。

“我看到了草原，我熟悉草原，所以我就要写草原的事儿，反映草原的问题。”在担任全国政协委员后，艾克拜尔始终把草原生态作为自己议政建言的重点之一。

新疆有着7.2亿亩的可利用天然草原。然而，在多年来的经历中，令艾克拜尔感受最深的一点，就是这些草原的逐步退化。“新疆高山草原近年来植被退化普遍严重，其成因是多方面的，例如全球性气候变暖、降雪量减少、干旱频仍、鼠害、旱獭成灾、滥采中草药、植物入侵、植物变异、水土流失、为获取山羊绒盲目发展山羊等等。”艾克拜尔介绍说，“其中很重要的一条，那就是载畜量超负荷。”

他注意到，每年夏季，农区和城镇畜群大量进入草原夏牧场，与牧民的畜群夺食草原，造成草原植被严重退化。农区和城镇畜群进入草原还造成另一个恶果：农区和城镇畜群从夏牧场回来后会进入温暖的畜圈饲养，业主已经贮存了足够的秸秆谷物等饲料，只要圈养一段时间，哪怕是在冬季里，照样能够出栏变现。何况农民还有农业收成，这仅是其副业而已。城镇居民还有不同的收入，他们的总体收成远在牧民之上。而牧民的畜群在短暂的夏牧场时光内，本应抓足了膘，以受胎和度过寒冬，却因与农区和城镇的畜群争食牧草，没能抓足膘。因此，牧民的畜群受胎率和越冬率下降，畜群增长率和出栏率跟着下降，致使牧民收入难以增长。

为此，他在2008年提出了《关于禁止农区城镇畜群进入草原放牧减少草原载畜量的提案》，引起了农业部等部门对草畜平衡制度的进一步关注。如今，许多地方在牲畜转场到夏牧场的途中设置路卡，严格按照核定的载畜量清查上山牲畜数量。

看到自己的建议产生了作用，艾克拜尔在感到欣慰的同时，也不忘继续呼吁保护草原。“草原是生态环境链条的重要一环，对于保持水土、抵御风沙、净化空气发挥着不可替代的作用。要科学保护草原生态，让我们的子子孙孙共享这份绿色的美丽。”他感慨地说。

“提案大户”的工作写照

在交谈过程中，记者发现艾克拜尔的工作被安排得“满满当当”：近几年来，在搞出版集团改制、编刊等日常工作之余，他还创作了多部被收入年度精选本的短篇小说和散文《母亲与鲜花》等；他的博客几乎天天都更新内容；为了参加全国政协关于“少数民族进城务工经商状况”等多项调研，他在有关自治区及省市县蹲点时间长达半年以上……

其实，充实的生活就意味着忙碌，从作家到编辑再到“文学商人”，艾克拜尔的生活已经变得不轻松：“我每天一睁眼，就想到今天还挂着几十万的任务，赶紧起来要去完成这些。”有一次，他已经在全国政协专题调研组报了名，都准备好参加动员会时被拉回单位。他对记者说7月的日程安排：“这个月19号又要出差，23号回来，在北京处理些事情之后还要出差。”

尽管生活如此忙碌，艾克拜尔却并未感到厌倦，一切尽在他的掌握之中。如今，他依然坚持每天都写东西，也有固定的写作时间，在深夜11点到凌晨2点。平时观察到的事物，就在晚上边思考边写作。

在工作和创作过程中，如何找到一个平衡点？这个平时看起来不紧不慢的人，工作时有着他自己的秘诀——观察、思考加勤奋。

并且，他把这一秘诀也同样用在了写提案的过程中。因为提案有数量又有质量，他的提案拿出手时很有“面子”。在他的办公室里，放着一个个的“优秀提案”奖牌：禁止公共场所吸烟、调整个人所得税纳税起征点……许多或大或小的公共政策出台的背后，都有他的不辍建言与努力。

谈起“提案大户”这个称谓时，艾克拜尔有着爽朗的笑声：“别人问我撰写提案有什么诀窍，我说，我的提案线索全部从生活中的小事中来，在别人聊天的时候，我在思考，别人睡觉的时候，我在写作。没有调查就没有发言权，许多提案都是观察、思考和深入调研的结果。”

2009年，艾克拜尔发现北京市中小学语文课本仅有《黄继光》《狼牙山五壮士》两篇红色经典作品，在全国其他地方，也鲜见此类课文。于是他便提出，中小学语文课本是培育民族精神的重要环节之一，担负着未成年人进行语言文学、思想品德、审美情趣、意志情操等综合教育的重任。为此，他撰写了提案《修改中小学教材编写审定管理暂行办法》和《加强红色经典作品在语文教学中的分量》，希望孩子们通过学习红色经典来了解那段历史，把革命传统一代代传承下去。

房改是一项关系每个人切身利益的大事，从某种意义上说，牵动着社会方方面面的敏感神经。在艾克拜尔担任北京市政协委员期间，他就积极呼吁房改，并在北京市政协常委会上作过《房改过程中应当考虑的几点问题》的专题发言。在2010年两会上，他又呼吁政府亟待研究实施新一轮房改措施并予以解决。

有人问艾克拜尔说，作为一个“提案大户”，写提案会不会影响到本职工作？他的回答很干脆：“不仅不会影响，而且还会促进本职工作，当委员后我的视野更加开阔了，以后我也会继续这样做下去。”

（原载于《人民政协》2011年第15期）

一支笔写就万千传奇

王志华

摘要：1954年，艾克拜尔·米吉提出生于霍城县。从小他就上汉语小学开始学习汉语，并在此后的人生中用汉语写出了很多优秀的小说、散文、随笔、传记、评论、译作。30余年中，他写作出版了30余本书，作品被译为多种语言，获得各类奖项不计其数。

位于北京市朝阳区农展馆南里10号的中国作家出版集团是无数作家、文学工作者心目中向往的地方，因为它的成员都是中国顶尖级的文学报刊社。2月3日，北京天气晴朗，明亮的阳光照耀着这座巍峨的大楼。艾克拜尔·米吉提像往常一样，坐在15楼的办公室里忙碌着。早上5点起床，在家花两三个小时写了一篇小说；8点赶到单位，上午和《北京观察》的几位编辑座谈，聊聊刊物的发展方向，提出自己的建议；下午还要和几位书画家交流一下……“没有一分钟闲着。”艾克拜尔·米吉提在电话里这样描述他的生活。

全国政协委员、全国政协民族宗教委员会委员、中国作家协会全委、中国作家协会影视文学委员会副主任、中国电影文学协会常务副会长、中国作家出版集团原党委副书记、集团管委会原副主任、《中国作家》原主编、著名作家……每一个头衔挂在艾克拜尔·米吉提身上，都是一份沉甸甸的责任，更是无数新疆人、伊犁人的骄傲。

1954年，艾克拜尔·米吉提出生于霍城县，7岁以前，他一直和爷爷奶奶生活在牧场。“我迄今难忘小时候祖母对我的教诲。还在我懵懵懂懂时，祖母便教导我，抬脚迈门槛时一定要先抬右脚，不能踩踏门槛；穿衣服时，要先穿右袖笼、右裤脚；吃饭时，要用右手拿勺子或筷子，我一生都是按照祖母的教诲来做的。”说起家庭的影响，艾克拜尔·米吉提说：“祖母几乎每天都告诉我，要做一个正直、善良的人，做人不能失信，不能撒谎，不能偷盗，不能记仇，不能计较，不能背地里议论他人。即便你在说悄悄话，上苍也会闻知。不可有害人之心，要心胸豁达、勇于承担、善于施舍等。祖母的这些教导都浸入了我的骨髓，成为我一生的行为准则。”善良的祖母给了艾克拜尔·米吉提人生的底色，而父亲的眼光则将艾克拜尔·米吉提送上了独特的人生之路。

艾克拜尔·米吉提的父亲是位医生，精通哈萨克、俄罗斯、维吾尔、柯尔克孜、乌孜别克、塔塔尔等民族语言，唯独不懂汉语。艾克拜尔·米吉提上小学时，父亲认为儿子应该掌握一门大语种，于是决定送儿子去上汉语小学。从此，艾克拜尔·米吉提开始学习汉语，并在此后的人生中用汉语写出了很多优秀的小说、散文、随笔、传记、评论、译作。如今，艾克拜尔·米吉提精通汉、哈萨克、维吾尔等8种语言。

1971年，艾克拜尔·米吉提随着“上山下乡”的浪潮，来到了伊宁县红星公社插队。有一天，公社来了一拨人体验生活，艾克拜尔·米吉提看见一个穿卡其服、戴眼镜的男人，别人告诉他这是作家王蒙，写了《组织部来了个年轻人》，被毛主席点评过。艾克拜尔·米吉提感到惊奇，在他的印象中，作家不是那种白须飘胸的外国老人，就是那种暮秋之年的中国老人，还从没看到过如此年轻、具有活力，还会讲维吾尔语的作家。由此，他心中的作家梦在不知不觉中被点燃了。

后来，艾克拜尔·米吉提进入兰州大学中文系就读，毕业后被分配到伊犁州党委宣传部工作。1979年3月，他的第一篇短篇小说《努尔曼老汉和猎狗巴力斯》发表，并荣获第二届全国优秀短篇小说奖、第一届全国少数民族文学创作荣誉奖，就这样，他走上了文学创作之路。获奖后的艾克拜尔·米吉提很快被调到北京工作，1982年，他加入了中国作家协会。

在之后的30余年中，艾克拜尔·米吉提先后担任《民族文学》《中国作家》编辑，中国作家协会创联部民族文学处副处长、处长，《民族文学》副主编、常务副主编、编审等职，并写作出版了30余本书，作品被译为多种语言，获得各类奖项不计其数。前不久，他还荣获了哈萨克斯坦金质国际奖章，缘于他为哈萨克族文学艺术作出的特殊贡献。

艾克拜尔·米吉提兴趣广泛，性格豪放，知识面广，他的创作涉及小说、散文、诗歌、传记、评论、翻译等多种文体。

在艾克拜尔·米吉提的作品中，有很多是以哈萨克族生活为题材的，有的展现马奶飘香的草原，有的反映哈萨克族传统的风俗习惯，也有的刻画了牧民的淳朴心灵和他们的鲜明个性。这些作品就像一幅幅丰富多彩的图画，从不同侧面把哈萨克族的生活风貌展现在读者面前。他的处女作《努尔曼老汉和猎狗巴力斯》就有一股使人心醉的草原气息，让人仿佛来到了大草原的怀抱，端起木碗喝起了喷香的马奶酒。努尔曼老汉就像是我们熟悉的草原上的老人，既亲切又善良。

在艾克拜尔·米吉提的写作中，至真至纯的人性之美是不变的主题，他的写作不仅仅局限于少数民族生活，还把笔触延伸到社会各个角落，描写遥远的家乡，描绘身边的现实，从一景一物、一事一情中捕捉美、记录美。

担任《中国作家》主编时，艾克拜尔·米吉提就提出了“用最优美的中文，写最美好的中国人形象，为全世界热爱中文的读者服务”的办刊理念。如今，他虽然从主编的岗位上退了下来，但写最美的作品的梦想、服务读者的热情以及对社会现象的关注并没有丝毫减少。

在北京市政协当了15年委员，又担任了两届全国政协委员，艾克拜尔·米吉提养成了“好管闲事”的习惯，在他眼里，“闲事”不是小事。2015年，他在全国十二届政协三次会议上提交了《关于在天安门国旗升旗台侧附国歌〈义勇军进行曲〉五线谱歌词铜牌的提案》《关于降低城市马路牙子，增加停车位的提案》《关于进一步加强知识产权保护的提案》《关于少数民族人名汉字规范问题的提案》等一系列提案，其中一些提案很快得到了落实，并引起了较好的社会反响。

无论站得多高、走得多远，故乡始终是艾克拜尔·米吉提目光关注所在和心魂所系之处。在《伊犁记忆》中，他写道：“记得在我儿时，这是一个生满白杨的城市。那密布城市的白杨树，与云层低语。鸟儿们在高耸的树上筑巢，雏鸟求食的叽鸣声和归巢的群鸟，给树与云的对话平添了几许色彩。树下是流淌的小河，淙淙流入庭院，流向那边的果园……”美好的记忆随着岁月的流逝变得愈加深刻隽永。这些年，艾克拜尔・米吉提常常回到新疆，回到伊犁，他说，那不止是一种记忆，更是一种气势、一种境界、一种胸怀。尽管沧海桑田、日月更迭，他始终觉得，新疆美丽异常，新疆人热情异常，这片热土充满了正能量，而他也要做这股正能量中重要的一分子，为传播家乡的美丽继续奉献他的光和热。

（原载于《伊犁日报》2016年4月15日第4版）

文化突破人心　方能复兴丝路

——专访全国政协委员、哈萨克族作家艾克拜尔·米吉提

朱　烨

艾克拜尔·米吉提简介　1954年4月生，新疆霍城县人，兰州大学中文系毕业。现任全国政协委员、全国政协民族宗教委员会委员、中国作家协会全国委员会委员、中国作家协会影视文学委员会副主任、中国电影文学学会常务副会长。曾任中国作家出版集团党委副书记、管委会副主任、《中国作家》主编。为二级编审，1993年起享受国务院特殊津贴。处女作《努尔曼老汉和猎狗巴力斯》获1979年全国优秀短篇小说奖，短篇小说《哦，十五岁的哈丽黛哟……》等作品多次获得全国少数民族文学奖和其他奖项。着有中短篇小说集《哦，十五岁的哈丽黛哟……》《瘸腿野马》《存留在夫人箱底的名单》《蓝鸽、蓝鸽……》，传记文学《穆罕默德》《木华黎》，译著《论维吾尔十二木卡姆》(维译汉)、《阿拜箴言录》(哈译汉)，《艾克拜尔·米吉提作品集》(四卷、十卷)、《艾克拜尔·米吉提短篇小说精选》、评论集《耕耘与收获》、散文集《父亲的眼光》《哈纳斯湖畔之夜》《伊犁记忆》等。

随着“一带一路”战略构想的逐步推进，中国企业与沿线国家在基础设施、能源、港口、金融等诸多领域的互利合作消息也频繁传来，然而大单签订背后依然有着例如法律法规纠纷、风俗习惯难融等一系列问题，双边经贸往来中似乎“隔”了些什么。对此，全国政协委员、《中国作家》前主编、哈萨克

族作家艾克拜尔·米吉提在接受本报专访时表示，中国经济走出去，必须文化先行，要让当地的消费者真正了解、认可中国，才会具备持久的国际竞争力。“比起钢筋水泥，终极竞争应是人心的竞争，而人心只有文化才能突破。”他说，“经济竞争最终还是文化的竞争。”

中国现在是世界第二大经济实体，但他认为，中国面向世界的经济竞争才刚刚开始。“过去是较为简单粗暴的方式，拿着大把人民币去买厂买矿、建立流水线即可，发生摩擦就用钱或物来解决。”他说，“然而，这并不是真正意义上的‘走出去’。”他认为，不能仅靠双边贸易体系解决问题，而应该从根本入手，加强民间往来文化的沟通交流，要以当地人民喜闻乐见的形式彰显中国的文化实力，进而提高竞争力。讲好中国故事写好当下中国人文化在作家身份的他看来，核心即是鲜活的文学和艺术，因此讲好中国故事在“一带一路”文化先行中显得尤为重要；而讲好中国故事在这位哈萨克族学者看来，核心应是拥有着地域、文化、语言双边相通性的少数民族学者。

任《中国作家》主编时，艾克拜尔曾提出办刊方针：用最优美的中文写最美好的中国人形象，为全世界热爱中文的读者服务。然而随着时代的变革、世界的交融，他从自身经验出发，越来越意识到少数民族学者、作家在讲好中国故事中的重要性，“可以用当地人易于接受、喜闻乐见、又听得懂的文字直接创作美好的中国人形象，利用文化相似、语言相近、习俗相通的优势，不仅为全世界热爱中文的读者服务，也要为全世界热爱中国的读者服务。”既然要与时俱进、为热爱中国的读者服务，以往那种“刻意丑化”中国人的后现代主义写法就应该摒弃。他反复强调，讲好中国故事的核心就是要塑造好中国人的形象。美国当代重要的批评理论家、后殖民批评理论代表人物爱德华·赛义德曾在《东方学》中论述称，所有欠发达国家的艺术家、作家都是为了欧美中产阶级眼球而服务的。因此，为取悦欧美中产，不发达地区包括中国的作家不得不将自己的国度和民族写得极其愚昧丑陋。艾克拜尔认为，现在是该改变的时候了。

“中国的中产阶级越发强大，而欧美的中产也确实需要了解和感受真实的中国，”他说，“首要任务是写好当下的中国人，写好今天奋斗在不同行业领域的中国人的‘美’。”他希望，不要只把目光聚焦在少数贪官污吏身上，要以敏锐的眼光发现身边充满着正能量的人。

计划重走丝路 盼留下感情纽带

此外，艾克拜尔希望自己能联合民间力量，让“一带一路”商品贸易往来之余，还能留下一种情感文化的纽带，“想起某个作品就能想起某个国家”的特殊感情。为此，他准备用3年时间，带领中国艺术家们重走陆上丝绸之路上的40多个国家。“这其实也算少数民族文化人的优势。”他笑称，因为熟悉中亚国家的擅长及喜好，更能够从此入手，将中国诗人、作曲家、书画家或其他文学艺术者分成不同小组，分阶段前往沿线国家。他续指出，形式非常多元，无论是诗歌交流会、文学座谈会，还是目的国中文译作的反馈交流、现场即兴创作等都可以实现。他认为，真正的民间外交才是最有活力的、能够跨越国界、突破防线直抵人心的，“我们的艺术家有任何感受都可以变成作品，而当地的文化精英也会通过自己的影响力帮助当地人了解真实的中国，比‘硬’交往更易得到认可”。

部落史即文化史 匈奴非蛮夷之地

精通8种语言的哈萨克族作家、“匈奴后人”艾克拜尔·米吉提不仅在文学创作上拥有诸多光环，在哈萨克史学研究上也颇有见地，借助对《二十四史》的深入探究，他首次提出了部落史即是文化史的概念，“现今的哈萨克族历史恰恰是以部落名称被记载的，通过语言学能够理顺部落史，而透过部落史能反映整个民族文化史”。

应作“帝国”研究 部落划分严谨

他认为，哈萨克部落是一种独特的文化现象，却常被东西方文献以“蛮夷之地”进行表述，导致很多历史真相在偏见下走失，而汉籍中将匈奴当作“民族”进行研究亦是巨大的误区，“匈奴是草原‘帝国’，应当作‘帝国’来研究。”他指出，中国有56个民族，哈萨克斯坦有144个民族，匈奴帝国里也有很多民族，也就是所谓的“十姓”部落联盟。这里的“十”相当于汉文化里的“百”，联盟制一直到匈奴的继承人——西突厥时代还依然存在。他称，源于七代不能结婚的习俗，部落划分非常严谨，哈萨克族不足10岁的小孩子都能流利背诵自己的七代祖宗，其实追根溯源的传统一直存在。

解开部落密码　还原民族文化

得益于先天语言优势、又有着追根溯源传统的艾克拜尔从“读音”入手，一步步解开了挡在哈萨克族真实历史面貌前的文化密码，“世界上对于哈萨克民族史的研究是欠缺的，很大部分原因归于对汉籍文言文的不通以及对部落方言读音的不懂。”更何况，还有宗教更迭导致的蓄意篡改对文化记载产生的影响，这使得后人研究更加扑朔迷离，因此他在撰写《走近中国少数民族丛书》哈萨克族一卷时，利用自己对阿尔泰语系突厥语族语言的精通，从《史记》《二十四史》入手，从读音、语言学和部落源头入手，从部落到民族，从历史到文化，将被阻断的哈萨克族历史再次连续起来。“让人感动的是，乌孙、康居（康里）、钦察、札剌亦儿等部落名称，即使过了千年，依然保持至今，连读音都没有发生变化。”他欣喜地说，“这就是草原文化的特殊性。”这种特殊性源于“逐水草而居”带来的流动性，而流动性又使得部落文化具有了传承性、延续性和单一性，“哈萨克族有别于农耕文明，没有方言之说，解开部落的密码，便可以还原一个民族的历史文化。”

世界“中文热”中华文化走出去契机

艾克拜尔·米吉提曾在今年年初荣获哈萨克斯坦金质国际奖章，以彰其为哈萨克文学艺术作出的特殊贡献。他表示，得奖是中国和近邻友好关系的表现，同时也体现了“一带一路”沿线各国文明互鉴的成果。一直致力于中哈交流的他认为，哈萨克斯坦在政治、经贸、文化等诸多领域都有着独特之处，对中国新疆地区乃至整个西部地区的稳定，都有着重要作用。

（原载于香港《文汇报》2016年5月28日A17版）

作家艾克拜尔情系“一带一路”

杨　鸥

习近平主席2013年9月出访哈萨克斯坦时，在纳扎尔巴耶夫大学发表题为“弘扬人民友谊共创美好未来”的演讲，盛赞中哈传统友好，倡议采用创新的合作模式，共同建设“丝绸之路经济带”。习主席在演讲引用了哈萨克斯坦伟大诗人、思想家阿拜·库南巴耶夫的话：“世界有如海洋，时代有如劲风，前浪如兄长，后浪是兄弟，风拥后浪推前浪，亘古及今皆如此。”这句话引自《阿拜箴言录》，其中文译本是我国的哈萨克族作家艾克拜尔·米吉提翻译的。

近日，身为全国政协委员的艾克拜尔·米吉提，荣获哈萨克斯坦金质国际奖章。授奖词说，艾克拜尔·米吉提为哈萨克文学艺术作出了特殊贡献。

获奖体现“一带一路”文化交流成果

艾克拜尔·米吉提诚恳地说，获得这个奖是中国和近邻友好的结果。这个奖全世界给了12个人，这个奖是对他在哈萨克文学艺术和文化交流方面所作贡献的认可，同时体现了“一带一路”沿线各国文明互鉴的成果。

1994年，艾克拜尔·米吉提翻译了阿拜·库南巴耶夫的名著《阿拜箴言录》，得到多次再版。在新疆，他翻译的《阿拜箴言录》出版了维吾尔语、汉语、哈萨克语版。2015年，艾克拜尔·米吉提小说集《瘸腿野马》、历史传记《木华黎》、《艾克拜尔·米吉提作品选》（四卷）共6部作品在哈萨克斯坦翻译出版，并受到广泛好评。艾克拜尔·米吉提对促进丝绸之路文学交流和中哈之间的文化交流发挥了桥梁作用。

他是精通8种语言的哈萨克族作家

1954年，艾克拜尔·米吉提出生于新疆伊犁霍城县，7岁以前，他一直和爷爷奶奶生活在乌拉斯台的牧场上。他的父亲是个医生，精通哈萨克语、俄语、维吾尔语、柯尔克孜语、乌兹别克语、塔塔尔语，惟独不懂汉语。艾克拜尔上小学时，父亲认为儿子应该掌握一门大语种，于是决定送儿子去汉语小学。如今艾克拜尔精通汉语、哈萨克语、维吾尔语等8种语言。

1971年，艾克拜尔随着“上山下乡”的浪潮，来到了伊宁县红星公社插队。有一天，公社来了一拨人体验生活，艾克拜尔看见一个穿卡其服、戴眼镜的男人，别人告诉他这是作家王蒙，写了《组织部来了个年轻人》，被毛主席点评过。艾克拜尔感到惊奇，在他想象中，作家都是活在古代、已经故世的神仙般的人物，王蒙是他见过的第一个活着的作家。由此，艾克拜尔萌生了要当作家的念头。

后来，艾克拜尔进入兰州大学中文系就读。毕业后被分配到伊犁哈萨克自治州党委宣传部工作。1979年3月，他的第一篇短篇小说《努尔曼老汉和猎狗巴力斯》发表，并荣获第二届全国优秀短篇小说奖，从此走上文学创作之路。在艾克拜尔的很多作品中，至真至纯的人性之美是不变的主题，他的写作不仅仅局限于少数民族的生活，还把笔触延伸到社会各个角落，捕捉美、记录美。

《阿拜箴言录》被认为翻译得很到位

在应邀到哈萨克斯坦国家图书馆演讲时，艾克拜尔·米吉提用哈萨克语演讲，让听众深受感动，当地的学者对从中国来的作家把哈萨克语讲得那么纯粹非常佩服，同时也佩服哈萨克人还有人能写那么好的小说。他们敬佩中国的执政党执政能力强，能让一个哈萨克人熟练掌握汉语，成为获全国大奖的作家，并担任大型文学期刊《中国作家》的主编。

艾克拜尔·米吉提被哈萨克斯坦欧亚大学聘请为名誉教授，他是第一个作品被翻译到哈萨克斯坦的中国当代作家，他翻译的《阿拜箴言录》被认为翻译得很到位。他的一些专著被认为具有史学价值，对《二十四史》中关于哈萨克部落的记载有深入研究，提出文化史就是部落史。他正在写的一部专著写到元朝的哈萨克部落，元朝是各民族融合的历史阶段，哈萨克族以部落方式进驻北京，有做官的，也有文学家、书法家。

艾克拜尔还翻译了多种少数民族作家的文学作品，他翻译的维吾尔语等语种文学作品使多个原作作者获奖。他还准备翻译阿拜的诗歌集。

今天讲“一带一路”要提倡文化交流

哈萨克斯坦是古丝绸之路经过的地方，曾经为沟通东西方文明，促进不同民族、不同文化相互交流和合作作出过重要贡献。艾克拜尔·米吉提认为，随着“一带一路”战略的实施，中哈之间的文化交往与人文交流会进一步加深。现在，哈萨克斯坦在华留学生数以万计，仅北京就有3000多名哈国留学生，分布在北京大学、清华大学等各大高校。

艾克拜尔·米吉提说，“一带一路”历史上就有文化交流，今天讲“一带一路”也要提倡文化交流、文学交流。中国与世界进行贸易往来，就要让消费者认可中国人，这就需要文化交流，需要彰显中国的文化实力。“一带一路”不止是商业贸易，还要进行文化传播，文化的核心是文学。他有一个宏大的计划，与国家民委合作，3年之内把“一带一路”40多个国家走完，进行文化交流。

艾克拜尔·米吉提在担任《中国作家》主编时提出，用最优美的中文写最美好的中国人形象，为全世界热爱中文的读者服务。如今他从主编岗位上退下来，为自己定下写作方向：传播中国梦，攀登新高峰。

（原载于《人民日报》海外版2016年1月26日第7版）

艾克拜尔·米吉提书院

朱　竞

近几年来，作家办书院已成为一种传播文化的现象，引起社会上不小的热议和对作家办书院热切的关注。这充分显示了中国作家、学者、知识分子自觉的文化使命感和积极的文化创造姿态，对于我国当下的文化、教育体制的改革，也是一种创新和探索。

从古至今，书院都是传承文明、传播思想和先进文化的载体。书院应该有一种承担文化修复的功能，同时书院所发散的公共交往、学术传承与社会宣传的功能，是中国从古至今极为重要的文化媒介平台。

我曾去过中国很多古老的书院，感受过书院古老悠久的文化气息。我记得岳麓书院大门上的对联“唯楚有材，于斯为盛”，道尽了岳麓书院历史上人才辈出的事实。近年来，我陆续去过几位中国当代作家们创办的书院，山东省作协主席张炜在龙口的万松浦书院，作家冯骥才在天津办起了北洋书院，陕西省作家协会主席陈忠实在古长安白鹿原上办起的白鹿书院等。这几位作家办的书院，都在稳步寻找适合自己地域文化发展的路前行着。

我们都知道，历史上的书院大多以藏书、教书、读书、写书、编书等功能存在，面对今天科学技术的挤压、义务教育的普及、出版业的市场化运行、国家图书馆的开放服务、高等学校与社科院的学术研究，书院已经失去很多它的传统功能。而现代的书院应是民间的社会科学院，学术研究的一块高地，应该更自由、更独立，没有条条框框，才能发出智慧的、尖锐的、惊世骇俗的声音。书院还可以是民间的作协和艺术创作中心，名作家、艺术家可以用自己的经验带动创作，开展各种创作活动，不但研究古典哲学思想和文化，也要致力于新的学术研究，与当下的时代精神合拍，不然就会脱离社会、脱离实际，其生命注定不会长久。

让读者在书院分享知识

而就在2013年6月，中国当代著名的哈萨克族作家艾克拜尔·米吉提书院在新疆霍城县正式揭牌落户。一时间在中国文学界引发很大的震动。

艾克拜尔·米吉提书院总面积310平方米，馆内藏书为艾克拜尔·米吉提及中国作家协会作家联合捐赠的图书，共一万多册。现藏书语种有汉语、维吾尔语、哈萨克语，内容涵盖中国古代文学、近现代文学、民族文学等。书院设计新颖、服务功能齐全、有建设水准较好的免费借阅场所。它的落成和投入使用为各族群众增长知识、陶冶情操提供了一个更广阔的平台，对宣传党的民族政策、弘扬民族文化、加强民族团结、促进各民族间的交流交往产生积极影响。霍城县将以此次书院揭牌为契机，大力开展"基层文化建设年"活动，加快推进乡镇村的文化基础设施建设，深入推进文化惠民工程，大力发展公益性文化事业，全面推进文化大发展、大繁荣。

艾克拜尔·米吉提书院的建立，也引来大家纷纷议论。有人认为，在陕西、山西、山东等地办书院，人们会觉得理所当然，因为那里的文化底蕴丰厚，历史文化悠久，文化名人聚集。而作家艾克拜尔·米吉提在新疆霍城建书院，是不是会有"跟风""作秀"之嫌？虽然新疆伊犁州的霍城县，长春真人西游往返都曾经过这里，成吉思汗西征，令其二子察合台在果子沟架设48道木桥，打通天堑的历史。如今霍城县经济和旅游的发展也突飞猛进，但是在文化、文学艺术、教育的成就发展上还列不到全国前几位。可以说"霍城"这个名字，在全国来说，还不够响亮。只有谈到中国当代作家名人录时，才能了解到哈萨克族作家艾克拜尔·米吉提是新疆伊犁霍城县人。

那么，这位哈萨克族作家艾克拜尔·米吉提，为什么要在霍城县建一个以他名字命名的书院？这个书院又能给霍城县的百姓带来什么样的信息和养分？敢叫"书院"，相信哈萨克族作家艾克拜尔·米吉提一定有他自己的想法。

作家艾克拜尔·米吉提说：几年来，我对家乡霍城县的发展非常关注，特别是文化和教育的发展，更是迫在眉睫。当我看到霍城的百姓及孩子的家长们还为一顿好饭、一件暖衣而奔忙劳碌的时候，他们无力为买更多的图书给孩子们阅读，日积月累，孩子们的视野越来越窄，对中国传统文化的传承也停留在原始的步伐上。而在我这里，有万余册书籍摆放在书架上，这些书，已陪伴了我大半辈子。我想，不如把这些书籍移动到我的家乡霍城县，建立一个书院，让更多的人能免费阅读，增长知识，开阔视野。我所收藏的书籍包罗万象，政治、经济、军事、历史、文学、艺术、旅游的书籍都有。如果在霍城县建立书院，一定会为霍城的文化再增亮色。建立书院是我多年的想法，之所以在2013年6月霍城“薰衣草节”时揭牌落户，也是因为我作为《中国作家》主编，早已在此建立了《中国作家》创作基地、《中国作家》影视基地、《中国作家》书画院，此时再建立“艾克拜尔·米吉提书院”正逢其时。

艾克拜尔·米吉提书院揭牌仪式非常隆重，由中共霍城县委副书记、县长热夏提主持，中共伊犁哈萨克自治州党委常委、霍城县委书记王进剑讲话，中国作家协会副主席、中国国际笔会中心主席丹增致辞。中国作家协会副主席谭谈、中共伊犁哈萨克自治州党委常委、霍城县委书记王进剑为艾克拜尔·米吉提书院揭牌。丹增主席还向书院捐赠八万元，北京东城区图书馆也捐赠一批图书。

克拜尔·米吉提一直十分热衷家乡的文化事业发展，他说：“图书是知识的源泉，一个人拥有了知识，就会拥有人格的魅力，所以我觉得应该重视图书。这些图书都是我自己几十年来积攒的，不能让它躺在家里，应该让公众分享，所以我把它捐给霍城县。”

让书院成为文化景点

对家乡的眷恋，可以说是人类共同而永恒的情感。

艾克拜尔·米吉提更希望家乡各个方面都得到迅猛发展的同时，文化发展也要更上一层楼。再者，霍城是边境县，这里的经济虽然正在起步发展，但是文化、文学、艺术、教育的发展还有些滞后。

他希望来自全国各地乃至全世界的游客，来到新疆霍城县旅游时，看到的不只是惠远古城、图盖沙漠、赛里木湖的美景、草原上的牛羊、葡萄园的果实，而能有更多的人来到艾克拜尔·米吉提书院汲取知识，希望书院能成为一个文化景点。

艾克拜尔·米吉提决定捐出自己收藏大半辈子的图书一万多册给家乡霍城县，相信他不是突发奇想脑袋一热就做的事。我们看到这一本一本的图书，回想着它从四面八方来到艾克拜尔·米吉提的手中，在此存放几十年与他相伴，有的已翻阅数遍，有的纸张已变黄，每一本书都有很强烈的年代记忆。相信每一本书的背后，都有着感人的故事和不解的情缘，看着这一万余册图书，从此就要到自己出生的地方霍城县落户，艾克拜尔·米吉的心情一定是复杂的，读书人爱书胜过一切，就像爱自己的孩子一样。

哈萨克族作家“艾克拜尔·米吉提书院”决定在霍城县的建立，一方面是艾克拜尔·米吉提对家乡的眷恋之情，想在生养他的家乡霍城县建立书院，对家乡文化、文学、艺术、教育的发展上起到一些补充的作用；另一面也与他从小受到的家庭教育有关系，父母为他的选择，起到决定性的命运转折作用。

艾克拜尔·米吉提曾在散文作品《父亲的眼光》中这样写道：我的父亲虽然哈萨克语、俄语、维吾尔语、柯尔克孜语、乌兹别克语、塔塔尔语样样精通，另外，作为旧时的医科毕业生，对拉丁文也有探究，因为所有的西药必须有拉丁文药名，当时他开处方都是用拉丁文。但是，十分遗憾，唯一让他搞不懂的是汉文。他认为汉文笔画复杂繁多，读音奇异，读出音来却又并不代表词义，还要搞明白是哪个字，其字义是什么，否则，光听口说，你永远也别想搞明白他在说什么。他常常这样抱怨，太复杂了，连他们自己都要问：你说的是哪个字？真是奇怪！周总理说了，汉字将来要走拉丁化方向，我到那会儿再学汉语也来得及。他就是这么说的，事实上也是这么想的。但是，当我长到入学年龄时，父亲开始了一场困难的抉择。他把我从爷爷奶奶那里接到城里，说要送我上学。他说得很清楚，他说，艾克达依（对我的昵称，是我的爷爷奶奶这样称呼我的，所以他自然这样称呼我）应当学一门大的语种。他说，哈萨克语你已经会讲了，用不着为此再上学。要上学，你就去学一种大的语言，只有掌握了大的语言才能和世界交流……父亲执意要让我学大的语种，现在只有一个机会，就是去汉语学校报名。不过，当时父亲的汉语极差，他怕说不清楚，要让母亲一起陪着我们去。说来母亲的汉语在今天看来也是有相当水平的。当然，她也没有正经八百地上过汉语学校。但是，她有一个特殊的经历，正是这一特殊经历，让她学会了汉语口语，并掌握了一些汉字。那就是她1952年到1953年期间，在17岁时作为新疆牧区代表团代表，到内地访问一年多，在北京还受到毛主席、朱德、刘少奇、周总理等老一辈领袖们的接见，还有幸和他们合过影。年轻的她在这一年多时间的访问期间，居然学会了汉语。在当时，在汉语方面，我的母亲是父亲的绝对老师，在这一点上的确绰绰有余……

“要上学，你就去学一种大的语言，只有掌握了大的语言才能和世界交流。”可见艾克拜尔·米吉提父母高瞻远瞩之见。选择用汉语与世界交流，是正确的。

几十年后的今天，艾克拜尔·米吉提担当着社会上很多重要职务：全国政协委员、全国政协民族宗教委员会委员、中国作家出版集团党委副书记、管委会副主任、《中国作家》主编。1993年起享受国务院特殊津贴，中国作家协会全国委员会委员、中国作家协会影视文学委员会副主任、中国电影文学学会常务副会长，并为多所院校客座教授、多家文学、学术期刊顾问、编委。

从此，艾克拜尔·米吉提开始用汉语与世界交流、用汉语来描绘讲述世界故事。“用最优美的中文，写最美好的中国人形象，为全世界热爱中文的读者服务。”这是艾克拜尔·米吉提向全世界的宣言。

艾克拜尔·米吉提用汉语写作出了很多优秀的小说、散文、随笔。在艾克拜尔·米吉提的文化教育历程中，他既受到哺育他的新疆哈萨克文化的根深蒂固的塑造，又获得了相当广泛的汉族文化与其他民族文化的熏陶与影响。以至于在后来，他把大量的哈萨克族、维吾尔族的民歌、民间文学翻译成汉语，成多民族文化交融的使者。

前不久，习近平总书记去哈萨克斯坦访问的演讲，引用了哈萨克斯坦伟大诗人、思想家阿拜·库南巴耶夫说的话：“世界有如海洋，时代有如劲风，前浪如兄长，后浪是兄弟，风拥后浪推前浪，亘古及今皆如此。”而这一段话，正是艾克拜尔·米吉提曾经翻译的《阿拜箴言录》的一段。

而对于家乡伊犁州霍城县，艾克拜尔·米吉提一直在思考着，能为家乡做些什么。他在《伊犁是一种记忆》中写道：“记得在我儿时，这是一个生满白杨的城市。那密布城市的白杨树，与云层低语。鸟儿们在高耸的树上筑巢，雏鸟求食的叽鸣声和归巢的群鸟，给树与云的对语平添了几许色彩。树下是流淌的小河，淙淙流入庭院，流向那边的果园……回望十分熟悉的伊宁市的轮廓，却有一种新奇而陌生的感觉。我顿然觉得，看来，人要不断跳出自己熟悉的环境，才能有所发现。而且，人要不断地易位思考，才会有新的收获。”

有了这些乡情和乡愁，艾克拜尔·米吉提把书院建立在自己的家乡霍城县，也就不难理解。书院建立后，已陆续有三千多人次到此免费阅读，并有大批海内外旅游的人来些参观、翻阅。

“艾克拜尔·米吉提书院”已成为霍城县新的文化景点，对进一步提升霍城知名度、美誉度发挥积极作用。

让书院连接世界桥

艾克拜尔·米吉提书院自从在霍城县建立后，来自全国各地的文化名人、作家、学者都到此浏览。2013年8月，由台湾地区新地文艺出版社社长、总编辑郭枫率领的台湾作家团，受邀赴《中国作家》新疆霍城创作基地、艾克拜尔·米吉提书院采风，郭枫社长向艾克拜尔·米吉提书院赠送台湾新地文艺出版社出版的“世界华文作家精选集丛书”。台湾著名作家陈若曦、苏叶、赵和贤到书院后，看到这里展示的图书，非常感慨，他们饱览祖国大好河山，领略兄弟民族多姿多彩的文化，感受深情厚谊，进一步开阔了文学视野，书院搭建了两岸友谊之桥。

北京东城区图书馆副馆长左堃参加艾克拜尔·米吉提书院在霍城县揭牌仪式，并代表北京东城区图书馆捐赠图书近300册，与霍城县图书馆进行业务交流。

2013年12月，艾克拜尔·吉米提再次来到自己的家乡霍城，将出版的300套汉、哈文版作品集捐赠给艾克拜尔·米吉提书院，并举行了隆重的捐赠仪式。在捐赠仪式上，热夏提说，艾克拜尔·吉米提书院的成立，为霍城县各族干部群众增长知识、陶冶情操提供了新平台，为进一步宣传党的民族政策、加强民族团结、促进各民族间的交流交往，对进一步完善霍城文化基础建设、加快文化事业发展，都具有十分重要的意义。

艾克拜尔·米吉提表示，很高兴在家乡以自己名义命名的书院赠送由民族出版社出版的汉、哈文版十卷艾克拜尔作品集。相信会给家乡的读者带来更多的阅读选择和阅读体验。此次新捐赠的300套作品集，是汇集了他多年创作的精品力作，新书的到来，为书院增添了新的血液。同时他还表示将在今后的生活中，陆续把自己阅读过的图书捐赠给书院。

读者彭祥淑说："这里环境幽雅、藏书丰富，各种各样的书都有，以后有时间会经常到这来阅读的。"

让家乡人骄傲的骏马

艾克拜尔·米吉提是哈萨克族的骄傲，他像骏马一样驰骋在祖国的大地上。他曾说过这样的话："歌声和骏马是哈萨克人的两只翅膀。马对于哈萨克人，既是浪漫的象征，又是生活的依托。"艾克拜尔·米吉提从伊犁走向全国，在中国当代文学创作中有着重大建树和贡献。艾克拜尔·米吉提，有很多职务，他经常会在这一串的职务中转换着角色。

作为十一届和十二届两届政协委员的艾克拜尔·米吉提，他在几年当中提出了五十多项提案，涉及经济、文化、教育、社会、农业、牧业、环保、民族、宗教、民生等诸多方面，写了一批相关文章，参加了一系列的调研视察活动，作为一名政协委员在履职尽责中，他有了一些感悟，那就是：为百姓说话，说了，不白说。

而作为作家和翻译家的艾克拜尔·米吉提，成绩更加显赫。三十多年前发表的处女作《努尔曼老汉和猎狗巴力斯》，1979年获得了全国优秀短篇小说奖。从20世纪70年代开始，他从来没有停止过文学写作，陆续发表小说《权衡》《哈力的故事》《雄心勃勃》《发现》《我的两个学生》《哈司令、阿尔申别克和他母亲》《第二十九任队长》《履历表上的某一栏》等一系列具有地域特色的中短篇小说。这些小说大多以时代的情境作为描写背影，风趣而又机智的语言，把少数民族的种种生活环境中的表现描写得细腻别致，从中可看出时代发展的社会心理历程的轨迹，以及这种轨迹上所留下的难以言语的辛酸与苦涩。

艾克拜尔·米吉提兴趣广泛，性格豪放，知识面广。他的创作涉及文体形式很多，小说、散文、诗歌、传记、评论、翻译等文体都掌握得很好，他身上具有人类文化学者的气质。他的《在草原的濛濛雨夜里》《天鹅》《静谧的小院》《木筏》《瘸腿野马》《迁墓人》《角度——目标》《披着羚羊皮的人》《潜流》《红牛犊》……都是被读者及评论界普遍认为真正称得上“短篇精品”的小说。在这些相当有限的叙述语言之间，蕴藏着丰富的思情容量与精神求索的扩张力量——那种独到的生活表现视角，那种舒缓而凝重的艺术结构，那种寓意的艺术性，那种抒写情调及充满韵律色彩的弥漫，特别是从作品的描写整体中升腾起来的思想内涵，使我们看到了为文学而生的艾克拜尔·米吉提，他是一个富有强烈的时代意识的小说作家。

在中国新时期文学三十年中，不能不提艾克拜尔·米吉提的短篇小说《努尔曼老汉和猎狗巴力斯》，这篇小说在当代文学史上是占据重要位置的经典之作。《努尔曼老汉和猎狗巴力斯》获1979年全国优秀短篇小说奖、第一届全国少数民族文学创作荣誉奖。这篇小说着重描写了努尔曼与猎狗巴力斯有关的三件事：换狗、掠狗、素狗。通过猎狗的故事，展开了复杂的思想斗争和富有民族特色的生活画卷。

记得2012年9月，在新疆伊宁机场，那是我亲历一幕感人的场景，至今在我的眼前常常出现。那一天，我们从北京坐飞机到了乌鲁木齐，再转去伊宁，从伊宁机场再坐汽车到霍城县。到了伊宁机场，只见一位戴眼镜的哈萨克族老妈妈，个子很高，穿着一件米白色带小绿花的长裙，外套一件白色的外衣，头上包着的头巾与裙子是同样的花布。她优雅的气质，看不出已近八十的年龄。远远地她看着儿子从机场的出口出来，走上前去拥抱了儿子，并亲吻着儿子的额头。她拉着儿子的手，不愿松开。这是她与儿子又一次地告别。她不知道下次再见到儿子是什么时候。

这就是著名作家、翻译家艾克拜尔·米吉提在伊宁机场与老母亲见面、再分离的场面。我看不清老妈妈的眼睛，她一定是含着泪水与儿子见面。她与儿子短暂地相拥，挥手告别，艾克拜尔·米吉提这次是带着中国作家代表团赴新疆伊犁市霍城县采风，他到了家门口，却不能回家看老母亲，他的老母亲只好赶到机场与儿子见上一面。

（原载于《新疆新闻出版》2014年第1期）

用优美的中文，写美好的中国人形象

——哈萨克族的骏马：艾克拜尔·米吉提

朱　竞

“用最优美的中文，写最美好的中国人形象，为全世界热爱中文的读者服务。”这是艾克拜尔·米吉提向全世界的宣言。

艾克拜尔·米吉提，有很多职务，他经常会在这一串的职务中转换着角色。

作为十一届和十二届两届政协委员的艾克拜尔·米吉提，他在几年当中提出了五十多项提案，涉及经济、文化、教育、社会、农业、牧业、环保、民族、宗教、民生等诸多方面，写了一批相关文章，参加了一系列的调研视察活动，作为一名政协委员在履职尽责中，他有了一些感悟，那就是：为百姓说话，说了，不白说。

而作为作家和翻译家的艾克拜尔·米吉提，成绩更加显赫。三十多年前发表的处女作《努尔曼老汉和猎狗巴力斯》，1979年获得了全国优秀短篇小说奖。从20世纪70年代开始，他从来没有停止过文学写作，陆续发表小说《权衡》《哈力的故事》《雄心勃勃》《发现》《我的两个学生》《哈司令、阿尔申别克和他母亲》《第二十九任队长》《履历表上的某一栏》等一系列具有地域特色的中短篇小说。这些小说大多以时代的情境作为描写背影，风趣而又机智的语言，把少数民族的种种生活环境中的表现描写得细腻别致，从中可看出时代发展的社会心理历程的轨迹，以及这种轨迹上所留下的难以言语的辛酸与苦涩。

艾克拜尔·米吉提兴趣广泛，性格豪放，知识面广。他的创作涉及文体形式很多，小说、散文、诗歌、传记、评论、翻译等文体都掌握得很好，他身上具有人类文化学者的气质。他的《在草原的濛濛雨夜里》《天鹅》《静谧的小院》《木筏》《瘸腿野马》《迁墓人》《角度——目标》《披着羚羊皮的人》《潜流》《红牛犊》……都是被读者及评论界普遍认为真正称得上“短篇精品”的小说。在这些相当有限的叙述语言之间，蕴藏着丰富的思情容量与精神求索的扩张力量——那种独到的生活表现视角，那种舒缓而凝重的艺术结构，那种寓意的艺术性，那种抒写情调及充满韵律色彩的弥漫，特别是从作品的描写整体中升腾起来的思想内涵，使我们看到了为文学而生的艾克拜尔·米吉提，他是一个富有强烈的时代意识的小说作家。

在中国新时期文学三十年中，不能不提艾克拜尔·米吉提的短篇小说《努尔曼老汉和猎狗巴力斯》，这篇小说在当代文学史上是占据重要位置的经典之作。《努尔曼老汉和猎狗巴力斯》获1979年全国优秀短篇小说奖、第一届全国少数民族文学创作荣誉奖。这篇小说着重描写了努尔曼与猎狗巴力斯有关的三件事：换狗、掠狗、素狗。通过猎狗的故事，展开了复杂的思想斗争和富有民族特色的生活画卷。

回想1980年，他从新疆来北京领奖时的情景，就像莫言今天获得诺贝尔文学奖一样轰轰烈烈地响彻全中国，甚至超过诺贝尔文学奖被重视的程度。当艾克拜尔·米吉提要来北京领奖时，进京的路费却成了问题，是他的妈妈帮助筹借才进京。当时还有戏剧性的一幕，如今作为笑谈常在文学圈内谈起。当时去接站的是《人民文学》的编辑王青风，他打着“艾克拜尔·米吉提”的牌子，想着从新疆来的艾克拜尔·米吉提一定是长着胡子的大高个，他的眼睛一直朝高处看着。直到艾克拜尔·米吉站到他跟前，说“我就艾克拜尔·米吉提”，王青风才把眼睛从高处收了回来。

获奖之后的艾克拜尔·米吉提，很快就被调到北京工作，到了中国作家协会，这一干就是几十年。他在中国作家协会担当过很多角色，但他最钟爱是的写作和编辑事业。

艾克拜尔·米吉提是性情中人。他对人热情、真诚，他喜欢明朗地大笑，他以透明的态度与朋友交往。近年来由于他的领导职务，大量的工作占用了他的写作时间，但他还是会抽时间写作。最近在人民文学出版社出版的《艾克拜尔·米吉提短篇小说精选》收录的都是最新的小说。有趣的是，这部作品出版后，在北京王府井书店最畅销的书榜中，把《艾克拜尔·米吉提短篇小说精选》摆放在了“最畅销外国小说”一架上。

回想20世纪70年代，中国文学还处于荒芜的时代。那时候艾克拜尔·米吉提在遥远的新疆伊犁，默默地在文学的道路上探索着。他非常幸运地遇到并认识了当时在新疆伊犁生活的作家王蒙先生，聆听过王蒙谈文学，之后王蒙对他在文学创作上给予了极大的肯定和鼓励。也许这是艾克拜尔·米吉提坚持走文学创作这条路到如今的动因。

而当下，作为《中国作家》主编的艾克拜尔·米吉提，更是热情高涨，他会滔滔不绝、如数家珍地讲近几年来《中国作家》杂志的发展和变化，讲《中国作家》由月刊变为半月刊，再由半月刊变为旬刊的艰辛发展历程。一个月出版三本刊物《中国作家·文学》《中国作家·纪实》《中国作家·影视》，这在全国也为数不多。艾克拜尔·米吉提为了办好这三本刊物，煞费苦心地去经营。艾克拜尔·米吉提主编为了更好地为作家们服务，以《中国作家》的名义在广东中山、陕西咸阳、山西大同、新疆霍城、新疆塔里木油田、深圳龙岗等地，都设立了作家创作基地、书画院、影视剧创作中心，还将在舟山群岛上设立一作家创作基地。

在今年的5·23《中国作家》深圳·龙岗揭牌仪式上，艾克拜尔·米吉提主编讲道：“深圳·龙岗毗邻的香港特别行政区，是亚洲最成熟的影视生产源，通过《中国作家》深圳·龙岗影视制作基地，我们可以吸引香港成熟的影视生产劳动力，驱车一小时就可以从香港进入影视制作基地，直接投入这里的庞大生产链条，共同打造最具吸引力的中国影视产品。中国经济已经跃升世界第二，开始具有世界话语权；中国电影生产力为世界第三，已经是电影生产大国，但中国不是电影生产强国。我们有理由相信，通过《中国作家》深圳·龙岗影视制作基地，在《中国作家》占据影视文本源头的同时，提供一个更具张力的影视生产平台，我们将源源不断地推出精致的影视产品，为提升我国影视产品质量和竞争力服务，为实现电影生产强国服务。同时打造影视产业延伸产品，扩大延伸产品影响力。应当说，在不久的将来，《中国作家》深圳·龙岗影视制作基地还将成为面向亚洲、面向世界具有影响力的影视产品交易中心、影视文化交流中心、影视学术探索和实践中心、影视科技交流中心、影视生产融资和担保中心、影视教育和启蒙中心，同时也是影视文化旅游首选地，影视文化延伸产品集散地，将成为最具影响力的影视制作基地。”

艾克拜尔·米吉提主编的办刊理念是“用最优美的中文，写最美好的中国人形象，为全世界热爱中文的读者服务”。

艾克拜尔·米吉提是哈萨克族的骄傲，他像骏马一样驰骋在祖国的大地上。他曾说过这样的话：“歌声和骏马是哈萨克人的两只翅膀。马对于哈萨克人，既是浪漫的象征，又是生活的依托。”艾克拜尔·米吉提从伊犁走向全国，在中国当代文学创作中有着重大建树和贡献。

记得2012年9月，在新疆伊宁机场，那是我亲历一幕感人的场景，至今在我的眼前常常出现。那一天，我们从北京坐飞机到了乌鲁木齐，再转去伊宁，从伊宁机场再坐汽车到霍城县。到了伊宁机场，只见一位戴眼镜的哈萨克族老妈妈，个子很高，穿着一件米白色带小绿花的长裙，外套一件白色的外衣，头上包着的头巾与裙子是同样的花布。她优雅的气质，看不出已近八十的年龄。远远地她看着儿子从机场的出口出来，走上前去拥抱了儿子，并亲吻着儿子的额头。她拉着儿子的手，不愿松开。这是她与儿子又一次地告别。她不知道下次再见到儿子是什么时候。

这就是著名作家、翻译家艾克拜尔·米吉提在伊宁机场与老母亲见面、再分离的场面。我看不清老妈妈的眼睛，她一定是含着泪水与儿子见面。她与儿子短暂地相拥，挥手告别，艾克拜尔·米吉提这次是带着中国作家代表团赴新疆伊犁市霍城县采风，他到了家门口，却不能回家看老母亲，他的老母亲只好赶到机场与儿子见上一面。

艾克拜尔·米吉提是新疆伊犁霍城县人，哈萨克族。他不但讲哈萨克族语、还会讲维吾尔族语，在8岁之前他不会讲汉语，是他的父亲带着他来到汉族学校报名，从此他开始学习汉语，并一生用汉语写作出了很多优秀的小说、散文、随笔。在艾克拜尔·米吉提的文化教育历程中，他既受到哺育他的新疆哈萨克文化的根深蒂固的塑造，又获得了相当广泛的汉族文化与其他民族文化的熏陶与影响。以至于在后来，他把大量的哈萨克族、维吾尔族的民歌、民间文学翻译成汉语，成多民族文化交融的使者。

（原载于《大公报》2013年7月1日B16版）

图书在版编目（CIP）数据

政协委员履职风采·艾克拜尔·米吉提 / 艾克拜尔·米吉提著. —北京：中国文史出版社，2017.1
ISBN 978-7-5034-8651-7

Ⅰ. ①政… Ⅱ. ①艾… Ⅲ. ①政协委员—生平事迹—中国

②艾克拜尔·米吉提—生平事迹 Ⅳ. ① K820.7

中国版本图书馆 CIP 数据核字（2016）第 285669 号

责任编辑：全秋生

出版发行：中国文史出版社
网　　址：www.chinawenshi.net
社　　址：北京市西城区太平桥大街 23 号　邮编：100811
电　　话：010—66173572　66168268　66192736（发行部）
传　　真：010—66192703
印　　装：北京地大天成印务有限公司
经　　销：全国新华书店
开　　本：787×1092　1/16
印　　张：19.25　插页：6
字　　数：300 千字
版　　次：2017 年 6 月北京第 1 版
印　　次：2017 年 6 月第 1 次印刷
定　　价：58.00 元
